KB265025

인도는 지금

김웅기

kofe
한국재정경제연구소

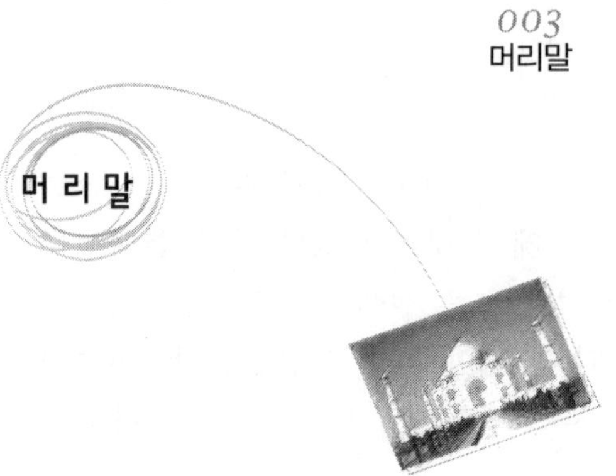

일 년이면 4~5만 명의 한국인이 인도를 방문하고 있으며, 그중에서 약 40% 정도가 인도비즈니스 관련입니다. 지난 2000년 이후 이를 누적으로 한다면 결코 적지 않은 숫자입니다. 이러한 현실을 반영하듯이 인도에 대한 다양한 시각에서 많은 자료와 책이 출간되고 지금도 인도경제관련 보고서가 발표되고 있으며, 이는 인도와 관계된 우리의 축적된 인도지식의 하나입니다.

인도와 관련하여 많은 비즈니스 관계자와 발표자가 하나같이 이야기하는 것은 인도의 경제성장과 시장 및 기회입니다. 고공성장의 인도를 두고 이머징 마켓, 브릭스, 거대한 시장, 소비의 블랙홀, 잠에서 깨어난 코끼리가 아니라 이제는 질주하는 코끼리로 그리고 일본을 앞지를 세계 제3의 경제 대국이라는 등 하루가 다르게 거창하게 표현되고 있습니다. 외신을 통하여 그리고 국내 언론보도를 통하여 전해지는 인도경제의 성과를 보면 이러한 수식이 그저 과장만은 아닌 것을 느낍니다.

그러나 이러한 인도를 두고 정작 해외진출의 장본인인 한국의 기업인과 행정기관 관계자 대부분이 갖고 있는 인도 비즈니스에 대한 이해는 아직도 초보적인 수준이고 심지어는 실상과 전혀 다른 과거의 인도 모습을 현재로 인식하고 있는 등 왜곡되어 있기까지 합니다. 심각한 것은 이러한 과거 사실에만 기초한 정보나 실상이 여과됨이 없이 그대로 행정기관의 정책으로 이어져 기업의 전략에 반영되어 비즈니스 현장에서 시장의 동향과 전혀 다르게 움직이고 있다는 점입니다. 그렇게 현재의 실상에 대한 분석이 뒤따르지 않고 겉치레에 그치고 풍문으로 전해지는 인도평가가 우리에게 반복되고 있는 동안에 인도시장에서 한국기업의 활동이 다른 경쟁국의 기업에 비교하여 점차로 뒤처지고 있음을 느낍니다.

지금의 인도 현실과 요점은 무엇인지에 대해 사실을 바탕으로 우리와 어떻게 연관될지를 생각해보고, 우리가 주목해야 할 산업은 무엇이며, 활용방안에 대해 찾아보았습니다. 인도를 시장 또는 활용기반으로서 진출할 때 그 대상이 될 인도 거점 도시들에 대하여 차례로 분석하고 그곳에서 활약 중인 한국 기업과 기업인의 모습을 살펴보았습니다. 정확하고 냉철하게 인도 현실을 판단하고 분석하여 인도 활용과 진출에 대한 계획을 세울 수 있도록 함과 한국기업의 성장 발판이 될 수 있는 인도의 지금을 이해하는 데에 도움이 되고자 하였습니다.

끝으로 인도 비즈니스 현장에서 부딪힌 사실을 바탕으로 조심스러운 마음으로 저술하였습니다. 부족하지만, 이 책이 우리나라 기업과 관련기관이 인도를 이해하고 진출하는데 조금이라도 도움이 된다면 저자로서 큰 보람이겠습니다.

앞으로 인도 진출기업인과 정책관계자에게 살아있는 인도현장 정보와 분석을 담은 자료로 찾아뵙겠습니다. 여러분의 많은 관심을 바라며 아울러 척박한 시장환경을 가진 인도서적을 기획하였고 집필과정에서 많은 배려를 아끼지 않은 한국재정경제연구소 출판센터에 감사를 전합니다.

2008. 6. .
인도 벵갈루루에서 김 응 기

차 례

제1부 비즈니스 인디아 … 19

제2부 산업과 마켓 … 69

제3부 인도거점과 비즈니스 한국 ··· *197*

제4부 Again Business 인디아 ··· *293*

INTRO

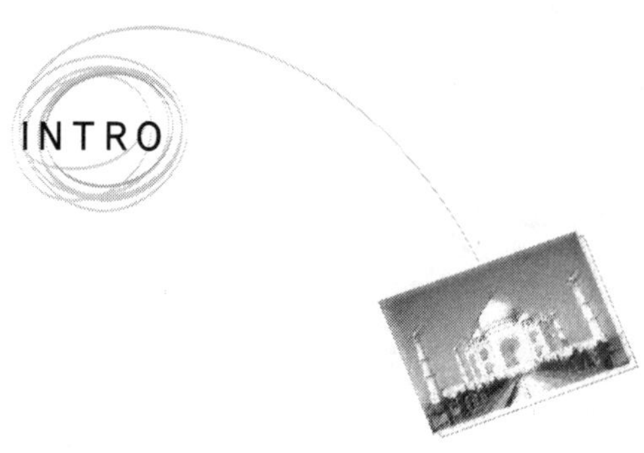

"헤어져요"

　수니타의 대답은 의외로 간단하였다. 필자의 인도 벵갈루루 오피스에 근무하였던 인도 여직원 수니타는 께랄라 출신으로 자취생활 중이었는데 알고 보니 인텔인디아에 근무하는 인도남성과 혼전동거 중이었다. 두 사람은 푸네에서 대학 마지막 학년 인턴을 하던 중 알게 된 연인이었으며 두 사람 모두 벵갈루루로 취업을 하여 이주한 후 날로 치솟는 도심의 월세에 대처하고자 혼전동거를 하게 되었단다. 필자 사무실에서 2년 계약직으로 근무하는 중에 MBA과정을 이수한 여직원은 더 많은 보수가 보장된 푸네로 다시 직장을 옮기게 되었다. 어차피 임시 계약직으로 생각하였던 고용관계였으니 그리 불편할 것 없는 처지였다. 당시 때마침 벵갈루루에 출장 중이던 내가 물었다. "어쩔 것인데?" 당연히 두 사람이 곧 결혼을 하게 될 것으로 생각하고 물어본 것인데 들려온 대답은 예상 밖이다. "우리 헤어져요."

　필자 스스로도 한 구석에는 "인도는…!" "This is India…!"라는 은연중 편견에 잡혀있다는 것을 자인하게 된 하나의 경우였다. 젊은이들이 외지에 나와 직장생활을 하면서 갖게 되는 혼전동거는 벵갈루루뿐만 아니라 첸나이에서도 뭄바이에서도 그렇게 드물지는 않다. 이는 대도시에서 인도 부동산 임대가격이 살인적으로 오름에 따른 새로운 생활적응법이지 인도사회의 도덕적 일탈이나 가치관의 붕괴가 아니다. 그저 인도의 대도시 역시 여느 사회와 다를 바 없는 그렇고 그런 평균적인 도시문화에 속한다. 이런 가운데에서도 엄연히 인도사회는 건재하고 결혼은 또 여전히 90% 이상이 중매로 이루어진다. 이것이 지금의 인도이다.

"벵갈루루는 인도가 아니다." "구르가온을 가는 쭉 뻗은 길을 지나면 어느 유럽의 전원도시에 들어가는 듯 착각이 난다."라는 수식어로 꾸며진 인도 취재기가 신문의 헤드를 장식한다. 벵갈루루가 인도가 아니면 이젠 푸네도 인도에서 빼어내야 하고 하이데라바드도 들어내야 한다. 구르가온이 유럽의 전원도시이니 하이데라바드의 하이텍 시티는 미국의 실리콘 밸리로 비교하여야 하나? 하나 둘 이렇게 언론에서 언급된 인도의 발달된 성장도시의 면면을 인도 안에 인도가 아닌 것으로 도려낸다면 인도 대륙은 곳곳이 집중 폭격당한 들처럼 사방에 구멍이 뻥뻥 생길 것이다.

어디 이것뿐인가? 무수리를 올라가는 길목에서 만난 데라둔이 인도 북부의 전원도시로 개발되고 바라나시에 대형쇼핑몰이 들어서고 델리 역전의 빠하르간즈가 재개발되어 거대한 주상복합타운이 들어서면 인도 여행의 메카들도 인도를 떠나야 할지도 모른다. 그때쯤이면 우리의 머릿속에 미리 잡아놓은 인도는 이제 인도대륙 어디에도 찾을 수 없는지도 모른다.

"벵갈루루는 이제 인도가 아니다."라는 표현으로 인도답지 않다는 놀라움을 이렇게 표현한다면 2008년에 만나는 인도의 24개 대도시 아니 나아가 성장 도시로 나가는 124개의 인도 지역거점 전부 인도가 아니게 된다. 그럴 즈음 인도를 찾으러 나선 호기심 많은 한국의 방송 카메라는 대부분의 도시를 버리고 낯설고 외진 곳으로 더욱 깊숙이 들어가야 할 것이다.

　그저 인도의 도시에서 여느 나라와 마찬가지로 당연히 발전하고 성장하는 과정에서 변모하는 모습을 목격하게 되면 왜 그렇게 낯설어하는가? 깨끗하고 현대화된 외양을 갖추면 왜 인도적이지 않다는 생각일까? 인도에선 오직 뭄바이의 도비가트나 바라나시의 종교적 수행의 모습만이 지극히 인도적이란 선입견에서 출발하는 것은 아닐까?

　아직도 인도의 경제성장과 부를 이야기할 때에도 의례 그 뒤에는 일개 사단병력 정도 빈민의 모습을 흙고 나간다. 그저 인도 부자들의 이야기만으로 하기엔 불편한 심정이 있는지 그리 필요한 설정도 아니지만, 빈민가나 남루한 거리의 인도인들의 모습이 반듯이 이야기의 배경이 된다. 참으로 끈질긴 "인도다운 것"에의 고정관념이다.

　비즈니스 클래스의 인도승객에게 인도식 메뉴조차 제공하고 있지 않은 인도를 취항하는 국내 어느 항공사의 배짱 마케팅을 이해할 도리가 없다. 소수의 한국인 비즈니스승객에게는 고추장과 라면을 끓여주는 서비스가 제공되어도 비즈니스 좌석의 절반 이상 대부분이 인도인 승객임에도 그 흔한 인도인의 주식인 짜파티[1]나 난조차 준비하지 않는다. 2008년에만 하여도 연간 천만명 이상의 인도인이 해외여행을 나서는 이 마당에 마케팅 배짱도 이런 정도면 "세상에 이런 일이" 출연 감이다.

---

1) 화덕에서 직접 또는 팬을 이용하여 굽는 넓적한 빵 종류인데 밀가루를 사용하는 난이 있고 밀가루나 곡물가루를 사용한 빵으로 짜파티가 있다. 둘 다 주식이다. 난은 반죽을 발효시키는 데 반하여 차파티는 발효시키지 않고 반죽하여 굽는다. 일반적으로 보면 짜파티보다는 난이 고급 식재이다.

산간 채석장에서 하루 50루피 노동으로 내몰린 아동의 착취현장을 통하여 인도빈민의 모습에 익숙한 한국의 시청자는 2루피[2] 짜이보다는 80루피, 100루피 이상의 가격으로 브랜드 커피가 일상으로 팔리는 도시의 문화에 깜깜하다. 어디 특급호텔 커피숍 이야기가 아닌 인도의 거리에서 쉽게 만나는 커피전문점 이야기이다. 다우리라는 결혼지참금에 시달리다 결국은 자살에 이르거나 남편을 살해한 여성에 대한 사건사고가 뉴스의 초점을 받아도 인도의 젊은 여성들이 도시로의 진출이 급증하여 곳곳에 여성전용 호스텔이 늘어나고 야간이나 이른 새벽에 BPO센터에서 근무를 마친 여성 직장인을 퇴근시키는 호송서비스가 호황이라는 이야기는 전혀 관심이 되지 않는다.

연인을 위한 Long Last 콘돔광고가 낯 뜨겁게 넘치는 곳이 지금의 인도이다. 인도에서의 TV광고나 잡지광고의 마케팅 컨셉은 섹스어필이고 개인만족이다. 소형차를 팔기 위한 마케팅 컨셉에는 가장인 남성에게 어필함보다는 여성에게 그리고 아이들에게 다가서는 마케팅이 더 효과적인 것이 지금의 인도현실이다. 소비의 결정권이 이전의 가부장적 인도사회에서 이제는 여성에게로 그리고 하나뿐인 아이에게로 넘어가는 세태를 보여주는 것이다. 터번을 높이 올려 쓴 시크교의 중년남성이 신용카드를 꺼내 들고 막스앤스펜서 매장에서 속옷을 고르는 아내의 뒤를 쫓아다니는 모습이 전혀 낯설지 않은 것이 지금 인도 도시의 풍경이다.

4월5일, 24일간의 인도출장을 떠나기에 준비물로 꽉 찬 두 개의 가방을 꺼내 들고 빠진 것은 없는지 살피면서 어젯밤 있었던

---

2) 루피: Rupee 1루피는 약 24~25원에 해당한다. 1달러는 2008년 4월 기준 약 39루피이다.

삼성그룹총수의 특검출석에 대한 뉴스를 볼 참으로 TV를 틀었더니 화면에는 인도의 거리모습이 방영되고 있었다. 출근길을 오가는 많은 이들이 바쁜 가운데에서도 짬을 내어 신전(神殿) 앞을 지나면서 머리를 조아리고 지나는 광경을 보여주면서 인도엔 3억 4천여만 객체의 신의 존재가 있다고 설명하고 있다.

화면은 종교라는 틀에 삶을 종속시키어 가는 인도인들이라는 시각으로 그들의 삶의 모습을 보여주고 있었다. 신앙생활의 대상이 되는 다양한 모습의 신격화된 형상과 그 앞에서 재물을 들여서 공양하는 인도인을 호기심 가득한 한국TV방송의 카메라 앵글이 부지런히 쫓았다. TV 프로그램에 등장한 인도의 신격화된 객체에는 소는 물론이고 원숭이와 뱀이 있고 게다가 쥐들도 있다. 어디 살아있는 생물에만 국한되었으랴. 흐르는 강물과 자연현상도 신의 반열에서 빠지지 않았다. 카메라 앵글은 흥미에 젖어 애당초 인도인의 문화를 이해하려는 시선이라기보다는 호기심을 충족시키는 재미를 찾는 사냥 매의 눈과 같았다. 3억 4천여만 신들이 존재한다는 인도에 대한 친절한 해설은 헤아리기에도 가당치도 않은 억(億)이라는 단위를 들어 엄청나게 많은 신에 갇히어 사는 인도인이라는 비아냥거림과 다를 바 없다. 말 그대로 인도인들의 신앙심을 말할라치면 인도에선 그저 삼라만상(森羅萬象)이 다 신이고 내 안에 신이 있고 네 안에 신이 있다고 하면 될 노릇이 아닌가? 3억 몇천만이라는 과장으로 수사되는 인도표현은 원래의 의미를 전달하기보다는 인도를 조롱과 폄하의 대상으로 내려다보는 시각에서 나오고 있다.

2008년 4월15일 화요일 벵갈루루 오피스에 출근하는 길에 어제 있었던 람 나이미라는 힌두 축제의 뒤풀이로 거리 행진이 지나가는 것을 보았다. 트럭과 트랙터나 손수레를 이용하여 갖은 신전 형상물을 치장하고 거리를 지나는 통에 아침 출근길은 그야말로 혼잡 그대로이다. 약 백여 명에 달하는 신전 식구들이 행렬을 뒤따르고 이들은 구경하는 또 다른 거리 주변의 인파가 수백이니 그렇잖아도 출근길에 비좁은 중심도로는 극도의 혼잡상태이다. 아마 이런 모습이 한국의 다큐 카메라에 잡히면 도시가 마치 종교행렬의 극성에 빠진 것으로 보일 것이다. 그런데 이곳 벵갈루루는 인구 720만 명이 넘는 대도시이다. 행렬을 따르는 백여 명이나 이동하는 신전에 그저 단순히 푸자를 하기 위해 모여든 수백의 구경꾼들은 백분율로도 계산되지 않는 도시 해프닝의 극히 적은 한 부분일 뿐이다. 벵갈루루는 이 잠깐의 행렬이 지난 후 여전히 IT와 BT 그리고 다양한 산업의 역동성에 묻히어 더욱 분주하다.

인도기업의 마케팅 광고에서는 종교적이거나 가부장적 전통에 초점을 두기보다는 현실성에 무게를 둔 광고의 비중이 훨씬 크다. 빨간색 소형 승용차를 원하는 자녀와 아내의 요구가 가장의 판단보다 우선한다는 스토리가 등장하는 자동차 판매광고가 있다. 가부장적 과거보다는 아내와 자녀의 의견이 훨씬 지배적이라는 지금의 인도, 지금의 인도인을 보여주고 있다.

까마 수트라라는 인도의 남성용 피임기업의 광고카피는 외설스러울 정도로 노골적 표현으로 소비자를 유혹하고 있다. 지극히 눈을 감은 여인을 근육질의 벗은 몸으로 안은 남자의 스틸사진도 그렇지만 거기에 적혀 있는 카피는 옆 사람을 의식하게 할 만큼 외설적이다. 이 콘돔을 경험한 여자들의 이구동성 반응은 오직 "Oh! Yes! Yes! Yes…!"를 외칠 정도로 만족스럽다는 광고카피가 그렇다. 콘돔의 닉네임은 롱 라스트이고 캐치플레이스는 "당신과 그녀의 쾌락을 더욱 길게!"이다. 아직도 TV보도를 통해서 간통한 여성을 공개적으로 처벌하는 주민들의 모습이 나오곤 하지만 이제는 개인의 성은 사생활이라는 개방적인 자세로, 간통한 여성을 집단 폭행한 사건에 대해 주민들에게 곱지 않은 시선을 던지는 방송해설이 공공연하다. 기업은 기업대로 성적 이미지를 이용하는 마케팅을 애용되고 있다.

사실 인도만큼 어려서부터 섹스에 관심이 많고 성에 노출된 사회는 드물 것이다. 그런 인도를 종교라는 테두리에 가두어 넣고 현실관심에서 멀어진 사회로 판단하는 것은 분명히 잘못이다.

이렇듯 현재의 인도는 인도인 스스로 과거의 인도에서 변화를 통하여 걸러내고 선택하여 이루어낸 그들이 지향하는 모습이다. 지금의 인도에 대한 이해는 과거로부터 변화라는 고투를 거쳐 도달한 오늘의 인도를 수긍하는 데에서 가능할 것이며 또한 그 연장 선상에서 인도의 장래에 대한 추정이 가능하다. 굳이 인도인도 멀리하려고 하는 인도의 뒷골목이나 바닥을 들쑤셔내어 그것이 인도의 진정한 모습인양 호기심으로 다가설 필요가 없다. 그러기엔 지금의 인도가 지닌 긍정적인 모습이 너무 뚜렷하다. 변화된 현실에 비친 인도의 극단적인 격차의 모습에 대한 도덕적 사유는 우선적으로 그들의 몫이지 우리가 앞서서 내세울 참견이 아니다. 인도 역시 그들의 분별로 자주적으로 그들의 문제를 해결할 것이기 때문이다.

인구 1,300여만 명의 델리에서 델리시민 스스로 공감하는 교통난의 가장 심각한 공공의 적은 이제 약 40,000여 마리에 달하는 거리를 배회하는 소이다. 인도인의 숭배대상으로만 인식하고 있는 우리와는 달리 델리의 인도인들은 이제껏 거리를 공유하여왔던 도시교통체증의 주범의 하나로 소를 지목하고, 이들 소를 시 외곽으로 소개하는 작업을 위하여 100여명의 도시 카우보이를 고용하였다. 그뿐 아니라, 소문에는 소의 생식기능을 제어하는 호르몬 요법을 사용하고 있다고 한다. 이 또한 2010년 Commonwealth Games Delhi를 준비하는 인도인의 선택인데 한국 미디어의 카메라 앵글은 아직도 델리 구석에 숨어 배회하는 소들을 찾아내고 동물 학대라는 시선으로 분주하다면 이것은 분명한 시대착오가 아닐 수 없다.

지금의 인도가 구현하고 있는 모습을 있는 그대로 수긍하자. 년 30~40%의 고도성장을 구가하는 인도 IT산업을 미국산업의 하부 구조에 지나지 않는다고 격하시켰던 과거의 우리의 몰지각을 떨쳐 내야 할 것이다. 지속적인 인도경제성장의 성과를 인정함에도 불구하고 제조업이 결여된 서비스 산업의 비정상적인 불안한 성장이라고 단정 짓는 편협한 연구태도를 이제 그만 반복하자. 취약점을 보완하고 나선 인도인들은 우리가 산업의 취약점이라고 벽안시하였던 제조업을 2007년도에 이르러 서비스업 성장률을 넘어선 12%대 성장률로 올려놓았다. 지금의 역동적인 인도의 모습은 진흙투성이의 혼탁한 물속에서도 암울한 과거의 세월을 이겨내고 솟아올라 귀한 자태를 뽐내는 연꽃과도 같은 것이다. 완상을 해야 할 연꽃을 외면하고 구태여 들여다보기도 힘든 진흙 바닥을 뒤적거릴 이유가 어디 있겠는가?

경제성장과 더불어 해외 나들이가 급증하여 2007년에 천만 명의 인도인들이 해외여행을 나섰다고 한다. 이런 인도의 변한 모습에 싱가포르 항공의 경우에는 인도로 향하는 비행기엔 인도인 승무원이 탑승하여 언어와 식단을 물론이고 탑승 수속하는 순간부터 인도어 서비스를 제공하고 있다. 이와 대조적으로 인천공항에서 인도로 향하는 비행기의 승객 대부분을 차지하는 인도인을 위해 기내식은 물론 기내방송언어에서조차 이들을 배려하지 못하여 항공사의 뛰어난 서비스를 체감하기는커녕 불쾌감을 느끼게 된다면 "여러분을 다시 모시게 되기를 기대한다."라는 한국의 항공사 도착지 기내방송이 도리어 얄밉지 않겠는가? 한국관광공사가 델리에 잘 꾸며진 사무실을 열고 인천공항 통과승객을 방문관광객으로 유도하기 위한 홍보를 제아무리 한다고 한들 현실에선 항공사의 인도인 고객대우가 이런 수준인데 과연 "웰컴 투 코리아"가 제대로 받아들여질지 의문이다. 인도를 왕복하는 항공기의 비즈니스 승객이 과거엔 한국인으로 채워졌다면 지금은 인도인이 다수를 차지하고 있는 실정이 아닌가? 항공사의 서비스가 변화를 좇아가지 못하고 있다. "인도의 지금"에 대한 인식의 부재현장이다.

변화하는 인도이다. 인도의 변화를 지켜보기엔 주재기간이 부족하다고 2000년 이전의 인도주재원들이 회상하였다면, 2006~7년에 들어서서는 불과 1년 동안 인도거주에서 느낀 변화의 종류를 풀어내기에도 벅찰 정도로 빠르고 다양하다고 말하고 있다. 하이데라바드에 거주한 지 불과 1년 남짓한 한국 가정주부가 표현하는 이 지역의 변모는 그야말로 어제와 오늘이 다르다는 말 그대로이다. 산업에서뿐만 아니라 생활에서의 변화 역시 그렇다는 것이다. 오토릭샤에 디지털 요금기가 달리어 요금흥정 시비를 줄였고 교통체증을 완화하는 차량전용도로가 완공되고 외국수입 식품을 구입할 수 있는 등 다양한 소비를 즐길 수 있는 쇼핑몰이 곳곳에 개점하는 것은 물론 인천공항 축소판으로 여길만한 신공항이 개항되는 등 인도로 오기 이전에 알았던 모습과는 다른 변화가 나날이 생기고 있다고 말한다.

그러다 보니 오랫동안 거주하되 지레 나가보지 않은 한국인보다 자신이 새로이 경험하고 둘러봄으로 최소한 겉으로 드러난 현재의 하이데라바드를 더 정확히 이야기할 수 있을 것이라고 덧붙였다. 인도 내부에서조차 그 변화를 챙기지 못하면 과거의 모습에 갇히는 형국이 될 것이라는 점을 일러주고 있었다.

인도의 변화를 우리가 주시하는 이유는 무엇인가? 그 까닭은 명료하다. 인도의 변화의 물결이 글로벌시대의 파고를 타고 우리에게 경쟁자로 닥쳐오기 때문이다. 우리가 함부로 이야기하는 선택할 수 있다고 생각하는 협력의 파트너, 동반자가 아니라 인도는 이제 우리의 경쟁자로 어느새 돌변하여 다가오고 있다. 지구 상의 거대국가, 중국과 인도의 제조 산업, 지식산업 그리고 서비스 산업이 쏟아내는 메이드 인 친디아[3]의 쓰나미를 목전에 둔 우리로서는 생존의 방법을 강구하여야 한다. 그렇다면, 인도라는 호랑이[4]를 대처하기 위하여 호랑이 굴로 들어가는 직접적인 수단을 쓸 수밖에 없다. 결전에 다다를 시간이 불과 45분전이다.

이 책을 쓰는 이유는 인도시장진출이라는 호랑이 굴에 들어갈 책략을 마련할 이해를 구함에 있다. 인도라는 거대한 글로벌경쟁자를 상대하여야 개인이든 기업이든 아니면 정부기관 누가 되었던지 각각의 인도 대응에 도움을 주고자 함이 목적이다.

21세기 글로벌 시대의 서막이 전개된 이후 2008년에 들어서서 이념적 이슈를 버리고 실용성장이라는 기치를 내세우며 입지구축에 성공한 새로운 정치적 지도자들을 내세운 아시아의 호랑이들이

---

3) 친디아: Chindia 차이나 인디아의 합성어로 향후 세계 경제의 주도권이 이들 양국에서 나온다는 관점에서 만들어진 시사용어이다.
4) 인도의 상징동물은 코끼리가 아니라 Royal Bengal Tiger, 호랑이이다.

곳곳에서 포효하는 지금, 글로벌시장 인도에서 이들과 진검승부를 겨루어야 한다. 여기에 인도의 변화를 읽어내야 하는 또 하나의 이유가 있다. 인도 극복의 과제는 우리에게만 던져진 것이 아니다. 여기에도 경쟁이 있다.

유채꽃 핀 들을 지나 구릉으로 올라서서 성문을 지나면 중세의 시간으로 들어가는 환상의 자이푸르 인도여행이야기는 필자도 몇 보따리 풀어낼 수도 있지만 안타깝게도 이 책에서는 그런 이미지의 인도는 없다. 이야기는 단지 현재와 도시 그리고 산업의 이야기를 우리와의 관계에서 풀어낼 뿐이다. 산업이라고 하여도 하루종일 건설현장에서 사용할 쇄석을 만들어도 돈 천원에 지나지 않는 벌이를 하는 아동노동의 착취나 열악한 작업환경으로 인명사고를 빈번하게 저지르는 하는 외딴 폭죽공장의 실상을 그린 것도 아니다. 지금의 도시와 도시의 현대화된 산업을 비즈니스 무대에서 우리의 시선으로 이야기하고 있다. 이 책의 목적이면서 동시에 한계이다.

제 **1**부

비즈니스 인디아

제1부
비즈니스 인디아

아라비아 *海*와 벵골 *灣* 사이에 있는 11억 인구를 보유한 역삼각형 모양의 인도대륙은 지리적으로 흔히들 마구잡이로 포함하는 동남아시아도 아니고 서남아시아도 아닌 남아시아로 구분된다.[5] 누구는 인도로 출장 가면서 여의도 모 은행 지점에서 인도 루피(Rs: Rupee)를 환전하였더니 창구에선 인도네시아 루피아(Rp: Rupiah)를 주었다는 웃어넘기기엔 어이없는 해프닝이 있는 것 또한 현실이다. 하기야 공공기관에서조차 "2008 서남아시아를 주목하라"라는 시장보고서를 발간하면서 인도, 파키스탄, 방글라데시, 스리랑카를 언급하고 있으니 일반인의 착각이야 나무랄 수 없다.

이러한 일부 일반인과 언론의 혼돈은 그렇다 하더라도 해외경제정책을 다루는 정부의 기구에서조차 인도를 방글라데시, 파키스탄, 네팔 그리고 스리랑카 등을 묶어서 별도의 남아시아 지역으로 구분하기보다는 기타 동남아시아나 서남아시아로 언급하는 경우가

---

5) 남아시아: 아시아 남부 일대를 가리키는 말로 인도 · 파키스탄, 방글라데시, 스리랑카, 네팔, 부탄, 몰디브 등이 여기에 속한다.

비일비재하다. 알려지다시피 인도를 동남아시아의 한 나라로 대하기에는 경제블록이나 비즈니스 환경에서 현저하게 다른 권역이므로 혼합하여서는 안 될 것이다.

남아시아에서 인도는 주변 국가에 대해 경제적으로나 정치적으로 상당한 영향력을 행사하고 있는 관계로 인도기업이 이들 지역에 대한 지배력 역시 적지 않다는 것 때문이라도 인도의 지리적 구분에서 유념할 필요가 있다.

기회의 산실 영파워 11억의 인도

2001년 인구센서스에 준한 인도 인구는 10억 3천만 명으로 중국 다음으로 많은 인구인데, 여러 가지 이유로 통계에 포함되지 않은 숫자를 감안한다면 인도 관계 당국은 2004년 말 기준 약 11억 명에 이를 것으로 추정하였다. 유엔의 2004년 세계인구 전망보고서에서는 인도는 2025~30년경에는 약

▲ 인도의 젊은 직장인들
벵갈루루의 신세대 직장인들

14억 명으로 그때는 감소추세로 들어갈 중국을 제치고 세계 제일의 인구보유국으로 등장할 것이라고 말하고 있다.

인구대국 인도에서 인구 경제학적 분석에서 주목받는 점은 노령화 단계로 들어간 세계 여타의 경제선진국과는 달리 인구의 평균

연령이 불과 24.9세로 세계에서 손꼽히는 젊은 인구구성을 하고 있다는 점이다. 2005년 기준으로 34.8세의 한국의 인구 평균연령과 32.7세의 중국 그리고 OECD 평균 38.6세에 비교하여 노동경제인구로 편입할 수 있는 상대적 젊은 인구구성을 하고 있는 인도에서는 이러한 인적자원이 경제성장을 뒷받침할 수 있는 든든한 밑바탕이기도 하다. 이는 2020년 이후로 들어갈수록 다른 나라가 직면한 고령사회에서의 부양비 증가와 비교하여 고령화 지수가 상대적으로 낮은 인도의 유리한 입장을 보여주는 것이다.

물론 2008년에야 겨우 1인당 국민소득이 천 달러를 넘어설 것이라는 전망을 하는 등 경제력에 비하여 훨씬 비대한 몸집의 인구 자체가 경제성장의 발목을 잡을 것이라는 관측도 없는 바는 아니지만, 산업사회에서 노동 가능 인구 중 더 많은 숫자를 어떻게 양질의 노동력으로 편입시킬 것인지는 정부정책, 그중에서도 교육정책에서 해답이 제시될 것이다. 다행스럽게도 인도의 교육정책은 인재를 육성하는 통로로 높게 평가를 받고 있다. 17,000여 개의 대학에서 약 1,000여만 명의 학생이 재학 중인 인도에서는 매년 약 350,000여 명의 엔지니어가 배출되고 800,000여 명이 경영학 석사과정을 이수하고 있다. 이러한 숫자는 2006년 발표기준으로, 성장이 이어지는 인도의 산업체에서 더 많은 인력을 요구하게 되면서 이에 인도정부가 교육부문에 투자를 우선하여 늘리고 있어 고등교육 이수자는 매년 늘어가는 추세이다.

2001년 센서스에 나타난 연령대별로 보면 15세 미만이 31.2%이며, 15~64세는 63.9%, 65세 이상이 4.9%를 차지하고 있어 노동생산인구는 향후 30년간 지속적으로 늘어나는 건전한 인구구조를 가지는 인도의 이 11억 인구는 경제성장과 더불어 또한 거대한 시장의 원천으로 변모하고 있다.

물론, 하루 50루피 이하의 생활비로 목숨을 부지하는 정도의 절대빈곤층 역시 2억 6천여 명으로 그 수가 적지 않아 이에 대한 사회비용의 부담으로 이러한 해석에 대해 경계할 수 있다. 단번에 이만한 엄청난 수의 절대빈곤층을 구제할 수 있는 사회적 수단은 어쩌면 영원히 불가능할지도 모른다. 그저 할 수 있다면 교육 및 의료시설과 같은 구호시설을 확충하거나 비정부기관의 마이크로뱅킹운동을 통한 자립생활자금을 간접 지원하여 일부라도 빈곤탈출을 돕는 길뿐이다. 비록 전체 빈곤층의 소수에게만 돌아갈 혜택일지라도, 숱한 기득권층의 반대에도 불구하고 인도정부가 추진하고 있는 OBC(소외계급)쿼터제도는 인도사회 하층민의 경제적 신분상승의 수단으로 고등교육의 기회를 받고 안정적 직업을 갖는 것이 최우선 선택이라는 사실을 보여주는 하나의 예이다. 2008년 4월 최종적으로 연방대법원의 동의까지 얻은 소외계급쿼터할당제도는 소외계급에 최고의 교육기관인 IIT 대학과 AIIMs에 대한 입학쿼터를 할당하고 아울러 공공기관에서의 취업에서도 그들만의 경쟁을 치를 수 있는 쿼터를 배정하는 인도의 신분쇄신정책의 일환이다.

▲ 도비가트 뭄바이
빨래하는 하층민 집단거주지

인도 빈곤층에 대한 장기적 대책 역시, 점진적으로 교육을 통해 얻어지는 산업사회에의 참여기회를 제공하는 것이 동기부여를 통한 가장 분명한 해결책이 될 것이고 빈곤층이 아닌 일반 서민의 경우에서도 마찬가지로 우수한 교육제도에 편입되어 직업적 자질을 갖춘 전문 인력으로 육성됨으로 인도의 힘이 되어 경제성장에 동참하는 것이다. 노령인구가 적고 새로운 노동 가능 인구로 편입될 유소년 층이 두터운 현재의 인구연령구조와 교육시스템으로 충분히 예상되는 시나리오이다. 2006년에 인구의 68%, 2010년이 되어도 66%가 34세 이하의 구조로 55세 이상의 고령층은 고작 10~12% 내외인 젊은 인도는 교육이라는 인력 생산 시스템을 통하여 재능을 갖춘 생산 활동인구를 끊임없이 배출한다는 것에 두는 의미는 결코 적지않다. 이들은 학수고대 기다리고 있는 산업무대에서 경제활동을 함으로서 점차 구매력을 갖춘 소득계층이 되고 이는 시장에서 소비력으로 나타나게 된다. 이처럼 교육과 노동력은 밀접한 관계를 갖고 질적인 노동력은 다시 가계소득과 연관되면서 영 인디아의 파워는 시장형성과 팽창으로 진가를 발휘하게 된다.

고등교육의 기회가 경제개방 이전과 이후로 비교하여도 그리고 개방경제 이후 해마다 변화를 살펴보아도 지속적으로 확대되고 있다. 1982년도에는 약 3백만 명이 혜택을 받았고 1991년 개방 초기엔 약 5백2십만 명 그리고 2000년 이후 급격히 늘어 2004년에 천만 명을 돌파하고 이후로도 늘어가고 있다. 인도정부의 영파워 육성은 교육부문에 대한 투자증가로도 재확인할 수 있다. 해마다 2월 말에 발표하는 신년예산안에는 교육투자부분의 중요성이 빠짐없이 거론되었고 이에 대한 반영으로 2008년부터 시작되는 11차 경제개발계획에 이르기까지 경제개발계획의 매 단계마다

GDP대비 교육투자비율이 꾸준히 상승하였다. 이는 전년도 대비 20%를 증액한 2008~9년도 예산안 운영지침에서도 알 수가 있다. 여기에 정부의 고등교육확대만 있는 것이 아니라 해외교육기관의 인도 진출을 포함한 민간부문의 투자도 늘고 있다. IIT나 IIMs와 같은 정부의 우수한 교육시스템 이외 하이데라바드에 2002년 경영대학원과정으로 새로이 건립된 ISB(India School of Business)는 2007년엔 416명의 졸업생을 배출하여 202개 기업에 취업을 시켰다. 2006년 졸업생의 평균연봉이 10만 달러를 넘었다는 학교의 보도 자료에서 젊은 인재양성이 여유를 가진 신 소득계층을 만드는데 크게 일조하고 있다는 점이 시사되는 바이다. 산업사회에서 경제활동의 가치를 만들어 가는 젊은 인도의 인구는 이제 짐이 아니라 기회의 산실이다. 지금의 경제여건에서 교육이 뒷받침되는 한 분명히 그렇다.

인도인의 기를 살려주는 구매력평가지수

젊고 생산성 있는 인구는 경제성장의 힘의 원천이 되기도 하지만 동시에 소비의 진원지이기도 한 것이다. 소비시장을 주도할 소득계층이 꾸준히 늘어 이른바 소비의 블랙홀이라 불리는 인도시장에서 새롭게 Organized된 신소비자가 급속하게 거대한 규모로 형성되고 있는 것이다. 2005년10월, 민간 환경연

▲ 인도 중산층
쇼핑몰에 가족과 함께한 모습

구기관인 월드워치연구소가 신소비자(New Consumer)를 구매력평가(PPP)로 환산한 1인당 년 국민소득 미화 7,000달러 이상으로 규정하고 있을 때 이를 기준으로 한다면 인도에서의 신소비자는 2010년을 기준으로 한다면 최소 3억 명에서 4억여 명 규모로 추정할 수 있다. 이렇듯 소비력의 원천으로 인용하는 PPP규모로 본다면 인도는 현재는 미국, 중국 그리고 일본에 이어 세계 4위일뿐더러 곧 머지않아 일본을 앞지를 것으로 예측되고 있어 인도인들의 조각 같은 코를 더욱이나 우뚝 세우고 있다.

인도시장의 소비력을 계산할 기준으로 볼 수 있는 현재의 중산층 규모를 정확히 산출한다는 것은 쉽지 않다. 인도 내부에서 나오는 자료나 언론 미디어의 조사결과 등 그리고 세계 경제관련 기구의 발표에서 저마다의 기준으로 워낙 다양한 자료가 쏟아지고 있어 어디에 근거를 두어야 할지 당혹스럽다. 이러한 점이 인도 이해를 모호하게 하거나 어렵게 하는 요인이 되기도 한다. 그런 가운데 가장 많은 기관에서 인용하고 있는 인도 국가응용경제연구소에서 나온 분류에 준한다면 인도에서 실질적인 소비주체로서의 중산층이라 이야기할 때 이는 연간 소득이 인도화폐로 90,000루피 이상인 것을 기준으로 삼고 있다. 이 분류에 따르면 인도의 소비주체로서의 중산층은 2009년 기준으로 전체 가구의 48.4%가 이에 해당된다고 추정한다. 여기서 90,000루피라 함은 2008년 기준 한국의 원화가치로는 약 2,160,000원에 해당한다. 이백 여만 원의 연소득? 이런 점으로 볼 때에는 우리로서는 쉽게 납득이 되지 않는 통계 방법이다.

여기서 필자는 권하는 인도 중산층의 성격과 규모에 대한 이해는 이렇다.

　인도 IT교육전문 기업으로 인도에서 규모가 1~2위를 하는 앱텍 (Aptech)에서 해외마케팅 아시아지역담당 매니저로 근무하는 경력 8년차인 라잔6)의 경우, 2005년도 당시의 월급은 약 950달러 정도였다. 6세의 여자아이와 노부모 그리고 아내가 있는 그는 매일 출퇴근하고 있는 직장이 있는 뭄바이에서 160여 Km 떨어진 인도 서남부 최대의 산업요충지로 등장한 인구 400여만 명의 푸네라는 도시에서 자기 소유의 주택을 가지고 있다. 매달 약 350달러 정도를 약간의 여가생활 소비와 함께 생활비로 사용하고 나머지는 저축하고 저축된 돈을 모아 때때로 값비싼 내구재 구매에 사용하고 있다. 그는 2005년 당시 현대자동차가 인도 동남부 거점도시인 첸나이에 있는 현지공장에서 생산한 산트로라는 1,086cc 소형차를 소유하였다. 이러한 수준의 소비행위를 할 수 있는 인도에서의 소득계층규모를 관련 자동차 산업에서는 약 1억 명, 가전산업에서는 평면대형TV를 구매할 수 있는 규모를 2억 5천만 명, 양문형 대형냉장고를 구매할 수 있는 소비자를 1억 2천여만 명으로 마케팅 전략의 기준으로 삼았던 2005년 한 가전기업의 전략보고서의 예가 있다. 이 규모는 이후 지속된 경제성장의 결과에 준한다면 품목별로 적용되는 중산층 숫자는 훨씬 늘어날 것이다.

　최근 붐을 이루고 있는 도시의 현대화된 아파트먼트 타입의 주거를 구매할 수 있는 능력을 지닌 중산층 숫자는 계속 늘어가고 있어 인도 부동산개발사업자들은 그 숫자가 2011년에는 약 2억 5천만 명이 될 것이라고 예상한다.

---

6) 라잔, 종교는 기독교인이며 따라서 돼지고기와 소고기를 먹는 등 전혀 음식에 구애를 받지 않는 식문화를 가지고 있는 인도인으로 2008년 현재, 동종 IT교육업계에서 선두다툼을 벌이는 인도 기업인 NIIT의 중국법인에서 근무 중이다.

또 다른 예를 든다면, 필자의 인도법인사무실에서 벵갈루루 지역매니저 역할을 담당하고 있는 알람의 경우로 본다면 2008년 현재 월급 800달러를 받으면서 서민 주택가에 소유한 방 3개 규모의 주택에서 이제 돌을 지난 아이와 아내 그리고 미혼이나 취업 중인 동생과 비하르 고향에 계시는 어머니를 함께 부양하면서 같이 살고 있다. 그는 아이가 태어나기 전에는 모터사이클을 가지고 있었으나 지금은 마루띠 스즈키의 SWIFT VXi 모델 빨간색 소형차를 소유하고 있다. 이처럼 아직 전 국민 비율 1% 미만의 승용차보급률인 인도에서 일반직장인들까지 소비행렬에 참여한 자동차시장은 2007년 승용차기준 120여만 대 판매를 기록하고 2008년 역시 20%대 성장이 예측되고 있는 바탕에 이러한 구매력이 있다.

2000년 이후 누적된 8~10%에 가까운 경제성장 효과는 기존의 상층소득계층의 부를 늘려줌과 동시에 그동안 소외되었던 일반가정에 이르기까지 부를 축적할 수 있는 기회를 분배하였다. 이 과정에서 숨겨졌던 소비의 욕구가 자유롭게 표출되거나 소비능력이 새로이 형성된 그룹들이 이른바 인도의 신중산층 대열이다.

소비능력이 새로이 생긴 신중산층의 예는 이렇다. 인도 IT산업의 허브임과 동시에 세계 IT산업의 한 축인 인도 남부 중앙에 위치한 벵갈루루[7]에서 택시를 운전하는 쿠마르의 한 달 수입은 예전이나 지금이나 큰 차이가 없이 약 6~7,000 루피[8] 정도에 지나

---

7) 벵갈루루(Bengalulu): 인구 약 720만 명을 상회하는 카르나타카 주의 수도로서 이전에는 벵갈루루(Bangalore)로 불렀으나 2005년 12월 주부의 결정으로 호칭을 벵갈루루로 변경하였고 인도 남부 중앙에 위치한 이곳은 인도의 5대 대도시 중 하나이며 인도 IT산업의 발상지이며 최대 중심지로 부각되고 있다.
8) 루피: Rupee는 인도의 화폐단위의 중심으로 Rs로 표기하며 2008년 4월 현재 루피화의 대 미달러화 환율은 약 1:40 Rs이며 한화와의 교

지 않는다. 그러나 그가 이 정도 수입으로 양육한 두 명의 아들이 최근 연이어 각각 IBM과 i-Flex에 IT엔지니어로 취직을 하였고 한 명의 딸은 Citi Bank에 취업을 함으로써 합계 96,000 루피의 가계소득이 발생하였다. 과거 혼자 벌던 그때와 비교하여 거의 20배에 달하는 가계소득의 증가로 그의 가정은 소비력 규모에 있어서 신중산층에 편입되었고 대형냉장고와 와이드 평면스크린 TV 그리고 가정용 컴퓨터를 구매함으로 각각의 인도 소비시장 규모를 성장시키는데 일조하였다. 이러한 점이 인도를 구매력 평가 세계 4위의 위치로 올려놓은 것이다.

인도인의 소득구매력을 다른 나라 근로자와 비교해본다면 더욱 실감 날 것인데, 예를 든다면, 유럽연합에서 근무하는 과학자 또는 연구원들의 평균 연봉이 인도에 비해서도 낮은 것으로 조사됐다고 EU 집행위원회가 밝힌 바가 있다. 이는 인도의 연구원이 받는 급여를 구매력 평가지수를 반영한 소득으로 보면 4만 5천 200 유로인데 이는 마찬가지로 PPP를 적용한 EU 27개 회원국의 연구원 연봉인 평균 4만 유로 보다 더 높다는 것이다. 구매력의 차이는 명목소득의 액수에서 차이가 아니라 실제 시장에서 소비를 할 수 있는 능력의 차이를 말한다.

아울러, 신규소득의 발생으로 형성된 소비의 견인차인 중산층을 중심으로 전통적인 소비주체인 가부장적 구조에서 탈피하여 여성의 소득계층과 젊은 세대가 소비활동에 참여하는 등 소비주체의 평등이 일어나고 있다. 중산층에서 소득규모의 증가와 소득주체의 다양화가 일어난 것뿐만 아니라 이들 소득계층이 도시를 중심으로 확산되고 있다는 점을 주목하여야 한다. 델리NCT[9], 뭄바이, 콜카

환비율은 기준율로 1루피에 24원 정도이다.

타, 첸나이, 벵갈루루 등과 같은 인도의 5대 대도시에서의 소득계층의 형성은 이후 하이데라바드와 푸네를 포함한 7대 중심거점도시 그리고 나아가 24대 인도 거점도시는 물론 124대 준거점으로까지 점차 소득계층이 확산되고 있다.

인도의 이른바 24대 경제거점도시는 단순히 인구 숫자의 서열로 정하여 지는 것이 아니고 산업과 연관하여 중심역할과 생산규모 그리고 이에 편입된 고용인구 등을 감안하여 정할 수 있다. 그러한 점에서 인도 24대 경제거점도시는, 뭄바이, 델리NCT, 첸나이, 벵갈루루, 콜카타, 하이데라바드, 푸네, 아메다바드, 자이푸르, 수라트, 루디아나, 코임바토르, 마이소르, 나식, 푸두체리, 코치, 부와네스와르, 찬디가르, 인도레, 데라둔, 맹갈로르, 나그푸르, 럭나우, 자이푸르 등을 열거할 수 있다. 여기에서 나비뭄바이(新 뭄바이)와 Thane 지역은 뭄바이에 속한 것으로 분류한다.

One Nation 28 States

익히 들어온 델리와 뭄바이는 남북으로 나뉘어서 비행으로는 약 2시간 거리이며 지상으로는 1,407Km를 달려가야 하는 가깝지 않은 거리이다. 다시 델리에서 뭄바이보다 더 남으로 내려가는 벵갈루루까지는 2,061Km로 비행시간으로만 하여도 2시간30분이 걸리

---

9) 델리NCR: 또는 델리 NCT로 표기되기도 하는데, 델리를 중심으로 한 이른바 인도의 연방 수도권이다. 이에 속한 지역은 전통적으로는 델리, 노이다, 구르가온을 일컬으나 이후 파리다바드와 가지아바드를 포함한 보다 광범위하게 지역을 넓히고 있다. 이들 지역은 각각이 다른 행정조직에 속하여 있으나 하나의 경제활동권역으로 이루어지고 있어 이렇게 불리고 있다.

는 곳으로 이는 비행시간기준으로 본다면 인천공항에서 대만을 가는 것과 비슷하다. 인도대륙은 남북으로 3,219Km, 동서로는 약 2,400Km에 달하는 한반도 면적의 15배에 달하는 거대한 대륙으로 정치체제는 연방공화국제이며 28개 자치주와 연방수도인 델리 이외 6개 연방직할지로 구성되었다.

이런 형편이니 인도로 비즈니스 출장을 다닌다는 것은 마치 이웃한 여러 국가를 오고가는 것만큼의 시간과 노력 그리고 비용이 뒤따라야 한다. 단순히 '인도에 출장 간다.'가 아니라 인도의 델리를 또는 인도의 뭄바이나 첸나이에 출장 간다고 하는 것이 좀 더 사실에 가까운 표현이다. 델리를 갈 수 있는 항공선택과 뭄바이, 벵갈루루, 첸나이를 갈 수 있는 항공사 선택은 같을 수가 없다. 2008년 현재로 아시아나 항공을 타고 직항노선으로 델리를 갈 수 있지만 뭄바이는 오직 대한항공 노선을 이용하여야만 접근할 수 있다.[10] 이들 두 지역 이외에는 불편을 감수하고 약 20시간에 가까운 비행을 하여 싱가포르나 방콕 또는 쿠알라룸푸르 등 동남아의 경유지를 거쳐서 입국할 수 있을 뿐이다. 인도입국에서 이렇게 각각의 다른 방법을 선택하는 것처럼 인도와의 비즈니스에서도 선택과 목적지에 따라 각각의 방법으로 접근하여야 한다.

인도의 연방공화국 국가체제는 경제활동에서도 체제의 영향이 미치어, 하나의 연방체제 하의 경제기본제도가 세워지면 이후 이를 바탕으로 각각의 주 정부체제가 독자적으로 운영세칙을 마련하는 것으로 이해할 수 있는데 이는 하나의 시스템으로 운영되는 미국형 연방공화국이 아닌 또 하나의 유럽연합의 유사체로 인도를

---

10) 2008년 현재 대한항공과 아시아나항공은 인도 정부를 상대로 뭄바이, 델리 항공노선의 복수운항을 협의 중이다.

비교해볼 수 있다.

인도 비즈니스 환경에서 이렇듯 국가구성에 대한 언급을 자세히 해야 하는 것은 인도시장진출의 방법과 내용에 있어서 각각의 목적지별 운영을 달리하여야 할 필요성이 있기 때문이다. 이는 실제로 주 정부를 장악하고 있는 정당의 경제이념에 따라 해외기업의 활동에 대한 지원과 제약이 다르게 운영된다는 것을 감안한다면 지극히 당연한 논리가 아닐 수 없다.

연방정부의 법률에 의해 세워진 경제특구나 산업지구에서 토지사용에 대한 규정은 해당 주 정부의 규칙에 따라 각기 다르게 적용된다는 점에서 그렇고 세제지원의 내용은 물론 같은 명목의 세금에서도 요율이 달라지는 것에서도 유의하여야 한다. 경제특구에서의 토지사용권이 99년에서 40년까지 다르며 사용기간 중의 제3자 양도에 있어서 프리미엄 인정 여부가 다르고 인정할 경우에 있어서의 투자비용 산출과 이익분배에 대한 방식 또한 다르다는 점을 투자목적에 따라 각각의 경우를 고려하여야 한다.

최근 현대자동차 인도법인과 삼성전자의 인도 제2공장이 설립된 첸나이(타밀나두 주)의 경우에는 산업지구의 토지사용은 99년이며 기간 중 제3자에 대한 양도는 타밀나두 주 산업지구 개발공사(SIPCOT)[11]의 승인 하에서 이루어지나 이는 특별한 위배 조건이 없는 한 승인된다. 승인에 따라, 양도 시점에서 부지에 대한 가치평가를 다시 하여 원 계약자가 분양을 받을 당시의 가격과 구조물(건물 등)의 평가에 따른 현재 시점의 가치에 대한 부가가치에 대

---

11) SIPCOT: State Industries Promotion Corporation of Tamil Nadu Limited, 본부는 첸나이에 있다. www.sipcot.com

해선 원 계약자의 프리미엄으로 인정하나 이에 대한 세금을 일정 률로 정하여(건물의 존치 여부와 평가액에 따라 차등과세) 징수하고 있다. 이는 마하라스트라 주 영역에서 이루어지는 주 개발공사(MIDC)[12]의 산업용지에서 발생하게 되는 양도내용과 다르다. 포스코 코일센터, GM대우와 현대중공업 건설장비 공장 및 엘지전자 인도 제2공장이 들어선 푸네를 중심으로 개발 조성된 산업단지에서 역시 중도 양도는 가능하나 초과 평가액에 대해서는 과세 기준이 아닌 개발공사와의 분배방식을 택하고 있으며 이에 대한 비율은 해당 지구의 규정에 따라 95년 용지사용계약서에 명시되어 정할 수 있다. 이처럼 장기사용권에 대한 프리미엄 인정이 있는 반면에 우타란찰(이후 우타칸드로 개명됨)과 같은 일부 주에서는 사용권을 중도에 포기할 경우는 부지 일체를 다시 주 개발공사(SIDCUL)[13]에 반환하며 해당 부지에 대한 프리미엄은 인정되지 않는 경우도 있다. 이러한 경우는 일부 소외지역에 대한 우대정책으로 연방 정부의 승인 하에 이루어지는 해당 용지에 대한 주 정부의 다양한 세제 혜택이 종합적으로 광범위하게 시행됨에 따라 이에 대한 과도한 이권다툼의 소지를 없애기 위한 조치로도 이해될 수 있다.

이렇듯이, 인도는 하나의 국가이면서도 주별로 각각 운영되는 경제방침에 따라 저마다 사정에 맞추어 다르게 접근하여야 하는 복합구조를 지닌 단순하지 않은 나라이다. 어디 정책뿐이겠는가? 각 주 단위로 정책에서 우선되는 산업분야가 다르다. 특정 중점 산업에 대한 주 정부의 정책기조는 다른 주에 비하여 매우 우호적

---

12) MIDC: Maharashtra Industrial Development Corporation, 뭄바이에 본부가 있으며 푸네에는 지역 본사가 별도로 설치되어 있다. www.midcindia.org

13) SIDCUL: State Infrastructure and Industrial Development Corporation of Uttaranchal, 데라둔에 본사가 있다. www.sidcul.com

이며 해외기업유치에서도 적극적으로 나서고 있다는 점에서도 구분된다. 어느 주에선 환영받을 사업안이 다른 주에서는 백안시 되는 경우도 적지 않다. 이런 점에서 인도를 또 다른 유럽연합이라고 부르는 이유가 있다. 그런 까닭에 인도에서 하나의 단면만을 보고 이를 확대 해석하여 다른 부문에서나 지역에서 그대로 적용하려는 무모한 시도는 없어야 할 것이다.

한국의 정부기관이나 정부투자 공기업의 인도에 대한 이해는 상당히 단편적으로 치우쳐 획일적인 판단으로 다양한 인도의 정체성에 대해 각각의 분석을 게을리하는 사례가 적지 않다. 단편적인 일례이겠지만, 델리에 기구를 둔 정부관련 기구 주재원이 가족여행을 제외하고는 델리 이외 지역으로 업무출장을 다녀 본 경험이 주재기간 중 한 손가락으로 셈하여도 남는다고 한다. 이점은 일부 언론사 인도주재 특파원의 경우에도 해당한다. 출장 비용문제로 오로지 델리에서 인도 남부 벵갈루루를 내려다보는 것으로는 해당 지역의 특징을 짚어내는 정확한 기사를 송고할 수 없다는 것은 자명한 사실이다. 그럴 경우에는 하나의 선입견으로 또는 다른 이의 이해와 시각에 의존한 앵무새 통신원이나 우물 안 주재원이 될 수밖에 없는 안타까운 실정이다.

인도를 알고 나서도 지속적으로 다른 시각과 방향으로 개별 인도에 대한 분석과 이해를 넓혀야 하는 이유가 여기에 있다. 델리나 뭄바이 어느 곳에 정부기관이 들어섰다고 하여 이곳에서 모든 것이 해결될 수 있다고 믿는 것은 하와이에 머물면서 미국을 이해하고 있다고 주장하는 것과 다를 바 없다. 해당 지역에서 함께 활동하고 느껴야 하는 주재원으로서의 의미가 퇴색되는 것이다.

　　현실적으로 한국의 정부기관이나 공기업의 인도주재지역이 델리에 편중된 현상에 대해서는 재고하여야 할 필요성이 않다. 다양한 기관을 통하여 다양한 내용의 인도분석이 나오지 않고 한 지역에서 획일적으로 중복되어 생산된 인도정보가 국내에 퍼지고 있어 정작 기업이 필요로 하는 실제 적용되는 현장정보는 찾을 수 없다는 문제점이 지적된다. 인도를 온전한 하나의 국가로 접근하는 것은 첫 단추의 오류이다.

다양한 정체성에도 하나의 공통된 방향은 경제성장

　　인도 남부여행을 하였거나 계획하는 이들에게는 익숙한 지명으로 떠오르는 코치 또는 코친 이라 불리는 아름다운 항구도시를 품고 있는 케랄라 주14)는 거리 곳곳에서 손쉽게 붉은색 바탕에 흰색의 낫과 망치가 겹쳐 있는 공산당 당기를 마주칠 수 있을 정도로 전통적인 공산당 지배체제의 주이다. 케랄라는 인도 남서부의 해안을 끼고 형성되어 과거에는 유럽과 중동지역과의 교역관계로 생활수준이 높았던 곳이었다.

---

14) 께랄라 주: Kerala 인구는 약 3,200만 정도이고 남한의 약 1/3에 해당하는 면적으로 인도 남서해안을 따라 길게 형성된 주로 수도는 티루반타푸람이고 말라야람 지방어와 영어를 공용어로 사용하고 있다. 교육열이 인도 전체에서도 높은 곳으로 우수한 인적자원이 배출되고 있고 실제로 인근 IT도시인 벵갈루루에는 케랄라 출신이 IT산업 종사자의 30% 이상을 차지하고 있다고 한다. 주로 해산물과 섬유 그리고 향신료의 주산지이며 전통적인 관광산업 이외에 최근 IT, BT 등 지식산업분야로 경제개발에 노력을 쏟고 있다. 이 주에서 가장 발달된 대도시는 주 수도보다는 코치이다. 특이하게도 인구의 약 19%가 기독교인으로 여행을 하다 보면 곳곳에 세워진 오래된 교회 (성당)을 힌두사원보다 더 자주 볼 수 있는 곳이기도 하다.

산업화 과정에서 경제성장을 목표로 개방화 전략을 정치적으로 선택한 인근 카르나타카 주와 마하라스트라 주에 비하여 상대적으로 낙후되어 가는 입장에 처한 케랄라 주는 이들 두 지역에 우수한 인적자원을 공급해주는 배후지역으로 뒷전에 물러서 있었다. 그런 입장에서 상대적 소외감을 느껴온 주 정부는 수년 전부터 해외자본과 인도 국내대기업의 산업체를 지역으로 유치하기 시작하였고 이에 필요한 각종 친(親) 기업정책을 마련하였다. 노동조합 파업에 대한 일부제한과 해외자본의 유입에 따른 제도적 인센티브 등을 마련함으로 지역의 실업자들이 고용되는 기회를 늘리는 방향으로 정책 우선을 선회하였다. 이러한 방향선회는 케랄라와 인도 대륙을 대각선으로 가로질러서 반대방향에 있는 비슷한 처지의 웨스트 벵갈 주에서도 마찬가지이다. 인도 대도시가운데에서도 가장 저 성장된 것으로 평가된 웨스트 벵갈 주 수도인 콜카타 역시 기업우대정책을 통해 지역을 개발시키고 고용창출을 일으킴으로 경제를 활성화시키는데 이념정치의 방향을 일시 뒤편으로 물리치는 제스처를 취하고 있다.

개방정제 정책에 가장 배타적인 공산당 계열의 인도 정치세력조차도 높이 들어 세운 공통의 기치는 경제개발과 성장정책을 통한 삶의 질을 높이는 것이다. 다소 앞서고 뒤서는 정도의 차이는 있지만, 인도 28개 주 정부는 주마다 다양한 인종적, 언어적 그리고 종교적 색채가 다름에도 불구하고 오로지 경제개발 성장정책을 펼치는 데에서는 한 방향을 가리키고 있다.

인도 전체적으로 본다면, 과거 10여 년 동안에 걸쳐서 이룩해놓은 7~8%의 고도성장 결과는 인도의 국부를 늘려나가는 데에 전혀 손색이 없었다. 1991년 외환위기를 맞은 인도의 피동적인 개방 선택이 결과적으론 21세기 중반에 이르러서는 세계 3~4위의 경제대국을 넘보는 위치에 이르게 된 것이다. 특히 2002년 이후 인도의 GDP 8~9% 대의 성장의 결과는 인도인으로 하여금 인디아 프라이드를 심어주기에 전혀 부족함이 없다.

당해연도 4월1일부터 익년 3월31일까지를 회계연도로 삼는 인도에서, 2007~8년도 GDP성장은 필자가 이 글을 쓰는 때에 아직 확정적인 수치가 발표되지는 않았지만 모건 스탠리의 예측에 따르면 8.7%에 달할 것이라고 한다. 이는 2007년 초에 9.5% 이상의 고도성장을 예측한 것과는 달리 낮아진 수치이지만 인도 자체의 요인에 의한 것이라기보다는 유가 상승과 같은 대외요인에 좌우된 세계경제의 동반침체에 따른 결과이다.

이러한 2008년을 포함한 향후 2~3년간 이전의 고도성장 수치보다 다소 낮은 성장이 예상됨에도 불구하고 2020년 장기전망에서 지속적인 인도경제성장의 기조가 이어지는 데에는 의심의 여지가 없다. India Vision 2020은 이렇게 만들어지고 있다.

세계의 브레인 파워 인도 전문인력

수년 전에 모 일간지에서 인도의 수학적 재능에 대한 이야기를 끌어나가는 데에서 19구단의 인도교육법을 소개하여 세간에서 인도인의 재능과 인도교육이 싸잡혀서 시시비비에 휘말린 적이 있었다. 인도인의 우수한 지적자원에 대한 이해를 심층적으로 하기보다는 언론사가 상술에 가까운 모양으로 19구단을 앞세우는 바람에 우스꽝스러운 형편이 되고 말았지만, 세계 곳곳에서 활약하고 있는 인도의 인적자원은 말 그대로 인도의 경제개발에 일익을 담당하고

▲ IIT

IIT 델리 캠퍼스 일부(인도 최고의 공대 IIT)

있는 대단한 자원이라는 평가를 이러한 해프닝으로도 깎아내릴 수는 없다.

특히나 지식산업에서의 인도의 인적자원은 세계 산업에 대한 필요인력의 공급처로서 역할을 함에 부족함이 없고 따라서 이에 대한 여러 국가의 기대는 매우 커서 해외정상의 인도방문 정상의제에 인재양성과 공급협력에 대한 내용이 단골메뉴로 등장하고 있다. 그 점에 있어서는 한국 정상의 인도방문에서도 예외가 아니었다.

이명박 현 대통령이 자연인 신분으로 2007년4월 인도를 방문하여 당시 인도 대통령이었던 압둘 깔람과의 회담에서 합의한 내용은 물론 1996년 김영삼, 2004년 노무현 前 대통령과 인도 수상과의 합의안에서도 인적자원의 교류와 협력에 대한 내용은 빠지지 않고 등장하였다. 이명박 대통령은 인도 방문 당시, 인도 최고의 수재가 모인다는 인도 공과대학 델리 캠퍼스15)를 방문하고 교수와 학생들과 환담을 하면서 인도의 인적자원에 대한 존재와 국가 미래에 대한 효용성을 느낄 수 있었다고 그의 인도 방문기에서 밝히고 있다. 또한 우수 인재를 육성하기 위해서 인도정부가 전폭적으

---

15) IIT Delhi: India Institute of Technology, Delhi, IIT는 인도 최고의 공과대학으로 델리를 위시하여 인도 전역 뭄바이,마드라스, 구하하티, 칸푸르, 루르키,카락푸르 등 모두 7개 지역 캠퍼스가 있는데 이들은 각각 독립적으로 운영되고 있고 우수한 학문분야도 다른 특징을 가지고 있다.

로 지원을 해 주고 있는 것을 보면서 한국의 이공계 기피현상과 인력부족을 어떻게 극복해 나가야 될지에 대해서도 고민하게 되었다고 또한 언급하였다. 이러한 인식에서 당시 이명박 자연인은 인도의 압둘 깔람 대통령과 한국-인도 사이에 지식플랫폼을 만들 것을 합의하게 되었고 그 인연으로 대통령으로 당선된 직후 취임식에 이미 전년도에 퇴임한 압둘 깔람을 초청하여 면담을 갖는 등 과학기술산업의 발전을 위한 인도와의 인적자원교류에 관심을 크게 쏟고 있음을 보여주었다.

널리 알려진 사실로 다소 식상한 이야기일 테지만 그래도 엄연한 현실은 인도의 전문 인력이 미국항공우주국을 비롯한 실리콘벨리의 과학기술의 핵심 산업에서는 물론 인도인에 의해서 파생금융상품을 개발되었다고 알려지는 등 금융서비스산업에서도 큰 활약을 하고 있다. 한국 역시 중소기업 지원을 위한 목적으로 마련한 중소기업청의 해외전문인력 도입사업의 결과, 2002년1월 이후 2007년도까지 한국에 입국한 인도인 전문 인력16)의 숫자는 약 1,000여 명에 달할 것으로 추산된다.

영어권이 아닌 한국까지도 해를 거듭하여 지속적으로 활용하고 있는 인도의 전문 인력은 그들의 인적자원의 우수성과 효과를 보여주는 산 증거이다. 그러나 한국에서 필요한 인도 인적자원을 활용하는 정도에서는 미국은 물론 EU 등 기술 산업 선진국은 물론 일본을 비롯한 중국 등 기타의 경우에 비하여서도 다소 덜 적극적이다. 앞서 언급된 정도의 인도 인력의 국내입국도 사실 중소기업

---

16) E-7비자(특정 활동비자)로 기술 산업에 관련하여 주무 장관의 추천서를 발급받을 수 있는 기준은 관련 실무경력 5년 이상 또는 학사로서 2년 이상의 경력인 경우에 한하여 도입되고 있다.

청이 중소기업진흥공단을 통하여 실시하여온 해외 전문 인력채용에 관한 지원제도에 의지하는 바가 클 뿐이고 기업이 이에 앞서 적극적으로 인력활용에 대한 지속적인 체계를 갖춘 경우는 엘지와 삼성 등 대기업 이외엔 별로 없어 다른 경쟁국과 비교하여 볼 때 상대적으로 부진하다고 할 수 있다.

일본과 독일은 인도 상공연합회를 통하여 자국의 언어를 배우고 자국기업에 취업을 하는 인도 인력에게는 자국어 교육비를 환급하여주는 제도를 실시하고 있으며 또한 독일정부는 한발 더 나아가 인도정부와의 합의에 따라 뭄바이 인근 아우랑가바드 도시에서 Indo-German Tool Room이라는 산학협력체 교육기관을 설립하고 독일기업이 원하는 전문 인력양성 프로젝트로 인도 현지에서 자국에 필요한 인재양성에 직접 참여하고 있다. 일본의 경우에도 인력송출을 위한 민간 기업의 경우이지만 일본경제단체와 협의하여 푸네에서 일본기업에 투입할 IT전문 인력의 적응과정을 실제 프로젝트 수행을 통하여 일본 현지근무에 필요한 선행과정을 이수시키는 등으로 인력이 일본기업에서 손쉽게 적응할 수 있도록 지원하고 있다. IT 인력양성을 목적으로 중국인을 대상으로 한 베이징대학과 인도 IT 교육전문기업인 앱텍과의 합작사업도 인도의 전문인력 육성정책에 대한 적극적인 중국의 자세를 보여주고 있는 사례이다.

아직도 일부 한국기업에서 갖고 있는 잘못된 인식으로는 인도 전문 인력에 대한 접근을 값싼 노동력의 활용에 무게를 두고 있다는 점이다. 그러나 인도 현지에서도 공식 통계로 나온 바로 미루어보아도 2007년 기준 년 19% 정도로 치솟은 인도 현지의 급여 상승은 한국기업이 찾는 값싼 노동력의 의미를 위축시키고 있다. 인도의 전문 인력에 대한 활용의미를 단순히 급여의 차이로만 비교한 수치상 득실을 논할 것이 아니라 장단기적인 인력운영의 효율성과 기업의 글로벌 전략의 일환으로 본 인력의 유용성을 계산하여야 전체적인 경제적 이득이 정확히 나올 수 있다.[17]

영파워, 인도의 젊은 노동력인구는 인구 자체 숫자에도 중요성이 있을 뿐만 아니라 그 가운데 우수한 자질을 지닌 글로벌 인재가 포함되어 있다는 점에서 세계의 지식, 기술관련 산업은 물론 금융 등 전문서비스 업종에서도 관심을 갖는 것이다. 이러한 세계 산업으로부터의 인도 인력수요는 태생적인 글로벌 인재로서의 요건을 갖추고 글로벌 비즈니스 사이트에서 실무경험을 쌓는 등 경력의 이점이 더하여져서 기업이 찾고자 하는 인재의 요건을 명실상부하게 갖추어 그 진가를 인정하기 때문이다. 그들이 영어라는 글로벌 언어를 손쉽게 익힐 수 있는 인도의 교육환경에서 길러짐으로 실질적으로 당장에 고용이익이 실현될 수 있는 비즈니스 현장에 투입될 수 있다는 것도 인도인을 찾는 또 하나의 이유이다.

어디 인적자원 자체로만 본다면, 두뇌가 명석하고 창의적이며 생활태도에서도 기본적으로 성실한 한국의 젊은 인력이 인도인보다 못할 이유는 전혀 없고 차라리 더 훌륭한 자질은 갖고 있음은 의심할 여지가 없다. 그럼에도 불구하고 지금 우리에게는 모든 분야에 있어 취업에 고민하는 대학졸업생은 넘치고 있고 기업은 기업대로 당장에 필요한 인력확충에 곤란을 겪을 정도로 난감한 상황이다. 여기에서 이해하여야 할 바는 인도의 인재들이 영어라는 언어적 소양을 기본적으로 갖춘 자질과 다른 민족과 비교하여서도 빠지지 않은 명석함을 지니고 있지만, 기본교육 이후 집중된 전문

---

17) 인도의 IT인력 정책과 한국과의 협력관계. 2006년, 김웅기, 전자부품연구원 연구과제

교육과정, 직업 지향적 교육을 받음으로 우리와 격차를 벌리기 시작하였다는 점이다. 교육을 통하여 배출된 이후에도 이들은 처음부터 유수의 글로벌 기업환경에 실무경력을 갖추게 되면서 그 격차는 더욱 벌어질 수밖에 없었다는 것이 지금 한국과 인도 젊은이의 취업에 대한 현실차이를 만들었다.

지식산업의 대표인 IT산업에서뿐만 아니라 바이오산업 및 제약산업에서 이제 인도 인력이 빠진다는 것을 상상할 수 없을 지경이 되고 말았다. 미국항공우주국 연구직과 기업연구소의 3~40%를 점유한 인도인, 금융전문인으로서 인도인이 세계 금융시장의 30% 이상을 점유하고 있다는 사실은 물론 실리콘밸리의 CEO 중에서 절반에 가까운 이들이나 세계 유수기업의 CEO가 인도인이거나 인도태생이라는 미디어들의 보도로 보아도 이러한 형편을 손쉽게 짐작할 수 있다. 그러다 보니 이제는 미국 등 몇몇 나라에서는 인도인을 배제하고는 기업 자체의 존립을 생각할 수 없는 지경에 이르게 되었다고 한다. 인도인들이 중동건설현장에서 대부분을 차지하고 있는 저임금 단순 노무직의 제3세계 인력으로서만 아니라 전문지식산업의 두뇌를 담당하는 재원으로도 자리 매김을 한 인도 두뇌들이 명실상부한 글로벌 인적자원이 아니겠는가?

산업과 인재라는 관심으로 본다면 이제는 인도 인재들의 글로벌 기업에서의 활약 그 자체에만 주목되는 것이 아니다. 이들의 글로벌 무대에서의 활약을 최근 들어서서 인도의 신산업을 일으키는 중요한 요소가 되고 있다는 것과 연결하여 살펴볼 필요가 있다. 이 책의 2,3부의 내용에서 보다 자세히 이야기되고 있지만, 인도의 글로벌 인력들이 "집으로" 돌아오고 인도 현장에서 신산업에 참여하고 산업성장을 일으키고 마침내 세계의 산업을 리드하고 있음이 곳곳에서 목격되고 있다. 2008년 1월, 하이데라바드의 ICICI 지식단지[18]에서 만난 기업인큐베이터 담당임원은 그동안 지식단지에 28개 기업이 입주하였고 그 중 8개 기업이 성공적인 인큐베이터 과정을 마치고 기업화로 독립하여 상당한 매출을 일으킨 사례를 설명하면서 이들 기업의 핵심 브레인들의 상당수가 미국이나 기타 선진국에서 관련 산업에 종사하던 귀향한 인도인들이라고 말하였다. 당장에는 지금의 수입이 이전 직장에서의 급여보단 못할지 몰라도 참여할 기업의 장래성에 대한 확신이 그들을 고향으로 돌아오게 하였다고 배경설명을 덧붙였다. 해외에 진출하였던 한국의 우수한 두뇌들이 많은 경험을 쌓은 후에 한국으로 돌아와서 기업을 하거나 한국기업에 합류하는 것을 개인의 미래에 있어서도 더 긍정적이라고 여길 그런 시절이 우리에겐 언제나 올 것인가라는 생각이 그 자리에서 불현듯 떠올랐다. 개인에게 희망을 안겨주는 국가의 발전적인 비즈니스 토양은 소속한 개개인의 삶에도 영향을 미치고 있다는 사실에 새삼 느끼는 바가 적지 않다. "국민에게 희망을 주는 정치"를 내세운 한국정당이 있었는데 이를 실천할 수 있는 예로 위에 언급한 경우를 해당 정당 실력자들에게 보여주고 싶다. 국민이 갖는 "희망"은 구호가 아닌 구체적인 결과를 가져오는 실천에서 이루어지는 분위기라고 일러주고 싶다. 그래서 해외에서도 돌아오고 싶은 나라, 그 나라가 "국민에게 희망을 주는 정치"가 있는 나라이다.

이야기가 삼천포로 빠졌지만, 인도의 해외 인력의 귀향사례는

---

18) ICICI Knowledge Park(IKP) : 인도 하이데라바드에 있는 비영리성 지식산업 단지로 주로 생명공학과 제약 산업에 관련된 기업의 산업화 과정에서의 R&D 인큐베이터 지원을 하고 있다. 200에이커, 약 24만 평 규모의 단지는 dlseh 최대 민영은행인 ICICI의 투자로 설립된 것이다.

비단 하이데라바드 IKP에서만 있는 독특한 현상이 아니다. IT산업의 허브 격인 남부 벵갈루루와 서부요충지로 알려진 푸네 등지에서 미국 등지의 벤처 캐피탈의 투자에 힘입어 창업되고 있는 IT 벤처기업의 모태에는 역시 미국에 진출하였던 IT전문 인력들이 있다는 것에서도 알 수 있다.

수상도시로 변하는 인도 대도시와 열악한 인프라

출판의뢰를 받고, 인도에 대한 지금까지의 이해와 사례를 정리하면서 지금의 인도와 우리와의 관계에서 던져질 메시지를 책으로 엮겠다는 결심을 하였지만, 막상 이를 언제까지 완료한다는 약속을 하면서 고민을 하였다. 책을 어떻게 쓸 것인가가 가장 큰 고민이고 이 책을 어디에서 쓸 것인가를 정하는 것이 그다음의 작은 고민이었다. "지금의 인도 이해"란 어느 시점을 기준으로 할 것인지에 대해서 만약 한국에서 책을 쓸 경우에는 현장에서 본 지금까지란 지난 2008년1월 인도를 최종 다녀왔던 시점이 되는 것이고 인도에서 쓸 경우는 다시 출국하여 나가 있는 그 시간 현재까지가 '지금'의 기준으로 남을 것이니 보다 가까운 과거를 '지금'의 기준으로 삼고자 4월 인도출장을 나가 현지에서 집필하는 것으로 결심하였다. 현지에서 한 곳에만 머물면서 쓰는 것이 아니라 책의 내용이 될 인도의 각 도시들을 다시금 돌아보며 사실 관계를 재확인하며 쓸 작정을 하였다. 이렇게 하는 데에는 체력적인 소모는 물론 이에 소요될 출장경비가 적지 않았으나 이마저도 인도에 관한 책을 주제에 걸맞게 인도에서 쓰자는 욕심을 주저앉히진 못하였다.

2008년4월8일 하이데라바드의 라지브 간디 인터내서날 신공항에 도착하여 공항단지와 연결된 전용도로에 차를 세우고 새로 준공한 공항 전경을 카메라에 연신 담으면서 오길 잘했어! 라는 생각에 섭씨 40여 도까지 치솟는 4월의 폭염이 기다리는 인도로 들어가서 책을 쓰겠다는 생각이 지나친 욕심일까라는 약간의 우려는 어느 듯 사라졌다.

인도 중남부에 있는 안드라프라데시 주의 수도인 하이데라바드는 이젠 국제선이 이착륙할 수 있는 공항이 두 곳이 되어 곧 뒤이어 2008년5월 새로운 국제공항을 개항한 벵갈루루와 더불어 인도 최초로 한 도시에 별개지역에 각각의 활주로를 보유한 명실상부한 대도시가 되었다. 이로써, 국내노선은 물론 때때로 국제노선에서 일어나는 잦은 이착륙지연사태를 야기하는 공항시설의 부족에서 벗어날 수 있는 계기가 되었다.

신공항청사에서는 이제껏 인도에서 볼 수 없었던 화물처리시스템이 작동되고 있어 놀라움을 금치 못하였다. 승객화물을 보호하기 위하여 화물은 개별 바스켓에 담겨져서 지하층에서 연결된 컨베이어를 통하여 도착라운지로 빠르게 배송되고 있었다. 또한, 청사내부의 깨끗하고 쾌적함이야 일러 무엇 하겠는가? 말끔하게 지어진 공항청사에 설치된 외부로 돌출된 누드타입의 전망용 엘리베이터는 "어?

▲ 하이데라바드 신공항
하이데라바드 라지브간디 신공항 가는 길 앞에 청사가 보인다

인도에서…"라는 혼잣말을 만들기엔 충분하였다. 그뿐만 아니다. 충분한 공간을 갖춘 항공사별 체크인 카운터와 보안게이트 그리고 청사 내부에 마련된 쇼핑 아케이드와 다양한 휴게시설은 비록 인천공항의 규모에 비하여 몇 분의 일이지만 이제껏 인도 공항과는 다른 획기적인 설비로 운영되고 있었다. 아마도 필자의 기억이 맞는다면 이제껏 인도 공항 중 새로이 개항된 벵갈루루 신공항과 더불어 가장 깨끗하고 질서를 갖춘 공항과 시내 간의 교통시스템을 갖추고 있었다. Radio Taxi라는 에어컨이 나오는 콜택시부터 리무진 버스까지 다양한 교통수단이 질서를 갖추어 청사밖에 마련되어 이를 모르고 필자가 미리 호텔에서 비싼 비용을 치르면서 미리 대기시킨 렌터카가 후회될 정도였다. 전체적인 규모야 김포공항 정도에 비교될 정도였지만 하이데라바드 시에서 약 40Km 떨어진 샴사바드 구역에 얼마 전 2008년3월 말에 준공된 라비즈 간디 신국제공항은 인도 인프라가 어떻게 변하고 그 변화의 속도는 어떤 기준에 의해서 결정되는지를 새삼 깨닫게 하는데 충분하였다. 아니 충분한 것이 아니라 사실 필자는 이러한 변화의 결과에 약간 흥분할 정도로 고무되었다.

물론 시내까지 이르는 교통에서는 시내도로망의 열악함으로 불과 50Km 떨어진 시내까지 1시간 30분~2시간 걸리는 지루함을 견뎌내야 하지만 그것은 다음에 해결될 인도의 인프라이다. 이 점은 2008년 5월에 개항한 벵갈루루 신공항에서도 마찬가지일 것이다. 이 때문에 벌써 공항과 도심을 오가는 디럭스 헬리콥터 운행이 검토되고 있고 일부 사업자들에 의해서 구간전용 고속도로나 전철이 구상되고 있단다. 즉 사업적 여건이 마련된다면 누구라도 뛰어들 이에 태세이다. 최근 한국의 여객운송사업체가 인도 진출을 모색하려고 탐문 중이다. 그 과정에서 도시와 도시를 잇는 구간 버스운행을 합작형식으로 진출할 것을 검토하고 있다는 이야기가 있는데 그 정도의 마인드라면 특정 고객층이 확연히 드러나 있는 이러한 공항과 도심을 연결하는 차별화된 공항 리무진사업을 검토할 필요가 있지 않은가? 교통 인프라 환경에 대한 인도 내부의 염려와 개선요구의 여론이 점차 고조되고 있는 마당에 충분히 가능한 프로젝트이다.

도로와 항만 그리고 항공 등과 같은 교통수단과 전력 그리고 정보통신 환경과 주택 및 사무환경은 물론 쓰레기를 비롯한 공해환경대책 등등에서 어느 하나에서 예외가 없을 정도로 미흡하다 못하여 열악한 지경의 인도 인프라에 대한 이야기는 인도에 대한 모든 경제보고서에서 빼놓지 않고 등장시키는 "그러나…"라는 단서사항이다. "비즈니스의 장래성은 있으나 단, 인도에서는 이런저런 인프라문제로 인하여 리스크가 있으니 당장의 진출에 주의하여야 한다"라는 인도 보고서에 등장하는 약방의 감초 문구가 "열악한 인프라"이다. 과연 그것뿐인가?

열악한 인도환경에 비명조차 지르지 못하고 다음 날 돌아선 일본인과 그저 묵묵히 지켜내면 버티어 낸 한국인이 있으므로 한국 가전 양대 기업은 인도 가전시장의 수위를 지키고 있고 일본기업은 이를 통탄하며 한국을 배우라는 사카키바라 에이스케의 훈계[19]에 따라 새삼 요란하게 엄청난 공적자금을 앞세워 타도 한국을 부르짖으면 뒤늦게 반성하고 있다. 사업 인프라에 대한 조건은 공격적이고 긍정적인 시장판단에 따라 호불호가 달라지고 감당할 만한지 아닌지가 나누어진다. 열악하다는 인프라 조건도 보는 시각에 따라 상대적일 수 있고 또 그 자체가 시장기회가 될 수 있다.

---

19) 사카키바라 에이스케: "인도를 읽는다."의 저자. 전 일본 대장성 재무관을 역임한 경제 분석가

　위 하이데라바드의 신국제공항은 이른바 PPP방식[20]으로 준공된 인프라 시설이다. 합작컨소시엄에는 인도의 안드라프라데시 주 정부 그리고 인도항공청(AAI)이 공공기관으로 참가하였고 민간 기업으로는 말레이시아 항공 홀딩스(MAHB)와 인도의 GMR그룹이 참여하였다. 이들이 참여한 국제공항 건설은 이후 약속된 준공시기에서 크게 미루어지지 않고 개항한 것이니 이 또한 놀랍지 않을 수 없는 일이다. 인도에서 공공사업이 크게 왜곡되지 않고 진행되어 계획기간 중 준공이라는 결과를 나타낸 것은 그간 인도의 사업계획이라면 일단 반신반의하는 풍토에선 놀랍지 않을 수 없다. 물론 아직 시설에 있어서 보완될 곳이 많다는 지적이 현지에서 나오고 있으나 한도 끝도 없이 미루어지는 과거 인도 정부주도의 인프라 프로젝트에 비하여서는 완연히 달라진 모습이다.

　진척속도를 보이기 힘든 공공인프라 프로젝트일지라도 민간기업의 이윤추구를 띤 경영마인드가 개입된다면 이야기는 무척 달라질 수 있다는 것을 보여준 하나의 실례이다. 더구나 필자 개인적으로도 이 공항의 준공에는 남다른 감회가 있다. 필자가 운영하는 회사에서 인도 산업특구를 조사하여 공장입지를 선정하여 주었고 그 과정에서 현지법인을 설립하는 등의 제반 컨설팅을 지원하였던 한국의 중소기업이 기간중에 이곳 국제공항 시설물 중 일부 제품을 납품하였다는 사실 때문이다.

　인도의 열악한 인프라는 각각의 사업성 여부에 따라 우선순위가

---

20) PPP: Public-Private Partnership Project로 민간 기업이 국영기업 또는 기관과 합작형태의 컨소시엄을 구성하여 프로젝트를 수행하는 방식으로 사회간접자본 사업에 사용되는 투자의 한 종류이다. 프로젝트의 수익은 참여 민간 기업이 동 시설을 유료화하여 얻어지는 수익을 바탕으로 한다.

결정되고 참여기관의 성격에 따라 프로젝트의 속도가 달라지는데, 비록 일부에서는 인프라 부족에 곤란을 겪을 수 있겠지만, 경우에 따라서는 이렇듯 시장기회를 제공하고 있음이 틀림없다. 그동안 인도정부는 재정상의 이유로 인프라 투자에 대하여 적극적인 진행을 할 수 없어 민간기업의 자본과 경영의 참여를 기다리고 있었다. 공공기관이 토지수용 및 제반 법률적인 환경과 행정적 편의를 제공하는 등으로 개선프로젝트에 기본참여를 하고 자본과 운영에 대해서는 막대한 투자자금을 가진 해외의 국영기업이나 공공사업기구, 또는 국내외 민간 기업이 과반수이상의 지분을 가지고 참여하는 컨소시엄 방식의 인프라 투자가 이른바 인도의 PPP방식이다. 이러한 PPP방식이 추진되는 것은 이런 부문의 프로젝트 사업성 검토에 참여기업이 어느 정도 이상으로 확신을 갖는다는 전제에서 이루어지고 있는 것이다.

이번 하이데라바드 공항에서 지불한 승용차의 주차요금은 70루피로 그 어느 공항보다도 훨씬 비쌌다. 이뿐만 아니라 28,000원 정도에 달하는 신공항 이용료가 모든 면에서 만만치 않게 비싸다는 불평이 적지 않게 나온다는 현지 관계자들의 이야기는 다른 면에서 인프라에 투자한 사업자들의 운영방침을 엿볼 수 있게 한다. 2루피의 인도 짜이[21]를 폭염의 땡볕 아래에서 마실 것인지 아니면 에어컨 찬바람이 펑펑 쏟아지는 바리스타나 커피데이에서[22] 40~50루피를 지불하고 아이리시커피를 마실 것인지는 전적으로 소비자들의 선택에 달려 있지만 이젠 인도의 소비자선택은 만족과

---

21) 짜이: Chai 인도식 밀크 티
22) 바리스타 / 커피데이: 가장 널리 알려진 프랜차이즈 형식의 최대 규모의 인도 커피전문점 브랜드의 양대 산맥이다. 최근엔 커피 빈과 스타벅스 등 해외 커피전문점 브랜드 역시 인도 진출을 시도하고 있다.

안락함을 추구하는 후자라는 것과 그만큼 감당할 소비자의 능력이 충분하다는 사실이 놀랍다. 인도 인프라에 투자가 가능하다는 사실을 이해하게 한다.

　민간 기업이 개입된 인도 인프라 사업전개는 다양한 부문에서 최근 진행속도가 빨라져서 인도 전역에서 나날이 개선되고 있는 인프라환경을 목격할 수 있다. 물론 여기에도 사업성의 높고 낮음에 따른 개선 정도의 차별은 엄연하다. 인터넷 사용에 있어서 절대 불편국가였던 인도에서 이제는 주요 도시의 비즈니스 숙소와 상업용도의 시설 그 어디에서나 WiFi의 무선 인터넷 사용이 자유로울 정도로 바뀌면서 이를 기반으로 하는 e-Commerce의 시장 기대까지도 날로 높아지고 있음을 유의하여야 한다. 이점은 다음 산업 편에서 이야기될 것이다.

　몬순시기에 한국의 장마에 훨씬 미치지 못하는 정도의 비라도 내리면 뭄바이는 그야말로 수상도시로 변하여 상상하기 어려울 정도의 교통난을 겪고 있다. 이는 뭄바이 도로 인프라 환경과 도시 하수처리의 문제가 겹친 최악의 상황을 보여주는 한 예이다. 필자가 운영하는 회사에선 매년 수차례 비즈니스 상담을 인도의 주요 도시에서 개최하고 있는 데 그러던 중, 어느 지자체 의뢰기관의 어쩔 수 없는 요구에 따라 몬순이라는 미심쩍은 위험요소가 있음에도 불구하고 6월 중순에 뭄바이에서 시장개척단의 비즈니스 미팅을 진행한 바가 있었다. 절기상으로는 아직 몬순이전이여서 조금은 안심하며 진행한 인도 바이어 초청행사였는데 아뿔싸 기상이변이라는 복병을 만나 행사는 반 토막이 나고 말았다. 한국 같으면 그저 약간의 교통체증으로 그칠 만한 비임에도 불구하고 뭄바이는 몇 시간 내린 비에 수상도시로 변하고 원거리 차량 통행은 거의 불가능한 지경이 되었으니 행사장 인근 지역에 있던 초청 바이어만이 겨우 참석하는 반 토막 행사가 되고 말았다. 이런 사정이야 어디 뭄바이만 그렇겠는가? 차이는 있겠지만 인도 대도시의 교통사정은 거의 마찬가지이다.

그러나 이제 사정은 도시형편에 따라 점차 달라지고 있다. 델리는 이미 지하철이라는 새로운 교통수단을 마련하였다. 1기와 2기는 이미 운행되고 있으며 이제 3,4기 공사가 진행 중이다. 이 정도의 교통망이 구성되면 기상상태에 따라 참석이 불가능하다는 인도인들의 핑계나 시간지연의 구습은 어느 정도는 사라질 것이라는 기대를 해본다. 델리에 이어 벵갈루루에서도 지하철 굴착공사가 시작되었다. 델리 지하철 인프라에는 건설부문과 차량에서 한국기업의 참여가 있고 특히 차량관계에서는 계속 커지고 있는 인도지하철시장에 대한 기대가 대금결제에 있어서의 숱한 우여곡절에도 불구하고 매우 크다.

우리의 기준에서 인도의 인프라 환경이 열악한 것은 의심의 여지가 없는 사실이다. 그러나 그 열악한 인프라가 일시적인 사업환경의 불안정한 요소는 될 수 있으나 알고 대처한다면 인도 전체나 산업의 기본자체를 부정시킬 리스크 즉 위협이 될 수는 없다는 것이다. 인도 리스크는 엄연히 존재하나 인프라 리스크는 개선되어야 할 현재의 불편일 뿐 도리어 인프라와 파생산업에 대한 시장기회로 우리에게 의미 될 수 있다. 동일한 현상이라도 바라보는 시각에서 전혀 다른 모습으로 해석된다.

소음과 공해라는 환경 인프라 역시 후진국들이 갖는 경우와 마찬가지로 인도 역시 만만치 않지만, 이런 비경제적인 부문의 인프라에서도 사회의 자각이 일어나고 있다는 사실이 놀랍지 않을 수 없다. 사방에서 울려대는 경적소리는 소음에 예민한 사람이라면 거의 노이로제에 걸려 견디다 못하여 황망하게 호텔로 되돌아올 수밖에 없을 정도로 심각하다. 1991년도 차량이 드물던 인도의 거리에서 들려오는 경적소리 정도야 그저 인도다운 풍물로 알았지만 이제 550만대의 차량이 넘치는 델리나 150만대가 넘치는 뭄바이의 좁은 도로에서 여기 저기 누구 하나 빠질 것 없이 눌러대는 경적은 짜증을 지나 정신건강에도 해가 된다. 이런 데 놀라운 일이 얼마 전 있었다. 뭄바이 경찰에서 경적 없는 날을 정하여 모든 차량이 경적을 울리지 않도록 하고 이에 벌금을 부과하는 시범운영을 비정부단체와 함께 대대적으로 펼쳤다. 이러한 시범운영이 얼마나 지속적이고 또 다른 도시로 확산될 것인지는 여전히 의문이지만 NGO와 공권력이 이러한 기획을 시작하였다는 점에서 의미는 적지 않다.

"Horn Please"라는 문구를 차량 꽁무니에 공공연히 붙이고 다니는 인도에서 차량의 경적 울려대기를 법률적으로 금하고 이를 계도하는 입장으로의 전환은 소음공해문제를 쾌적한 사회 인프라 조성이라는 측면에서 접근하는 인도사회의 변화된 동향을 반영하는 것이 아닌가?

90년대 초반 델리 공항에 한밤중에 도착하여 시내 호텔에서 첫 아침을 맞은 일본인 출장자는 그 하룻밤 사이 한 권의 소설로도 모자를 인도 고행을 겪고 도저히 더 이상 있을 수 없다는 판단으로 당일 가장 빠른 귀국항공을 알아보고 있다는 이야기를 합석한 호텔식당에서 들었던 기억이 새롭다. 그렇게 놀란 토끼 눈으로 돌아섰던 일본조차도 이제는 수상을 비롯한 일본정부의 고위직과 경제단체들이 2007년 7월 구자라트에 대한 경제개발을 위한 종합적인 협약을 체결하고 나아가 인도연방정부와 뭄바이와 델리를 잇는 대규모 산업 Corridor에 투자를 약속하는 가운데 관계 기업인의 인도방문이 쇄도하고 있다. 인도경제의 중요성이야 그제나 이제나 근본적으로 바뀐 것은 없지만, 전반적인 비즈니스 인프라가 달라졌다는 점에서 일본기업인의 발걸음이 예전 개방화 초기와는 사뭇 다르게 적극적이다. 일식을 전문으로 취급하는 대도시의 특급호텔 레스토랑이 늘고 있는 것과 무관하지 않은 분위기이다.

최악의 조건을 갖추고 있다던 인도 인프라는 해를 달리하면서 변하고 있다. 적어도 인프라에 대한 유무의 판단이나 수준 정도에 대해서 외부인의 잣대로 인도 인프라를 평가하지 않는다면 실제로 그곳에서 생활하는 이들에게는 이젠 지낼만해 졌거나 곧 지낼만해 질 것이라는 생각이 지배적이다. 어째 우물가에서 숭늉을 찾으랴?

인도 기업의 글로벌 무대 등장

인도 제약산업의 선두주자인 란박시23)와 닥터레디 등 인도기업의 글로벌 M&A 동향은 이제 우리나라의 제약업계에까지 그 손길이 미치고 있음이 현실이다. 2007년도에 란박시는 세계 굴지의 제네릭사로서 한국 시장진출을 목적으로 업계 중견규모의 한국 제약회사와 경영참여를 전제로 한 자본참여를 시도한 바가 있다. 물론 그 시도는 국내기업의 제안거절로 무산되었다는 보도가 나온 것으로 일단락 지어졌으나 한국시장 진출을 위한 라이선스 판매로

---

23) Ranboxy: 2007년 글로벌매출 1조 6천억 원 기록한 인도 제약업체.
 www.ranboxy.com

인도 제약사 닥터레디 ▲
하이데라바드 닥터레디 본사 건물

일부 전략수정이 있은 다음 인수합병의 노력도 계속될 것으로 판단된다.

란박시의 한국시장 진출을 위한 M&A는 비록 실패에 그쳤지만, 회사는 2006년 루마니아의 테라피아 제약회사를 3억 2천4백만 달러에 인수함으로 동유럽 시장에 진출하였다. 2007년 16억 1900만 달러의 매출을 기록한 란박시는 2010년까지 50억 달러 매출 달성을 위해 글로벌시장의 확대와 신기술 획득이라는 목적을 위하여 여러 건의 M&A 협상이 추가적으로 진행되고 있다고 언론에 밝힌 바 있다.

인도기업의 해외에서의 기업사냥은 주요 대기업을 중심으로 지난 2006년 이후 빠른 속도로 확산되고 있는데 이러한 흐름에는 인도정부로서는 외환보유고가 넉넉해짐[24]에 따른 환율안정이라는 정책목적이 뒷받침하고 있고 기업으로서는 글로벌 시장으로 진출

---

24) 인도의 외환보유고 증가: 인도의 외환보유고는, 2003년 2월 753억 달러에서 2004년12월 1,307억 2천만 달러로 급증하였고 이후 2007년 말경에는 2,756억 달러, 2008년 3월 말 3,097억 달러에 이르렀다. 참고로 2007년 기준으로 중국 1조 5천28억 달러, 일본 9천734억 달러, 러시아 4천764억 달러, 인도 2천756억 달러, 대만 2천703억 달러, 한국 2천622억 달러, 브라질 1천803억 달러, 싱가포르 1천630억 달러, 홍콩 1천529억 달러의 순위이다.

하려는 포석이 깔려 있는 것이다. 2004년 한국의 대우상용차를 인수한 인도 타타 그룹은 이를 근거로 한국의 소형자동차 시장진출을 엿보고 있다. 지난 1월에 모습을 보인 타타의 나노 1랙 소형차가 인도시장에서 호평을 받게 된다면 이를 무기로 한국소형차 시장에도 뛰어들 것으로 전망된다. 인도 소형차 시장의 돌풍의 주인공인 현대자동차 인디아의 모국인 한국에 인도의 자동차 메이커가 진출한다는 것은 의미심장한 일이 아닐 수 없다.

IT산업에서의 글로벌 M&A는 더욱 활발하다. IT기업 서열 2~3위에 오르고 있는 위프로(WIPRO)의 경우, 이 회사의 최고전략담당책임자(CSO)인 수딮난디는 구체적인 세계화 전략을 밝히기를 꺼려하면서도, 지난 2005년에는 규모가 최소 2,000만 달러에서 5,600만 달러에 이르기까지 총 8건의 기업인수를 단행했다고 언론에 밝혔다. 5,600만 달러 거래인 호주의 칩 설계 회사인 New Logic 인수와 미국 내에 프린스톤, 뉴저지 그리고 인도 첸나이 개발센터를 갖고 있는 미국기업 mPower 소프트웨어 서비스사의 인수도 포함되어 있는 데, 위프로의 이런 기업인수 레이스는 위프로의 고객이 전 세계에 있는 기업들이므로 이들과 보다 강화된 유대관계를 형성하기 위해서는 기업 스스로가 글로벌화된 조직을 보유하여야 한다는 의도에서 계속될 것이라고 수딮난디는 언론 인터뷰에서 강조하였다.

한국에도 지사형태로 IT서비스 시장에 뛰어들어 서서히 입지를 구축하고 있는 사티암(Satyam)의 경우도 총액 3,900만 달러에 달하는 시티소프트사(Citisoft)와의 인수거래를 성사하였다. 비단 상위 기업만 기업 인수합병에 참여하고 있는 것이 아니라는 점에 주목하여야 한다. 인도 중견IT기업의 해외기업 인수는 이제 하나의 유행처럼 번지고 있다. 방갈로르에 본사가 있는 중견규모의 슈벡스 시스템즈(Subex Systems)가 1억 4천만 달러에 사들인 영국의 에이져 솔류션즈(Azure Solutions) 는 이런 점에서 크게 화제가 되었다.

IT업계에서 일어난 해외기업 인수합병의 사례를 열거한다면 보고서 수십 페이지로도 모자랄 것이다. 2006년 하반기에 들어서서 젠팩(Genpact)은 모기지 서비스를 하는 미국의 머니라인(Money line)을 인수했다. 또한 트랜스워크(TransWorks India)는 캐나다의 Minacs Worldwide를 1억 2500만 달러에 전격적으로 인수, 이는 자동차 및 금융 부문에 맞춤형 BPO와 같은 새로운 영역으로 사업을 확장하고 있음을 보여주는 것이다[25]. 이러한 행보에는 Infosys Technologies, Satyam (Sify) Infoway, Rediff.com과 같은 인도의 일부 IT자이언트들이 미국 나스닥 시장에 상장되어 있는 것과 무관하지 않다. 인도기업의 글로벌 가치의 제고와 연관된 것이다.

위에 언급한 인도 제너릭의 한국제약업계 넘보기와 글로벌 시장 진출 그리고 언론보도를 통하여 알려지고 있는 인도 IT기업들의 해외시장 근거지 상륙을 위한 IT서비스기업에 대한 M&A 소식만이 크게 중요한 것은 아니다. 우리에게 미치고 있는 것으로는 최근 들어서서 자동차 부품산업 및 엔지니어링 관련 인도 중견기업의 한국을 향한 발걸음이 이어지는 배경에는 동일계의 한국중소기업으로부터 기술인수를 목적으로 한 탐문이 증가하고 있다는 점이다. 자금난과 해외시장개척에 어려움을 겪고 있는 한국의 중소기업으로서는 이러한 인도의 움직임에 반신반의하는 가운데에서도

---

25) 인도 현지 언론보도에서 정리함

일부에서는 구체적인 제안을 주고받고 있다.

인도기업의 해외진출이 이미 많은 산업부문에서 시작되었다는 점에 주목하여야 한다. 해외의 마켓 채널을 통해 인도 안에서 피동적인 서비스를 수행하였던 인도기업들이 경제성장의 결과 몸집이 불어나면서 마케팅 확대차원과 서비스의 진화를 위하여 직접 해외로 나섰다. 인도산업의 양적 질적 성장 그리고 기업의 해외시장 직접참여가 본격화되었다는 것을 이해하여야 한다. 인도기업으로서는 상대적으로 손 쉬었던 미국과 유럽시장의 진출 성과가 있자마자 이제는 그 눈을 아시아로 돌리고 있는데 그 범주에는 한국도 포함되어 있다는 점이 주목된다.

후진국, 아직도 한차례 폭우에 수십 수백 명이 목숨을 읽고 카스트와 같은 별난 신분제도 속에 벌어지는 사건사고 소식에 신기해 마지않던 호기심 천국, 그 인도가 이제 세상 밖으로 나왔다. 한국의 TV프로그램은 여전히 인도의 지역적 종교갈등과 국지적 테러소식에 두려움으로 맨발로 폭염의 거리를 뒤덮은 순례자들의 모습에 호기심으로 앵글을 맞추고 있지만, 어느덧 우리 안방시장에도 인도기업이 들어와 영역차지를 시도하고 있다. IT산업이라고 해봐야 미국IT기업의 하청 신세 정도이고 정작 필요한 제조업은 갖추지 못한 절름발이 산업구조의 국가로 치부하고 후진국으로 비하하였던 인도가 한국기업과 글로벌 무대에서 경쟁하고 있으며 나아가 우리의 안방에서까지 경쟁의 날을 세우고 있다는 사실에 주목하여야 한다. 인도 철강회사인 에사르 스틸 홀딩스가 미국의 휘릴피츠버그 스틸의 인수합병을 위한 자산평가에 들어갔다는 2008년4월의 뉴스는 포스코의 인도 제철소 프로젝트로 잘못 인식될 수 있는 인도철강 산업구조에 대한 저평가에 일침을 가하고 있다.

2008년 2월에만 4억 7천만 달러의 19건의 해외 인수합병이 있었다는 인도브랜드자산 협회의 보고가 언론에 발표되었다. 이러한 발표가 주는 의미는 수치이상으로 우리 기업에게는 중요한 의미를 갖는다. 힘겹게 해외시장에서 경쟁을 이겨내야 하는 기업입장에서 또 하나의 강적을 만나게 된 것이다. 이제 중국기업과 같은 저가의 상품과 서비스에 시달리는 것도 모자라서 인도기업의 공세까지 이어진다는 것은 차라리 공포가 아닐 수 없다.

인도기업의 글로벌 무대 진출이 본격화 되었다. 그들의 글로벌 무대에는 이젠 아시아도 포함되어 있고 그 아시아 시장에서 한국이 제외되어 있을 리가 없다.

인도 투자와 진출하는 외국기업이 급증

"FDI, 한국은 없다. 2007년 고작 5억 달러"라는 헤드라인 기사가 매일경제신문 2008년3월에 보도된 그즈음 인도 FDI는 2007~8년에 245억 달러를 기록하고 이어 2008~9년에는 350억 달러를 예상한다는 전망이 나왔다.

외국인 직접투자의 의미란 시장으로 해외자본이 유입되어 도착지에서 공장건립이나 개발이 펼쳐짐으로써 이에 고용과 소비가 창출되는 등 막대한 내수경제유발 효과를 나타내는 중요한 지표가 된다는 점이다. 외국투자 자본의 입장에서 한국은 매력을 잃어가는 반면에 인도는 투자의 유혹을 갖게 하는 마법의 땅인가? 한국과 인도의 FDI격차를 따지는 데 있어서 한국의 FDI유치 부진 원인이 단지 외국인 투자환경에 있어서 이른바 불합리한 기업규제나 론스타 탈세혐의로 불거진 "반 외자정서"로만 치부할 수 있는 것인가?

그런 의미에서 인도는 우리보다 크게 다른 친 외국자본 정서를 가지고 있다고 볼 수 있는 것인가? 그렇지는 않다. 해외자본의 유입은 철저하게도 투자 효과를 계산할 뿐이다. "반 외자정서"니 뭐니 하는 외적 환경에 집착하는 한국 언론의 외국인 직접투자에 대한 이해가 의심스런 대목이 아닐 수 없다. 그런 면에서는 인도는 우리보다 차라리 "반 외자정서"이면 정서이지 더 나을 것은 없다.

인도의 기업 활동환경은 한국에 비하여 훨씬 더 특혜가 베풀어진 호혜의 땅이 아니다. 조건으로만 따진다면 인도만큼 까다롭고 힘겨운 나라도 드물 것이다. 그럼에도 불구하고 해외자본이 늘어나고 있다는 것은 단지 거기엔 기업 활동의 궁극적인 목적인 시장 진출과 이윤추구의 기회가 있다는 것을 반증하는 것이다. 여기서

◀ SAP India
벵갈루루 화이트파크에 입주한 해외 IT기업 SAP

NOKIA INDIA ▶
노키아 첸나이 공장

한국의 경우를 이야기하고자 함은 아니고 단지 인도의 경우에는 환경이 다소 힘겹더라도 시장의 기회가 있는 한 외국인의 투자는 순차적으로 늘어가게 마련이라는 점을 강조함에 있다. 2004~5년 55억 달러, 2005~6년 157억 달러 그리고 작년 245억 달러로 늘어가는 투자는 인도의 통신 산업, 부동산 개발, 인프라 건설 부문, 전자장비 제조업, 소프트웨어 및 하드웨어 R&D 그리고 금융 등에서 일어나고 있는 데 이러한 분야는 인도의 성장산업과 밀접한 관계를 갖고 있다. 인도 상공부 산업진흥청에서 밝히는 지난 2000년부터 2008년까지 이루어진 분야별 FDI유입은 금액순위로 보면 서비스 분야가 22.42%로 최우선 분야이고 컴퓨터 소프트웨어와 하드웨어가 14.03%로 2위, 통신, 인프라 건설, 주택 부동산 개발, 자동차산업, 전력, 철강, 화학, 제약 등의 순위로 나타나고 있어 인도의 성장분야에 대한 흐름을 읽을 수 있다.

아시아에서 중국과 홍콩 그리고 싱가포르 다음으로 많은 해외투자를 불러들이고 있는 인도의 FDI는 2008년에는 350억 달러로 더욱 증가할 것인데 이는 이후 인도정부가 소매유통분야를 개방하는 정책 여지에 따라 더 이상으로 급속히 늘어갈 것이라고 예측할 수 있다. 부동산 투자에 대해서도 우리와 비교한다면, 론스타와 같은 문제가 불거진 것은 론스타가 그린 필드를 개발하는 과정에서 들어온 자금이 아니라 이미 국내소비와 고용창출의 효과는 전혀 없는 기존 부동산의 매입과 매각으로 이윤을 챙기는 투기자본이라는 점에 이유가 있다. 그러나 인도에 들어가는 부동산개발자금은 개발된 부동산에 대한 투자가 아니란 말 그대로 황무지를 개발하여 토지의 효용성을 높이며 국내소비를 촉진시키고 아울러 고용을 창출하는 순 작용을 하는 건전한 자본이라는 데 성격을 달리한다. 투자액수에 집착할 것이 아니라 투기와 개발의 건전성에 대한 의미도 다루어야 함이 여기에 있다.

일본의 경우도 인도투자를 최근 점차 늘리고 있다. 선언된 계획 이외에도 이미 2006~7년엔 5천5백만 달러가 인도로 유입되었으며 2007~8년엔 7억 6천1백만 달러로 크게 늘었다. 인도 FDI의 주종은 아직까지도 미국과 영국이며 지난해 2007년에만 하여도 112천만 달러, 102천만 달러가 각각 영국과 미국에서 들어왔다. 이 기간 한국의 대인도 투자는 인도정부의 통계에 따르면 2006~7년엔 7천1백만 달러이고 2007~8년에는 집계가 나오지 않았다. 2006년의 경우는 아마도 현대자동차의 첸나이공장 증설부문에 대한 집계가 아니겠는가?

개방의 폭이 인도정부의 정책필요에 따라 농업유통과 소매영업으로까지 확대된다면 시장참여의 기회를 노리고 있는 대기 된 외국인투자의 진출범위는 더욱 광범위해질 것이다. 물론 이는 한국의 연구기관이 늘 언급하기를 즐겨하는 바와 같이 중국에 비하여서는 훨씬 미치지는 못할 것이나 이에 대한 비교는 별 의미가 없다. 중국과 비교하여 적은 금액이라고 하여도 인도투자에 대한 중요성을 저평가하는 것으로 이야기하기엔 거리가 먼 사실이다. 단지 시장기회에 대한 시간차 진행일 뿐이고 지금도 인도로 향하는 FDI는 계속 증가하고 있다.

외국인 투자가 집중되는 인도의 주별 통계를 2000년 이후 누적 유입액에 따른 인도 상공부의 집계를 통하여 살펴보면 뭄바이와 푸네를 품고 있는 마하라스트라 주가 29.51%로 앞서 있고 델리 NCT지역이 20.27%, 벵갈루루의 카르나타카 주가 7.15%, 첸나이의 타밀나두 주가 5.8% 아메다바드의 구자라트가 3.78% 등이며 포스코 프로젝트가 있는 오릿사는 0.17%로 2000년 이후 약 1억 달러의 투자가 유입되어 투자가 이루어진 전체 16개 주 중에서 12위이다. 이러한 분류는 최근 한국기업의 동향에 있어서도 밀접한 관계를 보여주어 투자환경 조사의 우선순위에서 검토되어야 할 지역을 갸름하게 한다. 향후 한국기업의 인도 진출을 위한 거점별 비즈니스 환경을 세부적으로 다룰 현지조사 보고서를 필자의 차기 계획으로 두고 있는데 이 경우 이러한 흐름이 무관하지 않을 것이다. 거점이 속한 주 정부의 FDI정책과 산업별 우선정책에 대한 분석, 입지조건, 현지 경제기관의 조직구조와 인맥, 임금수준과 고용관계 그리고 시장형성에 대한 자료조사가 실제 탐방과 면담을 통하여 만들어질 필요가 있으며 이는 진출기업의 정책결정에 큰 도움이 될 것이다.

여기서 인도 외국인 직접투자에 대한 언급을 하는 동안에도 인도정부 재경부장관은 FIPB[26]의 추천에 따라 2008년4월에만 하여도 총 20건의 프로포잘 490억5천만 달러의 투자승인요청에 대해 내인가하였다.

산업의 진화

메일이 왔다. 마이소르에 있는 WeP Peripherals 이라는 회사인데 서로 알고 지낸 지가 5년이 지났는데 당초엔 한국 IT주변기기의 인도 마케팅채널로 이용하기 위해 인사를 나누던 회사이다. 그동안 구체적인 상담진전이 없었던 이유로 관계가 소원하였는데

---

26) FIPB: Foreign Investment Promotion Board in India

마케팅이사로부터 메일이 온 것이다. 사연인즉, 회사가 제품양산에 들어간 다양한 프린터기기에 대한 한국마케팅을 문의하였다. 도트프린터 하나를 겨우 생산하면서 여러 외국제품을 수입하여 인도판매를 하던 회사가 레이저 프린터는 물론 소매영업점용 프린터 등을 직접 생산하여 내수영업을 하고 있었다. 이제는 역으로 한국마케팅채널을 의뢰하고 있는 것이다. 작은 예에 불과하지만 이러한 하나의 기업의 성장과 변신을 통해 시사되는 인도산업의 변화는 이즈음 의미심장하다.

인도 산업구조분석을 이야기할 때 먼저 손꼽는 점은 제조업의 구조적인 취약점이다. 2004년도 산업자료를 비교하여 볼 때 중국에 비하여 제조업의 규모 자체는 10% 내외 정도이고 여전히 낮은 경제기여도라는 점27)이다. 이외에도 몇몇 국내기관이 인도의 산업성장이 IT 및 관련 서비스업에 집중되어 있다고 분석하고 있으나 이러한 견해는 단편적이다. 소프트웨어 용역 및 유관 서비스로만 IT산업의 성장을 파악하는 분석은 인도IT산업의 진화과정에 대한 이해의 부족에서 나온 것이다. IT산업이 산업의 가치사슬에 의한 성장을 통하여 제조업과 연관을 이어가는 흐름을 미처 챙기지 못하여 생긴 착오이다.

서비스업과 1차 산업을 중심으로 이루어진 급속한 경제성장에서 제조업의 역할을 낮게 평가한 것은 지난 2004년 이전의 과정에서는 분명히 맞다. 그러나 이후 대외경제정책연구원의 자료나 인도의 통계발표에서 알 수 있듯이 인도의 제조업성장은 2004년 이후로 점차 높아지고 있어 서비스부문의 성장률 못지않게 앞서기 시작하였다. 제조 산업의 총량에서도 꾸준히 상승하여 최근에는 인

---

27) KIEP 대외경제정책연구원 자료

도 스스로 세계의 제조창이 될 것이라는 야심을 공공연히 내세우고 있다.

　여전히 중국과 비교하여 잣대를 댄다면 낮은 수준이지만 성장 잠재력에 있어서 간과할 수 없는 것 역시 사실이다. 인도 국내외에 있는 기업인들이 조만간 인도가 세계 제조기업의 허브가 될 것이라는 자신감을 보이는 것에는 이를 뒷받침할 많은 사례를 가지고 있다. 시차가 있겠지만, 중국이나 일부 제조업기반을 확대하고 있는 베트남 등 동남아에서의 인건비상승은 분명한 것으로 인도와의 격차는 줄어들 것이라는 일반적인 이유 이외에도 점차 NRI를 포함한 급증하는 외국인 직접투자는 물론 인도 내수기반의 기업들이 보여주고 있는 제조업의 확대와 글로벌 기업으로서의 성장이 그렇다. 자동차 산업의 경우에서도 현대자동차의 글로벌 생산기지에서 인도의 년산 60만대 규모는 중국의 년산 60만대와 동일하게 단연 최대 규모이다. 1993년 외국기업이 처음 인도로 진출하여 그 이후 2000년 이전까지 불과 10여 개 남짓한 자동차제조 기업이 이제는 열거하기에도 숨 가쁠 정도로 급증하여, 시장점유율 2위로 등극한 현대자동차 인디아를 포함하여 30여 개에 이르고 있다. 완성차부문이 호황을 구가함에 따라 당연한 결과로 자동차부품산업이 동반성장하고 있다.

　중공업분야에서만 제조업이 늘어가는 것이 아니라 일반대중소비재 생산에서의 성장 역시 괄목할 만하다. 전형적인 대중소비재생산 인도비즈니스 가계인 Dabur India Ltd는 총 매출 5,500억 원의 기업인데 이 중 14%를 나이지리아, 이집트, 두바이, 방글라데시 그리고 네팔 등 해외에서 벌어들이고 있을 정도로 사업 활동영역이 급성장하고 있다. 인도의 소비재생산은 최근 5년 동안 60%

의 성장을 보였다. 이러한 성장추세에 보다 긍정적인 신호는 낙후된 소비시장의 분야로 여겨왔던 농촌에서 소득의 증가로 소비가 늘고 있다는 점이다. 최근만 하여도 17%의 농촌소비증가는 소비재제조업의 성장을 뒷받침할 것이고 뿐만 아니라 글로벌마켓으로 확대하는 기업 활동으로 그 성장 폭은 더 늘어갈 것이 확실하다. LG생활건강의 인도 진입은 이러한 시장전망과 무관하지 않다.

우리의 관심은 제조업의 총량에서의 성장이 전부는 아니다. 여기서 강조하는 것은 산업 총량의 성장뿐만 아니라 산업 내부의 진화이다. 노동력 의존의 산업에서 기계화 산업으로 저부가가치의 산업생산에서 고부가가치의 생산으로 옮겨가는 산업의 진화에 더욱 주목하여야 할 것이고 이런 점에서 예측되는 산업효율성이 산업 총량에서의 중국에 미치지 못함을 나름 상쇄시킬 수 있다.

IT산업의 진화가 대표적인 사례이다. 인도 IT산업은 소프트웨어 산업의 단순구조에서 FT(퓨전 테크놀로지)로 넘어가고 있다. 단순한 아웃소싱 차원을 넘어서 IT를 기반으로 하거나 활용하는 전 산업부문에서의 IT컨설팅과 넥스트 제너레이션을 겨냥한 Post R&D 서비스에 이르기까지 가능한 품질보증산업수준에 이르고 있다.

1984년 코딩으로 출발한 저부가가치 산업에서 이제는 기획 단계부터 개발성과 예측평가, 프로세스검토, 개발, 설치, 보완 및 재평가까지 완벽한 패키지서비스가 가능해지고 있다는 점이 산업진화의 단면이다. ITES분야[28]에서도 예를 찾을 수 있다. 시간당 수십 달러의 매출에 불과한 단순 콜센터서비스에서 시간당 2~3백 달러 매출의 BPO(Business Process Outsourcing) 산업으로 그리고 다시 특정 기술기반을 바탕으로 전문지식기반의 인력을 활용

---

28) ITES: IT enabled Service IT기술력을 기반으로 한 서비스 산업

한 KPO(Knowledge Process Outsourcing)으로 매출을 수십 배로 높일 수 있는 고부가가치의 서비스에 이르기까지 진화를 거듭하고 있다. 이러한 점이 필리핀, 베트남 그리고 중국에서의 콜센터산업의 신생과 성장에도 불구하고 여전히 인도 ITES-BPO 산업의 건재함과 성장 질주를 설명해주고 있다.[29]

800여 명의 의사가 벵갈루루 메키컬 KPO센터에 앉아서 미국의 종합병원으로부터 들어오는 환자의 영상진단정보를 실시간으로 처리하는 Spheris의 업무는 과거의 컨택 센터로서의 콜센터가 단순하게 돌을 깨는 채석공이라고 비유한다면 이는 돌을 가지고 조각품을 만드는 예술가의 작업이라고 할 수 있다. 노동가치의 변화를 설명하고 있다. 인도ITES산업은 저부가가치서비스에서 고부가가치 서비스에 이르기까지 Value-chain을 형성하여 저부가가치의 서비스는 인도에서도 아직 저임금서비스가 가능한 제2, 제3 Tier 센터로 이관하고 고부가가치의 서비스를 1 Tier에 두고 있다. 이러한 Location 진화의 모델은 인도 내에서뿐만 아니라 기업의 해외 M&A를 통하여 필리핀이나 중국에까지 영역을 넓히고 나아가 직접 고객 사이트인 미국이나 유럽의 안마당까지 서비스센터 무대를 확장하는 것으로도 나타나고 있다.

이뿐만 아니라 IT산업에서의 축적된 테크놀로지는 하드웨어 생산으로 이어지는 진화를 계속하고 있다. 비록 제조업의 근원이 오리지널 인도기업인가 아닌가에 대한 비판이 있겠지만 인도에서 이루어지는 제조업이라는 점에서 차이가 없다는 것을 전제로 한다면 소프트웨어 중심의 인도 IT산업의 하드웨어산업과 결합은 산업의

---

29) 이 부분에 대한 자세한 설명은 필자가 쓴 "인도 ITES-BPO 산업의 성장과 시사점: 전자부품연구원)"에서 찾을 수 있다.

진화이다. 자동차 부품산업과의 접목 그리고 노키아로 대표되는 휴대전화기 생산과 PCB 등 관련 제조업 그리고 코치에 준비되고 있는 대만기업군의 반도체 생산단지 등은 일례에 지나지 않는다.

섬유산업에서 단순 저임금 노동생산에 의한 제품생산이 생산설비 현대화와 생산자동화를 꾀하여 생산성 제고와 함께 매출을 확대함은 물론 의료산업에 적합한 테크니컬 텍스타일분야에 대한 생산품목 확대 등과 같은 섬유제품의 품목에도 변화가 있다. 나아가 인도의 융합문화의 장점을 살린 패션산업으로 이동하고 있는 점이 더욱 그렇다. 이렇게 부가가치의 제고는 인도의 면화생산기반을 활용한 부분에서도 역시 일어나고 있다. 그것은 유기농면제품의 생산일 뿐 아니라 경작에서부터 수확 그리고 염색과 가공 및 완제품 생산에 이르기까지 환경친화 상품으로 가는 트렌드개발이 새롭게 이루어지고 있다는 점이다.

산업의 진화는 살펴보았듯이 전통적인 제조업과 기술 산업 그리고 서비스 산업을 망라하여 인도성장을 주도하고 있는 주요부문에서 전개되고 있다. 공중전화시대에서 3억 명에 육박하는 수준으로 거점도시에선 거의 1인 1휴대전화로 통신진화가 이루어졌으며 엠배서더로 불리는 국민차시대에서 현대자동차의 산트로가 신(新)국민차시대를 열었고 나아가 2008년4월에 인도생산 BMW자동차가 인도의 도로를 질주하고 있다. 은행의 변화는 1세대 뱅킹에서 무점포 3세대 모바일뱅킹으로, 항공산업은 일부 소수 부유층의 교통수단에서 저가항공시대로 대중항공으로 진화를 거듭하였다. 1차 식품산업은 가공생산으로, 의료분야는 의사와 간호사의 해외인력 송출에서 의료관광산업으로, 제약은 원료판매에서 제너릭 판매와 R&D를 통한 신약판매로 나가고 있다.

산업의 진화에서 가장 비중 있게 지켜봐야 할 인도제조업에 대한 평가로, 한국의 대외경제정책연구원에서 나온 인도 산업평가보고서는 단기적으로 제조업성장이 가속화 될 가능성이 낮다고 분석하고 있으나 인도 내부의 의견은 이와 다르다. 저임노동국의 생산지로서가 아니라 일부 산업에서는 세계 산업의 선두에 서서 시장을 주도할 부분이 적지 않고 인도 내수시장의 확산은 인도 내부자본 및 외부자본의 제조업 투자를 가속화시킬 것이 분명하기 때문이다.

진화하는 인도 산업을 우리와의 교역관계에서 장차 협력보완이 필요할 것이라는 식의 듣기 좋은 이야기로 만만하게 여길 것이 아니라 글로벌 무대에서 경쟁 관계로 변화될 가능성을 두고 분석하여야 한다. 그들이 우리와 경쟁 관계로 마주칠 경우의 파장을 대비하여야 한다는 점이 우리가 인도와 인도 산업을 이해해야 할 이유 중 하나이다. 그 교훈은 우리는 이미 중국의 경우에서 충분히 뼈아프게 경험하였다.

제**2**부

산업과 마켓

인도 고대 왕궁도시인 마이소르의 차문디 언덕을 오르는 길에 만난 사두의 목에 걸려 있는 휴대전화는 곧 3억 명의 휴대전화 가입자 인구를 눈앞에 두고 있는 인도의 이동통신 산업을 표현하고 있다. 뭄바이 바닷가에서 할 일 없이 낚시를 드리우고 하루 몇 마리의 물고기를 잡는 생계형 낚시꾼은 연신 휴대전화기를 귀에 대고 누군가와 끊이지 않는 이야기를 나누고 있다. 아마도 지난달 있었던 홀리 축제이야기부터 옆집 움막의 이웃이 주인 없는 소를 들여다가 오늘 짜낸 우유의 양에 대한 이야기까지 나와야 겨우 통화를 끝낼 것이다.

2008년 2억 명의 가입자를 돌파한 인도 이동통신 산업은 불과 7년 전인 2002년 까지만 하여도 천만 명이라는 한계를 돌파하지 못한 가입자는 그 이후 승승장구 2003~4년까지는 한 달에 2백만 가입자가 생겼으며 이는 2억 명 돌파는 앞두고는 그즈음 무려 월 신규가입자가 6~7백만 명에 달하였다.

4천3백여 가구가 인도의 중산층으로 분류되어 가전시장의 기대를 한껏 부풀게 하고 있다. 떠났던 일본 가전사들이 인도에서의 한국기업타도를 외치면 다시 전진배치 되었다. 아시아 최대의 케이블 TV의 시장인 인도에서 불붙은 셋톱박스 시장은 해외에서 돌파구를 찾아야 하는 한국기업으로 하여금 인도로 가는 발길을 재촉하게 하여 마침내 가온미디어의 인도 조립라인이 들어서고 있다. 이러한 러시에 어디 가온미디어뿐이겠는가? 휴맥스와 여타 업체의 인도 공략이 분주하다.

▲ 사두의 휴대전화
인도 사두가 목에 걸고 다니는 휴대전화 : 인도 마이소르 차문디 힐에서

그러나 이제 인도엔 바야흐로 소비자가 있고 시장이 있다는 사실엔 모든 이들이 동감하는 바이지만 시장 공략의 액션 플랜은 도대체가 마땅하지 않다. 4천3백여만 중산층 가구가 어디에 있는가? 델리 수도권인가? 뭄바이와 인접지역인가? 첸나이엔? 델리 수도권과 뭄바이의 중산층 가구만 겨냥한다고 하여도 두 거점 간의 거리는 비행거리로 두 시간이고 지표상 거리는 무려 1,407km를 달려가야 하면 사용되는 언어도 영어 이외에 지방공용어 힌디와 마라티로 나누어진다. 기후조건도 틀리고 인성의 트렌드도 다르다. 즉, 시장이 동일하지 않다.

또 다른 유럽연합이라는 언급을 앞서 하였지만, 인도의 산업은 분명히 하나의 인도이면서도 거점별로 모양을 달리하고 깊이를 달리하는 저마다의 특색을 지니고 경제운영이 이루어지고 있다. 산업의 배경이 다르며 성장에서의 모습이 다르다.

인도 산업을 이해하고 함께 산업별 시장특성을 이해하는 것은 직간접 진출 전략에서 동 산업에 관련하여 최초 진입 포스트를 선정함에서나 단계별 확대계획을 마련하는 데에 도움이 된다. 산업의 성장과정에서 파생되고 있는 시장을 예측하고 또 진행되고 있는 시장의 전개내용을 이해한다면 곧 그것이 진출 전략의 초석이 될 것이다.

예를 든다면, 인도의 국내선 항공 산업이 날로 성장하고 있다. 인도 전역을 평균으로 한다면 해마다 약 25%의 국내선 승객이용이 늘고 있고 아메다바드, 코임밧토르, 푸네 등 성장가속도에 올라선 주요 거점도시에서의 승객은 80~100%의 신장률을 보이고 있다. 2004년 천여만 명에도 이르지 못한 승객수가 2007년 약 2천만 명으로 신장하는 등 인적 물적 이동이 경제성장과 더불어 급격히 늘어나면서 이를 수용해야 할 도로와 철도를 이용한 육상운송의 인프라 확충에 자본과 시간이 많이 소요되는 것에 비하여 짧은 시간에 서비스가 가능한 하늘길이용이 늘고 있는 것은 인도의 통신 산업에서 국가주도의 전화선로 확

▲ KingFisher
인도 국내 프리미엄 민영항공사: 킹피셔 에어

충이 매우 더디게 진행되는 것에 반하여 무선이동통신의 확대는 가히 경이로울 정도로 빠르게 진행되어 결국엔 집에 유선전화는 없어도 개개인별로 휴대전화를 보유하고 있는 상황과 흡사하다.

인도민간항공의 출현은 그리 오랜 역사를 가지고 있지 않다. 2000년 초까지만 하여도 민간항공으로는 이른바 9W라는 제트에어웨이즈 항공사가 유일하였으나 이제는 양손으로 꼽기엔 부족할 정도로 민간항공사가 인도 하늘을 날고 있다. 6~7년 전 만하여도 경제적 특권층에 속한 이들이 이용하는 것으로 인식된 항공이용이 이제는 저가 항공사의 출현으로 말미암아 뭄바이 콜카타의 동서횡단 노선이나 델리 첸나이의 남북종단 노선을 불과 8~10만 원이면 편도이용을 할 수 있을 정도로 가격이 낮추어짐에 따라 인도에서 장거리 여행에서 선택할 수 있는 가장 일반적인 교통수단이 되었다.

필자로서도 과거 델리와 벵갈루루에 양 도시에 인도 사무실을 두었던 2000년 초에는 왕복 항공요금이 50만 원을 넘어 적지 않은 교통비 부담을 느꼈으나 이제는 사전예약을 잘 활용한다면 왕복 15만 원으로도 충분할 수 있을 정도로 인도 항공이용이 손쉬워졌다.

그러나 항공 산업이 성장함에도 불구하고 관련 공항 인프라 등등은 매우 취약하여 일정 수준의 항공트래픽이 넘어서면서 인도 공항은 말 그대로 시장판과 다름이 없다. 한여름 아이스크림 가두 판매대를 연상시키는 이동부스를 청사 내 빈 곳을 찾아 곳곳에 세워둔 항공사카운터는 한국의 농촌마을의 시외버스터미널 조차에도 비할 바 아닐 정도로 초라하기 짝이 없다. 공항청사의 외형적 모습만 그런 것이 아니라 활주로의 이착륙시설도 부족하고 안전시설은 말 그대로 위험천만한 지경이다. 수년 전 인도출장 중 숙소에서 인도 상공에서 있었던 항공기의 충돌 위험사례에 대한 TV뉴스를 보면서 남아있는 항공이동 여정을 고민하였다. 그 와중에 출국 전 들어둔 여행자 보험 보상액을 따져보면서 헛웃음을 지었었다.

열악한 항공인프라, 인도 항공산업의 성장이면에 드리운 열악한 인프라는 이용객에게는 리스크임에 틀림없지만, 시장의 측면에서 대단한 기회가 아닐 수 없다. 기존 공항의 개보수 확장사업은 물론이고 신공항의 건설이 곳곳에서 생겨나면서 여기서 파생되는 수요는 그대로 인도 시장의 팽창을 의미한다. 굳이 복잡한 엔지니어링 공사에만 주목할 것이 아니라 하나하나의 기자재이며 소모품, 그리고 유관 서비스업종에 해당하는 기업에는 그야말로 황금의 기회가 아닐 수 없다. 한국의 중소기업의 예가 여기에 있다. 공항 활주로 시설에 설치되는 유도등은 매우 특수한 분야의 전문기술을 요구하는 제품이다. 이에 국내에서 손꼽는 제품제조업체가 인도 항공의 시설기자재 시장에 참여하게 되면서 매출은 고공 상승하고 있다. 현재와 장기적 포석에서 이러한 시장 대상이 되는 인도의 공항은 11개의 국제선 공항은 물론 125개에 달하는 국내선 공항이 있고 일반 군소 군사목적의 공항까지 더한다면 총 499개의 인도 공항이 해당된다.

지난 2008년 3월 말 개항한 하이데라바드의 상공에서 내려다본 신공항 활주로에 설치된 유도등이 한국기업의 제품이라 생각하면 그 얼마나 뿌듯한 감동이 아니겠는가? 항공탑승권에 사용되는 감열지가 한국에서 수출되거나 한국의 제지공장 플랜트 수출로 이루어진 인도 공장에서 공급된다는 것을 안다면 이것이야 말로 신명나는 일이다.

　이러한 무궁무진한 공항 인프라시장에서 기대되는 유도등 매출은 해당 한국기업으로 하여금 경쟁력 강화를 위하여 마침내 인도 내에 제조시설을 건립하는 것을 고려하게 되어 사전포석으로 관계 중소기업은 생산체제를 위한 현지법인을 2008년 완료하였다. 여기서 이야기하고자 함은 많은 한국 중소기업이 이러한 시장진출 성공사례에 이를 수 있도록 인도 주요산업을 성격과 전개 그리고 유발 시장을 살펴보는 것이다.

　이후 언급하고자 하는 산업분야와 마켓은, 진출 유망산업의 분류에서 비즈니스위크 前 특파원의 이야기와 글로벌 KPMG의 분석에만 의존하는 것이 아닌 보다 한국기업의 시각으로 인도 산업의 특징과 미래를 내다보며 한국기업의 입장에서 보편적으로 가능한 시장의 면면을 살펴보는 것이다.

IT산업 진화와 마켓

　타지마할, 소, 코끼리, 카스트, 간디, 지참금, 바라나시, 카레 등등은 전통적인 이미지의 인도를 떠올리는 상징적인 단어로 한국인에게 유명해진 것들이다. 21세기 들어서서 현대의 인도에 대한 이미지연상의 단어로 소프트웨어, IT, 벵갈루루, 브릭스 등등이 있다.

　2000년 초 언론을 통하여 인도 IT산업이 일반에게 알려진 이후 세간으로부터 저마다의 평가와 경험이 쏟아졌는데, 이것처럼 극과 극의 평가를 받는 경우가 흔치 않았다. "신이 내린 선물", "수학

천재", "개천에서 용 났네. 놀랍다"라는 호평도 있었던 반면에 그저 "미국용병" 또는 "전형적인 후진국형 하청노동"이라는 평으로 산업으로서의 가치를 부정하는 측도 없지 않았다.

이제 2008년 지금에서 인도 IT산업에 대한 한국인의 이해는 어떨까? 분명한 것은 산업으로서의 존재에 대한 인정은 물론 나아가 인도를 상징하는 가장 먼저 떠오르는 단어로 "IT"가 있다고 하여도 지나치지 않다.

인도 IT산업의 일반적인 개황과 성장 그리고 글로벌 위상에 대해서는 그동안 나온 많은 보고서를 통하여 충분히 설명되고 입증된 바가 적지 않기에 새삼 상론할 필요는 없을 것이다. 그렇지만, 아직도 인도 IT산업이 해외 선진국의 하부구조로 치부되거나 저임금 노동력에 의존적인 서비스업일 뿐 스스로의 비즈니스 창출능력이 결여된 절름발이로 인식하고 있는 한국 IT산업의 그릇된 시각이 엄연하여 한·인도 IT산업의 협력구조에 대해 제대로 된 정책조차 마련되지 못한 실정이다. 여기서 분명히 강조될 바는, 인도 IT산업은 1984년 태생 초기에서 년 30~35%의 성장을 거듭하는 동안 비단 외형적으로 자라난 것만이 아니고 질적인 면에서의 산업의 진화를 거듭하여 왔다는 사실은 충분히 평가받아야 한다는 점이다. 그리고 그러한 진화의 결과로 우리 IT산업과 경쟁하게 될 것이라는 필연적 사실에 고민하여야 할 것이다.

그런 인도 IT산업은 어떤 과정을 거쳐서 현재에 이르렀으며 향후 산업 자체에 던져진 과제는 무엇이며 과제해결의 방안은 어떻게 인도에서 이행되는지를 살피는 것은 지피지기의 일환으로 우리 IT산업의 성장전략에 도움이 될 것이다. 나아가 현재 형성되고 있는 인도 IT시장에의 진입을 고려해 볼 여지도 있을 것이다.

이러한 접근에서 산업보고서 형태를 빌린 분석과 이해전달이 있을 수 있지만, 하나의 논점에서도 백여 페이지 이상의 분량으로 이야기될 수 있어 이를 이 책에서 상세하게 펼칠 수는 없다. 필요한 독자는 필자가 그동안 각종 프로젝트를 통하여 이미 제출한 IT산업의 배경, 특징과 전망, 선두기업 분석, 시장, 인적요소 연구, 산업의 문제점과 대책 그리고 한국과의 관계에서의 제안 등등 다양한 주제의 인도IT산업 보고서들을 통하여 심층적인 이해를 구할 수 있다. 이러한 보고서들은 책 말미에 있는 참고목록에 나와 있으며 대부분 무료로 열람이 가능한 공개된 자료이다.

인도 경제성장의 최우선 동력으로 평가받는 인도의 IT산업은 발전 초기인 2000년도만 하여도 국민총생산 GDP에서 2% 미만의 낮은 비중을 차지하였으나, 2005~6년 회계 연도에서는 GDP의 약 5%에 가까운 비중으로 높아졌다. 그러나 인도의 IT산업은 더 정확히 하여서는 2000년대 초까지 IT산업이라는 집합적 용어보다는 인도의 소프트웨어 산업이라는 단일 부문으로 불리었다. 이 시기에는 인도 소프트웨어산업이 40%에 가까운 고속성장을 할 때에도 이에 대한 평가가 결코 호의적이지만은 않았다. 미국 IT산업의 종속적 관계이니 Body-Shopping[30]이니 하면서 창의력이 결핍된 저임에 의존한 기술력과 국가산업 및 경제성장에서의 낮은 기여도를 지적하는 부분이 국내외에서 많았으며 이러한 산업모델은 후발 저개발국의 추격과 북미시장의 위축 등으로 성장의 한계를 올 것

---

30) Body-Shopping : 인도의 IT회사가 해외 IT회사에서 요구하는 자질을 갖춘 필요 기술 인력을 선발하여 자기의 관리 책임으로 고객회사로 보내어 고객의 요구된 과제를 수행하는 것으로, 이에 대한 대가로 용역비를 받는데 이는 시간당 일정금액을 책정하여 받는 방식을 말한다.

이라고 믿는 분위기가 지배적이었다.

그러나 성장의 한계를 보일 것 같았던 인도 IT산업은 소프트웨어 중심의 산업구조를 고도화시키는 것에 성공하면서 이후 ITES-BPO/KPO[31] 등 다양한 방면으로 산업발전을 다각화시키면서 성장률을 매년 30% 이상을 연이어 기록하였다. 그뿐만이 아니라 IT산업과 BT 그리고 의약분야의 상호 유기적인 협력관계가 동일 클러스터에서 추구되면서 산업가치의 고도화가 이루어졌으며 아울러 인도정부가 추진하는 해외자본으로부터 IT산업 관련 제조업 유치가 성공적으로 이루어지면서 인도 IT산업의 복합경쟁력을 꽃피우는 성공적 사례가 구축되고 있다.

이런 인도 IT산업은 앞으로의 행진이 멈출 기색 없이 성장일변도로 나갈 수 있는 것인가?

2001년 2월에 발간된 나스컴[32]의 인도 IT산업 전략보고서에 따르면 1995년[33] 11억 2천만 달러의 IT산업매출은 2000년 보고서 작성 시점에 이미 83억 4천만 달러로 불과 5년 만에 약 750%의 성장을 이루었다. 성장은 계속되어 2002년 161억 달러 2003년 216억 달러, 그리고 2005년에 363억 달러라는 기록적인 수치를 달성하였다. 이는 10년 만에 3,240%의 성장을 기록한 것이다.

---

31) BPO: Business Process Outsourcing KPO: Knowledgement Process Outsourcing
32) 나스컴; www.nasscom.org National Association of Software & Service Companies in India
33) 인도의 조사보고서에서 인용되는 년도는 당해 연도 4월1일부터 익년 3월31일까지의 인도정부의 회계 기준에 의한 표기임. 1995년이라 함은 1995년 4월1일부터 1996년 3월31일까지로 1995~6으로 일반적으로 표기하나 이곳에서는 편의상 "1995년"이라고 한다.

2006~7년의 480억 달러의 기록까지를 포함하여 이를 그래프로 나타낼 때에는 성장곡선이 주춤거리지도 않고 하늘로 치솟는 형태를 보이는 것에도 충분히 감동할 바이지만, 인도에서 실지로 확인하게 되는 성장의 결과는 상전벽해라는 말로 표현하여도 지나치지 않는다.

2008년 5월말 이전에 벵갈루루를 방문한 경험이 있는 독자는 느꼈겠지만, 인도 IT산업의 허브라고 불리는 벵갈루루의 할 공항을 나서면서 거리의 입간판의 풍경과 시내로 들어가는 도로변의 건물에 붙은 인텔, IBM 그리고 MS와 사스켄 등 세계적으로 이름난 해외기업명을 보면서 도시 전체가 오직 IT산업과 연관되어 움직이는 듯 착각에 빠진다. 어디 이뿐이랴? 도심에서 만난 젊은이들의 많은 숫자가 IT산업에 관련된 엔지니어이고 그들은 5~6년 전에 비해서 거의 배에 가까울 정도로 넉넉해진 소득으로 여유로운 표정이다. IT관련 각종 국제회의나 기술동향과 마케팅에 관련된 컨퍼런스로 인하여 시내의 유명 호텔은 일 년 내내 단체로 빈방을 찾기란 그야말로 하늘의 별 따기 만큼이나 어렵고 연일 호텔 방값은 천정부지로 치솟고 있다. 그럼에도 불구하고 호텔 로비에는 서양인뿐만 아니라 많은 수의 일본인과 중국인 등 아시아국가에서 온 손님들로 넘치고 있어 산술적으로 보아도 호텔 방값은 2008년에는 2000년과 대비하여 거의 4~5배로 올랐다. 방갈로르의 인구는 2001년 인구센서스에서 4,290,000여 명이었던 것이 2007년 인구는 주 정부 추산 약 7백2십만 명에 가까울 정도로 인구유입이 늘었는데 이를 촉진한 것은 단연 IT산업의 혁신적인 성장이다.

　IT산업성장률은 2005~6년도를 기점으로 정점을 이루었고 이후에도 다소의 성장조정은 있었으나 한 번도 후퇴하거나 침체되지 않았으며 그럴 것이라는 어떠한 예측도 나오고 있지 않고 오히려 향후 장기전망에서도 꾸준한 성장이 이어질 것을 예고하는 보고서만이 있을 뿐이다. 인도 IT기업의 성장은 비단 매출규모의 확대뿐만 아니라 해외기업을 인수함으로써 글로벌 네트워크를 구축하는 명실상부한 질적인 면에서도 성장을 하고 있다.

　IT서비스와 ITES 부문의 성장뿐만 아니라, 하드웨어산업의 매출신장도 눈여겨봐야 할 대목이다. 주로 PC, 서버, 주변기기, 프린터와 네트워크 장비 그리고 관련 부품산업으로 구성된 하드웨어산업매출은 2004년 50억 달러, 2005년 59억 달러 그리고 2006년 69억 달러를 추정하고 있는데 특히 2006년 이후에는 하드웨어부문의 신규 투자가 더욱 활발하게 일어나고 있다. 델의 첸나이 PC조립공장 투자34)및 2007년부터 년산 3,500만대의 휴대전화기를 양산하는 노키아의 첸나이 공장과 남부 벵갈루루, 푸네 그리고 하이데라바드를 중심으로 일어나는 다양한 통신관련 제품, 전자제품 및 자동차와 IT기반의 제조업의 활발한 움직임이 그것이다. 그동안 인도 IT산업에서 취약하다고 지적되어온 하드웨어 부문에서도 성장의 엔진이 가동되고 있다는 것을 알 수 있다.

　그뿐만 아니라, 무형의 서비스산업으로만 여겨왔던 인도 IT산업

---

34) 첸나이 외곽 스리페룸부두르 경제특구에 6천만 달러 상당의 공장신축에 관한 양해각서를 타밀나두 주 정부와 체결하고 50에이커 (61,210평) 부지에 세워진 공장에서의 초창기 주력 생산품은 인도 판매량의 70%를 차지하는 데스크 탑 컴퓨터이다. 2000년 9월에 인도에 처음 진출한 델은 연간 60%의 높은 성장률을 달성, 2006년도 매출규모 4,500억 원에 이르고 있다.

이 엔지니어링 부문을 확대함으로써 중국을 대신하거나 보완할 세계 기업을 위한 제조업의 허브로 나아갈 야심 찬 계획이 하나씩 실현되고 있다. 첸나이 현대자동차 제2공장 증설, BMW의 생산시설과 노키아와 기타 해외기업의 인도 휴대전화기 생산 투자가 완료됨으로 해당 산업에 대한 대대적인 신장을 가져 올 뿐만 아니라 이와 유관하여 IT산업의 엔지니어링 부문에서도 파급 효과를 불러일으키고 있다. 이에 대한 예로, 첸나이에 년산 60만대의 자동차 완성공장을 가지고 있는 현대자동차가 이제 하이데라바드에서 연구인원 500여 명 규모로 자동차관련 연구소를 보유하게 됨으로써 이젠 인도를 자동차제조의 중심지로 성장하는 데에 일조를 할 것이다. 이러한 시설의 국적이 어디인가는 인도에선 그다지 중요하지가 않다. 인도에 세워진 법인에서 인도의 인적자원을 바탕으로 이루어지는 모든 산업 활동은 인도의 산업이라고 보는 "용광로" 해석이 있기 때문이다. 현대자동차법인이 인도 공장에서 해외로 실어 나르는 차량은 말 그대로 "인도, 자동차 수출 몇 대 기록!" 이라는 신문기사로 대문짝만 하게 표현되는 것이다.

　이렇듯 제11차 국가 경제 5개년계획이 이루어지는 2012년까지의 단기 전망에서는 인도 IT산업은 소프트웨어산업에서 하드웨어산업에 이르기까지 년 25%~30%에 이르는 성장세를 이어나갈 것이라는 점에 많은 이들이 동의하고 있다. 이를 뒷받침하는 다른 실례가 있다.

　인도 연방정부에서 직접 승인하고 관리하는 경제특구(SEZ)가 있다. 이는 기업이나 주 정부 단위의 개발공사가 주체가 되어 연방위원회에서 사업승인을 받아 시행하는 것으로 다양한 세제와 행정지원이 뒤따르는 것으로 입주기업의 선호도가 높은 산업특구의 꽃이다. 경제특구는 특정 산업분야를 지정하여 승인을 획득하게 되는데 그 분류를 살펴보면, 델리 NCR의 경우 경제특구면적의 81%가 IT산업 관련이고 벵갈루루 지역에서 이보다 높아 92%가 IT산업지구이다. 복합 산업이 호황 중인 뭄바이와 푸네조차도 각각 67%, 80%가 이에 해당하며 하이데라바드와 첸나이에서도 84%가 그렇다. 이러한 경제특구에서의 산업별 분류 비중에서도 IT산업에 연관된 업종의 배려가 이렇게 높다는 것은 기업의 수요가 그만큼 크다는 것을 의미하며 경제특구의 특성상 사업조성기간이 걸린다는 점에서 여기에 참여한 IT 기업의 장래투자계획 역시 확대전략에 근거하고 있다고 유추될 수 있다.

더불어, 수출부문의 성장으로만 이해되어 온 인도 IT산업 성장의 틀에는 매년 약 20% 이상의 괄목할 만한 성장을 꾸준히 이룩한 인도 내수시장이 뒷받침하고 있음을 새로이 주목하여야 할 것이다.

매년 늘어가고 있는 인도 IT 내수시장은 수출 편향의 인도 IT 산업에서 IT산업의 성장과 산업인프라 등에 소요되는 운영체계와 장치, 시설, 소모성 장비 등 직접 연관된 동반시장부문과 타 산업의 성장에 따라 수반되는 IT 수요에 의한 파생시장 그리고 IT산업의 기술력 축적으로 인하여 가능하게 된 신규시장부문 등 세 분류로 크게 나누어 생각할 수 있다.

인도 IT산업의 고도화를 이루어진 2003~4년은 역시 인도 내의 IT 인프라가 어느 정도 기반을 갖춤으로 이를 근거로 내수시장은 성장은 본 괘도에 진입하게 된다. 그 덕분에 인도 IT기업 상위 20위까지에서 매출신장이 2005년 35%, 2006년 42%로 급증하게 된다. HCL과 같은 해외자본이 세운 인도법인의 예를 보더라도 수출에 치중하는 HCL 테크놀로지스와 인도 내수부문에 몰입하는 HCL 인포시스템즈로 구분하여 내수부문에서 하드웨어 판매, SI사업 과 ICT 운영사업을 통해 2005년 6억 6천5백만 달러, 2006년 8억 8천만 달러의 매출을 기록하였다. 이러한 성장의 예는 HP인디아, 인그램 마이크로, 레딩톤, IBM인디아. 시스코 인디아 그리고 위프로 등등 상위 그룹 모두에 있어서도 경우는 비슷하다.

동반시장이란, 인도 ITES-BPO산업의 성장이 CTI 솔루션 등 소프트웨어와 장비산업 모두에 직접 동반성장을 안겨주었고 나아가 건설부동산 시장에도 큰 파급을 불러온 것에서 확인된다. BPO 에이전트[35]마다 사용해야 할 개인 통신장비에서 서비스의 고도화에 따라 업무효율성을 높일 수 있는 새로운 제품에 대한 구매수요가 발생하고 있고 이를 기반으로 일반 소비자 시장까지 손쉽게 접근할 수 있다. 인도 보안시장의 출발도 ITES-BPO산업의 성장과 크게 관련되어 있다. 시스템 전체에 대한 보안은 물론 개인별 보안 관리에 Package S/W가 투입되었고 센터 하드웨어에 대한 물리적인 보안장치, 예를 들면 CCTV, DVD 등 감시장비와 지문인식기 등과 같은 생체정보를 이용한 Access Control 장치도 크게 붐을 이루었다. 지문인식장치를 판매하는 국내 기업은 모듈을 인도 보안SI기업에 납품함으로써 매년 꾸준히 판매를 늘리고 있다.

다만, 여기서 아쉬운 것은 해당 기업이 당초에 인도 보안시장의 성장세에 대해 저평가함에 따라 완제품 영업을 위한 교두보확보보다는 당장에 손쉬운 인도 보안관련 SI기업에 모듈판매라는 소극적 정책을 결정함으로써 계약조건에 의해 급증하는 내수시장에의 직

---

35) BPO Agent: BPO센터에서 고객응대 데스크를 말하며 BPO센터의 규모는 이들 에이전트의 숫자에 따라 규정된다.

접참여에 제한이 걸린 사실이다. 인도 파트너에게 시초부터 손쉽게 모듈공급의 독점권을 허용한 관계로 이후 해당 기업의 인도 내수시장 경쟁력에만 의지하게 되어 매출은 시장의 실질성장에 크게 미치지 못하는 작은 성과로 만족해야 하는 것을 매우 아쉽게 생각한다. 당시 한창 활황이던 중동시장에 집중한 나머지 인도시장을 우연히 거저 걸린 소규모 시장으로 인식한 회사의 빗나간 판단이 이제는 알토란같은 시장을 눈앞에서 아쉽게 지켜봐야 할 입장이 된 것이다. 한국기업에서 인도시장진출에 관련하여 이러한 예는 사실 하나 둘이 아니다. 모든 것이 인도시장을 현재의 크기로만 판단하고 미래 시장성장세는 과소평가하는 소극적인 진출 전략이 만들어 낸 결과가 아닐 수 없다. 안타깝지 않을 수 없다.

최근 인도 SI시장에서 주목받고 있는 일이 있다. 그것은 앞서 예를 든 항공 산업의 팽창으로 인하여 인도의 항공사가 부킹 시스템을 통하여 발권되는 모든 항공권에 대해서 해외 GDS(Global Distribution System)기업에 지불하는 사용료가 인도 최대 민간 항공사인 제트에어웨이즈의 경우 년 4,000만 달러에 달하고 있다고 한다. 항공사 경쟁이 인도 국내외 노선에서 치열해지는 가운데 항공권 1매당 약 1달러에서 3달러까지 GDS회사에 지급 해야 하는 현실적 부담에 마침내 해당 항공사는 인도의 다른 항공사와 연합하여 본 시스템 개발을 하기로 내부방침을 정하였다는 보도가 나왔다. 곧, 항공 산업의 IT수요에 따른 파생시장이다.

이외에 좀 더 일상적인 산업에서 볼 수 있는 파생시장은 유통산업과 소매업 분야를 살펴보면 알 수 있다.

인도의 유통산업과 관련된 파생시장은 POS시장을 들 수 있다.

인도의 현대화된 유통산업은 개인의 가처분 소득이 늘어나고 상품이 풍부해짐에 따라 식료품에서부터 엔터테인먼트에 이르기까지 영역을 가리지 않고 확대일로에 있다. 현대화된 유통산업의 발달은 소비의 증가에 힘입은 신 소비문화에 따른 것으로 이는 쇼핑몰이나 전문매장 등 마켓 플레이스의 증가와 맞물려 설명할 수 있다. 주로 도시 소비자들을 중심으로 늘어나고 있는 유통소매시장에서의 매출 증가는 이를 더욱 합리화시킬 필요성이 대두하였고 이에 마켓의 현대화를 서두르게 되었다. 그 결과 인도에 쇼핑몰과 같은 Organized 된 마켓플레이스의 출현을 가져왔다.

2000년경으로 기억되는 최초 델리의 현대화된 백화점 형식의 마켓플레이스인 안살 프라자는 더 이상 델리에서도 두드러진 명소가 되지 못한다. 더 크고 화려해진 쇼핑몰이 우후죽순으로 생겨났기 때문이다. 이런 현대화된 쇼핑몰이 인도 전체는 2003년에는 25개, 2005년112개, 2007년 363개이며 2010년까지 800여 개 그 이상으로 전망하고 있다. 얼마나 늘고 있는지 이로 인한 부동산가격 변

▲ 쇼핑몰 포럼
벵갈루루 최초의 Organized 쇼핑몰

▲ MALL INDIA
구르가온 입구에 세워진 몰인디아 쇼핑몰. 건물 전장길이가 1Km

동이 요동치고 있을 정도이다. 델리에 진출한 한국의 유통사업체인 모 그룹은 아직 소매유통에 있어 뚜렷한 가시적인 성과를 내고 있지 못하는데 이는 인도정부가 소매유통업에 해외자본의 100% 투자를 아직 허용하지 않은 탓도 있겠지만, 실상은 적당한 사업부지 확보에 어려움을 겪고 있는 이유도 있다.

쇼핑몰은 신 형태 유통조직으로 대변될 수 있는 유통산업 성장의 한 단면이다. 유통산업의 성장은 소비시장의 영역에 따라 다소의 차이가 있으나 지난 2~3년 전부터 약 30% 이상을 성장해왔다. 주로 두드러진 성장이 이루어진 시장분야는 의류 및 액세서리, 가전 내구재 그리고 식료품에서 2004년 대비 2006년에 30% 성장하였고 건강 및 미용상품 서비스에서는 무려 54%가 늘어났다. 신발류는 34%, F&B분야는 31%로 여타 분야에서 고루고루 엇비슷한 성장을 해가고 있다.

쇼핑몰이 신 형태 유통산업의 한 분야이고 그 외 프랜차이즈 방식의 리테일 점포점도 눈여겨볼 분야이다. 이 두 분야가 스토어 형태의 신 유통산업이라며 비점포 방식의 유통산업 역시 발전하고 있다. Door-to-Door 판매업, 홈 딜리버리, 텔레마케팅, e-커머스, 모바일 커머스 그리고 온라인 판매 등등이 Non-Store 유통산업으로 등장한 신개념이다. 우리에게야 도시와 농촌 그리고 연령대를 막론하고 이젠 너무도 일상화될 정도로 익숙해져서 신개념이라고 하기엔 좀 낮 간지럽겠지만 적어도 인도에서는 불과 2~3년 정도밖에 안 된 신 유통산업임에 틀림이 없다. 이러한 비점포 방식의 신 유통산업이 가능하게 된 배경에는 IT산업이 가져온 인프라 환경이 있다. 7천만 명을 넘어선 인터넷 사용자 그룹과 3억 명을 바라보고 있는 휴대전화 가입자라는 인도 IT산업의 배경이 비점포방식의 신 유통산업을 가능케 하였고 같은 이유로 유통산업의 성장은 이에 필요한 시스템 운영 프로그램과 장비의 IT시장을 형성하게 된다.

유통산업에 적용되는 IT산업 분야, 즉 유통 산업 테크놀로지는
* POS 시스템에 적용되는 소프트웨어와 장비
* 운영에 필수적인 보안 시스템(Security Solution)
* 주문 및 결제 시스템 및 Billing Solution 등
* 물류 운영시스템
* RFID
* CRM(고객관리)/SCM(공급망 관리) 등 비즈니스 솔루션
* 본·지사 간 통신을 확보할 수 있는 네트워킹 솔루션
* 온라인 마켓을 운영할 시스템과 콘텐츠 등 다양한 기술적 적용이 있다.

이를 3그룹으로 나누면 1) Customer Interfacing System 2) Operation Support System 3) Strategic Decision Support System으로 분류되고 각 분류마다 공통적으로 적용되는 보안관련 시장분야가 더해진다.

이러한 내용들은 나중에 소매유통산업이라는 산업과 마켓에서 중복되어 설명될 것이지만 인도 IT산업에 관련된 IT시장구조에서 타 산업성장과 관련되어 형성된 파생시장을 지칭하는 것이다.

인도 IT내수시장 구성으로 동반시장, 파생시장 그리고 신규시장으로 앞서 언급하였는데 그 세 번째로 언급한 IT산업의 기술력으로 인하여 가능하게 된 신규시장은 과연 무엇인가? 거기엔 모바일

게임과 온라인 게임을 대표적인 예로 들 수 있는 디지털콘텐츠 시장이 있다. 또 복합운송교통시스템은 인도 도시 인프라 환경개선에서 대두되고 있는 마켓이며 주 정부단위의 전자정부 구축사업은 아주 훌륭한 선행근거를 가지고 있는 한국 IT산업의 시장기회이기도 한데 이들 모두를 신규시장의 분류에 넣을 수 있다.

카르나타 주의 벵갈루루 주 정부가 세우고 있는 도시교통 인프라 개선 프로젝트에는 총 4단계로 구분되어 관련 사업이 진행 중이다. 이미 만 1년 전부터 시행되고 있는 1단계에서는 스마트카드를 중심으로 한 발권시스템이 있고 2단계에서는 Automatic Fare Collection System, 3단계에서는 Two card Reader/One Control Unit for all transport (GPS/GPS) 그리고 마지막 4단계, Transport Data Terminal on all position (Depot)/Off-line & On-line이 계획되어

▲ 한-인도 IT사업 협력
정보통신국제협력진흥원과 타밀나두 주 정부 ELCOT의 MOU. Nov 2007

있다. 필자가 2년 전부터 이와 관련하여 BMTC(벵갈루루 교통공사)와의 자문에 응하면서 접하게 된 이러한 프로젝트의 내용에 대해서 다른 분야와의 형평에 맞지 않아 이 책에서 상론하는 것은 피하겠지만 이미 여러 경로를 통하여 발표한 보고서들36)을 참조하면 보다 깊은 이해를 할 수 있다.

---

36) IT시장의 기회로 분석한 인도 유통산업보고서, 2007년 KOIVA제출/ 인도진출전략: 인도 IT산업과 협력기회, KIICA 2008 IT산업 전망 컨퍼런스

전자정부 사업은 시스템 구축에만 국한된 것이 아니라 Common IT교육에 필요한 장비와 네트워크 구축도 이에 속한다. 학생층을 대상으로 한 주 정부의 로봇 교육Kit 공급 시장은 하나의 예일 것이다. 타밀나두 주 정부는 교육인적자원의 육성을 떠맡고 있는 주 정부기구인 ELCOT를 통하여 교육환경 확충에 따른 데스크탑 공급을 비롯한 장비와 시설구축을 프로젝트 사업으로 한국 IT기관과의 회합에서 비공식 제안을 한 바가 있었지만, 한국 측의 정보통신부 폐지라는 돌풍의 와중에서 이 제안이 실종되어 못내 안타깝게 되고 말았다. 공공 SI부문이나 민간 기업의 SI프로젝트에서 인도 벵갈루루에 오래전에 진출한 한국 SI대기업에서 조차 최근 델리 지하철에서 승차권 발매 자동화시스템 프로젝트를 해외기업과 컨소시엄으로 수주하기 이전까지는 사업실적이 전무할 정도로 인도 내수 SI시장에 대한 접근이 여의치 않다는 점은 대기업이 아닌 중소기업이 이러한 분야에 독자적으로 진출하기란 얼마나 어려울지를 알 수 있게 한다. 과거 소문으로만 무성하고 끝내 결실이 맺어지지 못한 중소기업의 뱅킹SI과 전자정부 프로젝트의 MOU는 말 그대로 양해각서에 지나지 않은 계약이전의 문서에 불과하였다. 시장은 있으되 그에 대한 우리의 제반 진출 여건이 미비하다는 점이다. 그 사연이 어디 한두 페이지 이야기로 다 할 수 있겠는가?

디지털 콘텐츠 시장에 있어서는 아직도 많은 기업이 시장진출 시기에 대해 설왕설래하고 있다. 그러나 모바일 게임 등 모바일에 관련된 시장에서는 이미 수년 전부터 시장진입의 기회를 상실한 것이라 하여도 과언은 아니다. 2002년 전후로 하여 인도 이동통신 산업이 성장의 날개를 달고 치솟아 오를 즈음에서 벌써 콘텐츠 공급사업자의 기반을 조성하여야 했음에도 불구하고 이 당시에나 그 이후로 얼마 전까지도 이에 대한 중요성을 인식하지 못한 것이 한국기업의 실정이었다. 초기 시장진입에서 불과 수십만 달러의 비용이 필요했다면 지금은 수천만 달러 비용으로도 비슷한 결과를 얻을 수 없다. 초기에 선두기업이 인도에서 MCP(Major Contents Provider)로 진입하였다면 이에 수반된 다양한 솔루션과 비즈니스 모델이 인도 모바일 콘텐츠 시장에서 꽃피웠을 것이다. 2008년 이즈음에 이 분야에서 시장이 없는 것은 아니나 흘려버린 기회에 비하여 너무도 많은 비용을 지불해야 하는 점이 안타깝다. 이 가운데 유일하게 인도 현지에서 고군분투하고 있는 와이더덴인디아[37]의 노력이 주목된다.

MP3 플레이어, 안티 바이러스와 같은 프로그램 기능을 탑재시킨 휴대용 메모리 등 개인 소비재 디지털 기기 등에 관련된 시장의 경우에 가장 곤란한 것은 유통망 접근이다. 다단계를 거치는 수출입 유통으로는 시장이 아주 예민하게 반응하고 있는 가격경쟁력에서 우위를 차지할 수 없다. 그렇다면, 가장 짧고 효과적인 유통구조를 찾아야 할 텐데, 이런 점에서는 최근 각 주요도시를 거점으로 생기는 지역단위이거나 드물기는 하지만 인도 전역으로 확대된 전자제품 전문 유통점포들을 주목할 필요가 있다. 여기에 속한 점포로는 Next, Vivek 그리고 Vasnath & Co 등이 독립된 점포망을 가지고 있고 기타 쇼핑몰 등에서 입주한 소매 유통기업들이 있는데 이들을 진출 교두보로 활용할 필요가 있다. 그러나 이러한 소매시장접근에는 반듯이 전제되어야 할 것이 있는 데 그것은 A/S 시스템에 대한 제안이 준비되어 있어야 한다는 것이다.

---

37) 와이더댄: SK그룹의 자회사였으나 지분이 매각되었고 이후 무선인터넷 솔루션업체 와이더댄은 2008년2월4일부터 사명을 RealNetworks Asia Pacific'으로 변경하였다.

첨단 기술이 도입되거나 새로운 사용법이 첨부된 디지털 기기는 사용자 교육을 위하거나 제품의 트러블 슈팅 등 필요한 조치를 펼칠 수 있는 콜센터를 직접 두거나 아니면 제3자 위탁운영으로 하여 이를 마케팅 제안에 포함시켜야 한다. 이러한 공격적인 전략마련이 한국 중소기업의 인도시장진출을 일회성이거나 테스트 마켓 정도에서 머물지 않고 성장세로 이어갈 수 있는 시장진출이 되게 할 것이다. 그러나 개별 기업이 이를 마련한다는 것은 생각과는 달리 쉽지 않다. 정부의 수출지원 정책을 장기적 관점에서 본다면 현지에서 이러한 수출기반 인프라를 구축하는 데에 어느 것보다 우선하여 배려할 필요가 적지 않다.

인도 IT시장은 현존하는 것이고 또한 성장하고 있지만 이에 대한 우리 기업의 이해는 아직 그 성격조차 제대로 파악하고 있지 못하고 주변에 머물고 있다는 점이 매우 아쉽다. 수많은 시장개척단이 년 중 행사로 인도를 오고가지만 일회성 행사수준에서 그치기 십상인 이러한 어프로치가 과연 시장의 교두보를 마련하는 데에 얼마나 효과가 있을지는 새삼 되짚어 볼 일이다. 해당 시장의 성격을 파악하고 있는 전문가를 앞세운 중장기적으로 기획된 선행 접근이 기간을 두고 있은 다음 무르익은 시장 분위기에서 때맞춘 시장개척단과 같은 퍼포먼스가 필요할 것이다. 사전 이해함 없이 불과 1~2달 만에 급조되어 파견된 시장개척단엔 과연 어떤 과실이 담길지 그리고 그 후속 결과는 어떻게 이어질지에 대해선 누구보다도 이를 시행하는 기관이 잘 알고 있을 것이다. 최근 인도 산업계에서는 한국의 지방 기초 자치단체까지 가세한 사전 전략이 결여된 시장개척단의 진행은 우스꽝스러운 해프닝으로 여기고 있어 점차 흥행성마저도 결여되어가고 있다.

　제안한다면, IT시장개척단을 보내기로 예정한 그 시점 수개월 전부터 진출 산업에 관련한 한국과 인도 관계자들이 산업 트렌드나 기술에 대한 합동컨퍼런스를 함으로써 인도 시장에서의 니즈를 파악하고 사업관계자 동향에 대해 분석하여 이에 필적할 만한 한국의 참가기업을 모집하고 해당 기업으로 하여금 타깃 제안서를 준비하게 함으로써 시장개척단 만남 자체가 실무적으로 진행되어야 할 것이다. 몇 건의 상담이 이루어졌다는 숫자상 결과에 치우치지 말고 실질 효과 도출에 많은 배려를 하여야 할 것인데 이는 얼마나 사전준비를 하고 필요한 전략을 마련하는가에 좌우된다. 인도 시장전문가가 빠진 채로 단지 외주행사전문가가 치르는 시장개척단은 이제 그만 두어도 될 법하다.

　직접적인 시장진출과는 다소 거리가 있는 점이 있지만 IT기업의 경쟁력을 제고시키는 점에서 인도 IT산업과의 관계 설정에 짚어야 할 내용이 하나 더 있다. 그것은 인도의 IT기반 중 하나인 훈련된 인적자원을 활용하는 R&D관계로 직접 진출의 방법과 간접진출의 방법을 택할 수 있다. 단순하게나마 효과적으로 이용하는 것에는 한국기업의 데이터베이스나 테스트 관련 업무를 인도의 인적자원을 활용하는 백업오피스를 갖추는 일이다. 이를 위하여 직접 센터를 세울 수도 있고 아니면 DDF[38]와 같은 방식을 통하여 임차방식으로 간접적으로 활용할 수도 있다. 이는 기업이 글로벌 업무환경을 가지고 있을 때에는 더욱 그 효과가 커질 수 있다는 점에서

---

38) DDF: Dedicated Development Facilities의 약어로 IT서비스 기업이 고객을 위하여 전용된 시설과 인적자원을 고객의 요구조건에 맞추어 제공하고 고객의 과제만을 전담케 하는 서비스 방식으로 일종의 임차 연구개발실이다. 주로 조건은 2년 이상의 계약기간을 설정하고 독립된 공간에서 고객전용서비스 창구를 마련하여 제공한다. ODC(Overseas Development Center)라고도 불린다.

적극 추천될 방법이다.

  국내의 포털 서비스 기업이 향후 전개할 글로벌 포털 사업과 관련하여 이를 추진함에 앞서 우선으로 데이터 관리를 위한 아웃소싱으로 영어권 사용국가 중에서 가장 비교우위를 갖고 있는 인도에 데이터 센터를 추진하기로 결정하였고 지금 선행단계가 진행되고 있다. 그러나 이때에 주의할 것은 개발이 완성된 1,2거점 도시에서 사업가능성을 검토하는 것은 이미 시기가 늦었음을 알아야 한다. 오를 대로 올라버린 부동산 비용과 인건비는 사업의 효과를 현저하게 낮추어버리는 원인이 될 것이며 이미 인도의 관련기업에서도 동 관련 서비스는 보다 저렴한 비용의 거점지역으로 이동 중에 있음을 유의하여야 할 것이다. 따라서 이러한 목적을 가진 한국의 기업으로서는 앞서서 인도 내에서도 2.5 거점이나 3거점 도시로 가야만 한다. 그것이 성공에 이르는 첫 걸음이 될 것이다.

  인도를 글로벌 IT시장 진입을 위한 우회로로써 채택함은 위와 같은 예에 국한된 것은 아니다. 필자가 인도출장 중이던 2008년4월 에티오피아 전자정부구축을 위한 태스크포스는 장관을 중심으로 8명의 실무진으로 구성되어 인도 서남부의 IT거점인 코치를 방문하였다. 에티오피아의 경우는 한국정부의 초청으로 이미 오래전에 견학한 한국의 완벽한 인프라의 구축 위에 펼쳐진 전자정부의 구도보다는 인도의 전자정부레벨이 더 적합하다고 느꼈을지도 모른다. 이런 마당에 한국의 SI기업이 전자정부관련 마케팅을 이제 초기 단계 수준을 요구하고 있는 제3국가에서 인도의 IT기업과 경쟁하여 과연 승산이 있겠는가? 그 대답은 자명하다. 한국의 앞선 경험과 우수한 기술이 시장에서 경쟁력을 갖추기 위하여서는 시장과 부합하는 남다른 방법이 강구되어야 하는데 그 점에서 인도를 근거로 우회마케팅을 펼치는 것이 바람직하다. 인도를 겨냥한 직접 시장진출과 동시에 인도를 근거지로 한 제3국 진출을 모색하는 적극적인 어프로치는 강 건너 먼 일이 아니고 노력에 따라 훨씬 가까이 있는 방법이 된다.

IT산업과 마켓 관계에서 짚고 가야 할 지극히 시류에 부합한 관심사가 있다. 그것은 2008년 2월 이명박 정부가 출범하면서 주목받는 인도 IT산업, 지식기반 산업과의 관계에 대한 국정책임자의 인도관이다.

널리 보도된 사실이 아니지만, 이명박 대통령은 당선인 신분 마지막 날인 지난 2008년 2월 24일 통의동 당선인사무실에서 인도의 직전 대통령 압둘깔람[39])을 만나 환담을 하였다. 두 사람은 이명박 대통령이 자연인이던 시절, 리더십 배양을 위한 해외순방을 하던 2007년 4월 뉴델리에서 만나 관심사를 확인하던 중 의견일치를 본 내용이 있었는데 그 중 핵심이 한국과 인도의 지식포럼 결성이었고 또 다른 하나는 지식기반 산업의 발전을 도모할 수 있는 IT전문 글로벌 인력양성과 훈련에 관한 협력사업 전개였다.

두 사람의 서울회동은 지난 델리에서의 만남 이후 재회의 기쁨으로만 그친 것은 아닐 것이다. 대통령 당선인으로서 바쁜 와중에 많은 초청대상자 가운데에서 그를 지목하여 초청하였고 또한 별도의 회담을 마련하였던 것에는 합의하였던 한국과 인도의 지식포럼과 IT인력 육성에 각별한 관심이 표출된 것이라 짐작할 수 있다. 대통령 취임식을 준비하는 위원회에서 인도의 현직 대통령도 아닌 압둘깔람 전임 대통령을 알아서 초청자 명단에 포함시키지는 않았

---

39) 입둘깔람: Dr. A. P. J. Abdul Kalam 인도 전임대통령 (2002~2007), "India 2020"이라는 저서가 유명하다.

을 것이다. 거기엔 어쩌면 대통령 당선인 자신의 희망사항이 반영
된 것으로 짐작된다.

이 만남이 향후 진행되어야 할 한·인도 IT산업관계에서 시사
되는 바가 적지 않다. 글로벌 경제의 앞선 화두가 되고 있는 지식
산업에서 인도를 단순한 한국의 경쟁상대로 여길 것이 아니라 한
국의 경쟁력을 강화하기 위한 수단과 통로로써 활용에 눈을 돌려
야 한다는 점이 강조된 시사성 있는 만남이다.

그럼에도 불구하고 이 만남이 언론에서 그리 비중 있게 다루어
지지 않았다. 한국 경제계에서 그리고 관련 당국에서 갖고 있는
IT산업을 위시로 한 인도 지식산업에 대한 이해가 현실감 없이
피상적으로 머물고 있다는 사실을 증명하는 또 하나의 예가 되었
다. 이제 정보통신부가 폐지되고 지식경제부로 통폐합한 마당에
IT산업이 단일 산업구분에서 제반 산업의 기반산업으로 융합되어
가는 방향 그 자체에 문제가 있는 것은 아니다. 다만, IT산업이
갖고 있는 지식산업으로서의 글로벌특성에 대한 중요성마저 소홀
히 될 것이 적지 않게 염려된다. 지식산업으로서 인도 IT산업은
경제성장의 축을 이루고 있고 그로부터 타 산업과의 융합으로
Fusion Technology를 이루는 산업의 업그레이드를 이루고 있는
반면에 우리의 IT산업은 정치지배체제가 달라지면서 정치적 퍼포
먼스로서 산업 자체의 핵심을 용도폐기하는 무지함을 드러내서는
안 될 것이다. IT산업을 관장하는 행정조직이 지식경제부로 또는
얼토당토않게 방송통신위원회로 갈라진다고 하여도 지식산업으로
서의 기반이 되는 IT산업 본질이 흐지부지되어서는 안 될 것이다.

참고 : 인도 IT-ITES산업의 거점 구분

1. 이미 개발된 거점도시(1st Tier: Leaders)
   - Bangalore
   - Chennai
   - Hyderabad
   - Kolkata
   - Mumbai
   - NCR
   - Pune

2. 지금 개발이 상당히 이루어 지고 있는 거점 도시 (2nd Tier: Challengers)
   - Ahmedabad
   - Bhubaneshwar
   - Chandigarh
   - Coimbatore
   - Indore
   - Jaipur
   - Kochi
   - Lucknow
   - Madurai
   - Mangalore
   - Nagpur
   - Thiruvananthapuram
   - Tiruchirapalli
   - Vadodara
   - Visakhapatnam

3. 개발 초기의 거점도시 (3rd Tier: Followers)
   - Aurangabad
   - Bhopal
   - Goa
   - Hubli
   - Kanpur
   - Mysore
   - Nasik
   - Surat
   - Salem
   - Pondicherry

자동차 부품 산업과 마켓

잘 포장된 도로를 질주하는 BMW 주행시험 차를 보았다. 2007년10월 인도에서 조립 생산된 BMW의 은빛으로 번쩍거림이 푸른 하늘 아래 그림처럼 눈앞으로 다가왔다. 마힌드라 월드시티에서 목격한 첫 인도조립 생산된 차량의 도로 주행테스트 장면이었다. 첸나이 시내에서 40여 Km를 달려오면 포드자동차 공장을 만나게 되고 이를 지나서 좀 더 외곽으로 나가면 新 산업단지 마힌드라 월드시티의 자동차부품 제조 클러스터가 나온다. BMW 첸나이 조립공장은 클러스터 못 미처서 자리를 잡았다. 포드공장을 중심으로 마힌드라 월드시티 일대에 다양한 부품제조업체가 들어서면서 이미 첸나이 서북방면에 포진한 현대자동차 인디아와 인근 산업공단 SIPCOT Phase I & II에 들어선 수많은 자동차부품업체들로 바야흐로 첸나이는 과거의 섬유산업 도시에서 인도의 제1의 자동차 특별시로 변신하고 있는 중이다.

어디 마켓과 관련하여 이야기되어야 할 인도산업의 분야가 한두 가지이겠는가? 전통적인 섬유산업도 있을 것이고 교통 및 운송업, 화학 및 대량생산 소비재산업 그리고 교육사업 등등 다양한 분야에서 거의 전 방위적으로 인도의 산업은 활성화되고 있고 관련 마켓이 거대한 크기로 등장하고 있다. 그런데도 불구하고 이 모든 것이 우리에게 해당된다고

▲ 전기자동차
인도 최초의 상용 전기자동차

볼 수는 없다.

쉬운 예로 미국 상공회의소가 인도 유망시장으로 손꼽은 것에는, 통신장비, 컴퓨터와 주변기기, 의료장비 분석기기/ 시약, 광산업 장비, 식품가공 및 냉장 등 저장용 설비, 에너지 관련 재생 및 절감장치, 공구, 공해제어 및 조정장치, 각종 제어장치, 공항 지상 관제 지원 장비 등이 있는데, 일부나 전부에서 우리와 공유될 수 있는 분야가 있고 컴퓨터 엔지니어링 소프트웨어, 교육서비스와 같이 한계가 있는 것에서 국방 군수조달품목 특히 야간전투장비와 같이 전략품목으로 제한된 것이 있다. 가능한 산업이라고 할지라도 대기업 단위의 내용이나 중소기업 범위에서 파급 효과가 적은 것을 제외한다면 한국의 중소기업 입장에서 공통적으로 이야기할 수 있는 인도의 산업과 마켓은 그리 많지 않다.

그러나 미국 상공회의소로서도 유망시장으로 손꼽지 못하는 분야이면서 한국기업에는 유망한 시장이 있다면 그것은 인도 자동차 산업과 관련 부품마켓이다. 현대자동차가 인도 첸나이공장에서 생산하는 자동차의 연산 물량은 60만대로 체코 30만대, 터키 10만대, 미국 엘라배마 30만대 그리고 2008년 착공한 러시아 10만대 등 현대자동차의 세계 공장 중에서도 중국과 함께 가장 많은 물량이다. 한국의 현대자동차는 인도자동차시장에서 점유율 2위를 차지하고 있어 인도와 한국 사이의 교역에서 자동차산업이 여느 분야보다 가장 앞서서 언급될 정도이다. 이런 까닭에 자동차 왕국의 명성이 쇠하여가는 미국과는 다른 한국의 시각에서는 인도의 자동차 산업과 관련 부품산업은 유망산업으로 우선하여 손꼽힐 수 있는 것이다. IMF의 돌풍에 대우자동차가 인도에서 사라지면서 유일하게 한국기업으로 인도 자동차시장에서 성장 가도를 달려온 현대자동차와 이와 연관하여 첸나이에 진출한 한국기업 120여 개의 진출을 살펴보면서 이와 동시에 최근 푸네 지역을 중심으로 불고 있는 한국기업의 자동차부품산업 진출을 이해하기로 한다.

인도의 자동차산업은 내수의 폭발적인 수요를 배경으로 성장하였다. 시내 나리만 포인트에서 뭄바이 공항을 가는데 수 년 전만 하여도 아무리 붐빈다고 하여도 2시간 이내로 충분하였지만, 이제는 3시간을 가지고 미리 움직여도 경우에 따라선 비행기 탑승시간에 여유롭지 않다. 이런 사정이니 국제선인 경우 이륙예정시간 반 나절이나 앞서서 시내에서 출발해야 하는 인도 내의 인도여행이 되고 만다. 뭄바이 경우만 그런 것이 아니다. 벵갈루루의 경우나 델리와 같은 대도시에선 다반사인 것이 교통 혼잡인데 이에 대한 주된 원인은 당연히 부족한 도로사정이지만 그 배경에는 급속히 늘어나는 승용차도 한몫을 하고 있다. 2002년에 불과 50여만 대 판매되었던 것에 비하여 불과 5년 만에 이보다 2.4배 이상 상승하여 2007년에 약 120만대 이상이 팔린 것으로 Society of Indian Automobile Manufacturers 의 자료에서 확인할 수 있는 데, 이는 전년 대비하여 약 11.1% 상승한 것이다. 자동차 소비가 늘고 있다는 것은 수치로도 증명하지만, 대도시에서 지켜보면서 피부로 느끼는 것은 또한 주차난이다. 중상류층으로 가면 가구당 자동차 보유가 2대 있는 것은 기본이고 어느 경우는 3대 이상을 보유한 집도 허다하다. 이는 인도교통수단에서 대중교통의 질이 떨어지는 관계로 실만한 소득계층은 사회 활동을 하는 성인 가족 인원수대로 차량을 보유하려는 풍토에 기인한다. 년도 별 승용차 및 기타 차량판매통계는 여러 자료마다 다소 숫자에서 차이를 보이고 있지만 이런 보고서에서 특히 주목하는 것은 성장 수치이며 자동차 완성공장의 증설계획의 추이이다. 40)

2007년을 기준으로 소형트럭과 승용차의 자동차 생산을 200만 대로 추정하면 2012년에 이르러 소형트럭 95만대 승용차 367만 대로 합계 462만대로 현재보다 배 이상으로 증가한다는 전망이다. 이는 연평균 18.3%의 증가세를 반영한 전망치이다. 이러한 생산물량 증가는 내수시장의 소비증가에 기반을 둔 전망치임이 틀림없지만, 수출시장의 증가도 역시 영향을 끼치고 있다. 2007년 20여만 대 수출실적이 2010년에는 그 배 이상인 50여만 대를 예상되는 등 내수와 수출 공히 성장할 것으로 전망하는 것이 여러 보고서의 일관된 주장이다. 이는 인도 내수시장에 대한 공략은 물론 동시에 글로벌 경영의 자동차 허브로서의 중요성을 예측해 볼 수 있는 내용이며 이는 인도정부가 지향하는 부품산업과 R&D를 아우르는 자동차 산업의 메카로서의 발전 계획과도 통한다.

인도 동남부 물류 항인 첸나이는 2008년4월 현재 현대, 미츠비시, 포드, BMW, 닛산-르노-마힌드라, TVC 그룹, Ashok Leyland 등 그리고 여타 농업용 트렉터와 군수용

▲ 물류
현대자동차 출고차량 운반용 컨테이너 차량들. 첸나이HMI 앞에서

---

40) 참고할 수 있는 자료로 국내에서 나온 것으로는 수출입은행 국별 조사실의 "인도 승용차 시장의 최근 동향 및 전망 2006.10", 포스코 경영연구소 CEO 리포트 "글로벌 자동차 생산기지로 주목받는 인도 2007.5"을 볼 수 있고 KPMG 인디아 자동차산업보고서 2007, 인도 영문사이트 인도자동차제조자협의회 웹 www.siamindia.com을 참고할 수 있다.

장갑차 등 자동차 관련 제반 업체가 포진하고 있어 인도의 디트로이트라는 별칭으로 언론이 칭하기도 하는 인도자동차산업의 핵심지역 중 하나이다. 첸나이에서 약 370여 Km 떨어진 인근 벵갈루루엔 도요타 자동차가 있고 동남부 첸나이의 반대편 서부에는 또 다른 자동차제조 중심지가 있으니 뭄바이와 푸네를 한 서클로 산업 클러스터이다. 여기에는 타타, 피아트, GM, 마힌드라 & 마힌드라, 벤츠, 폴크스바겐, 스코다 등의 제조공장이 자리 잡고 있다. 그 외 지역으로는 델리 NCR의 마르티 스즈키, 혼다 등이 있는데 여기서의 주 관심지역으로는 열거에서 보았듯이 자동차 산업의 포진이 집중된 첸나이와 푸네 그리고 델리 NCR 지역이다. 완성차 공장의 입지는 자연히 부품산업의 중심지와 일치하며 우리의 관심인 부품제조업의 인도 진출지역과도 밀접한 관계를 갖게 된다. 2010년을 시점으로 생산 가동될 것으로 추정하여 본 각 주요지역의 완성차 생산총량은 첸나이지역이 100만대, 푸네 126만대, 델리 NCR 135만대, 콜카타 지역 54만 대이다.

120여 개의 직간접 부품공급업체를 첸나이로 모은 현대자동차의 경우에서도 볼 수 있듯이 인도자동차 시장의 경쟁에서 우위를 차지하기 위한 원가절감의 노력은 우선 자동차부품생산의 현지화에 달려있다고 하여도 과언이 아니다. KPMG의 인도 자동차 산업 보고서에서는 인도에서 자동차를 제조하는 기업의 원가분석이 나와 있는데 부품이 차지하는 원가가 79%로 절대적이고 이에 비하여 인건비는 3%에 지니지 않는디는 설명이다. 이런 까닭에 지난해 닛산이 첸나이에 닛산의 최대주주인 르노와 합작으로 년산 20만대 공장을 세우기로 주 정부와 합의를 발표함과 동시에 현지부품조달을 통해 비용절감을 이루어 경쟁력을 강화하기 위해서 관련 부품업업체의 진출을 독려한 이유도 여기에 있다. 이보다 앞서

GM이 GM대우 모델 M300 모델을 푸네 공장에서 2009년부터 생산하기로 결정하고 이에 앞서 2007년부터 관련 부품벤더들의 푸네 입성을 독려하였다. 이 과정에서 상당수의 한국의 부품기업들이 이에 응모하였었다. 응모결과 한국부품기업이 많이 선정되지 않아 아쉬움이 크지만, 자동차회사와 부품산업의 현지화는 이제 밀접한 관계를 가지고 있으며 현지화 비율을 높이는데 많은 노력을 경주할 것은 자명한 사실이므로 이후라도 한국기업의 인도 제조업 진출은 계속 검토되어야 할 것이다. 이제 상호이익이 된다면 완성차 기업과 부품기업이 상호 독점 관계를 고집하지 않고 언제 누구로부터든지 저렴하고 우수한 품질의 제품을 주고받겠다는 글로벌소싱 전략이 새로이 등장하고 있다. 이것이 인도자동차산업과 부품산업으로 이어지는 시장의 요점이다.

GM대우의 벤더응모과정에서도 밝혀졌듯이 일부 한국기업은 공급물량과 투자비용의 상관관계에서 많은 고민을 하였다고 한다. GM대우 모델을 위한 납품만으로는 현지공장설립의 경제성이 확보되지 않는다는 것이 최대의 고민이었다. 이 경우의 해법은 GM대우로부터의 경제성 확보에 대한 약속이 아니라 글로벌 시장에서의 개방영업이라는 점이다. 무한 경쟁으로 돌입할 GM대우의 입장에서도 벤더들에게 물량과 공급가격에 대해 보호를 약속할 수 없는 형편이고 이는 곧 부품업체들로서도 마케팅의 범주를 기존 특정 완성차기업과의 거래에만 국한시킬 수 없다는 설명이다.

포드자동차 인디아 첸나이공장 정문을 바라보고 약 7만 평에 달하는 공장부지를 갖고 있는 다국적 기업인 Visteon Automotive Ssytems India는 보쉬, 덴소 등과 견주는 글로벌 자동차부품 제조 기업이며 또한 한라공조의 최대주주로서 한국과 밀접한 관계를 가지고 있는데, 비스테온 인디아의 책임자로 근무 중인 한국인 최 대표는 인도자동차부품산업의 전망을 묻는 필자에게 이렇게 알려 주었다. 현재 비스테온의 현지화 비율이 70%인데 이 비율을 90% 까지 끌어올릴 계획이라고 하면서 이러한 노력은 현대자동차나 기 타 제조기업의 경우에도 마찬가지라고 언급하였다. 현대자동차와 같이 부품의 현지화 비율이 높은 곳은 약 70%이나 인도의 많은 완성차 기업의 부품현지화 비율은 4~50% 이하가 평균이다. 이러 한 가운데 현지화 비율을 높임으로 비용절감을 꾀하려는 것이 완 성차제조기업의 입장이지만 일부에서는 자신의 구매물량이 충분치 않아 Captive Vendor를 둘 수 없는 경우에는 타 완성차제조기업 과 거래하는 기존 부품기업에 러브콜을 보내고 있다고 한다.

이에 최 대표는 한국의 부품산업에서도 인도 현지영업에 대한 자생력을 가지고 주거래 이외 복수거래를 함으로서 부품납품가 인 하 경쟁에서 비교우위를 가짐과 동시에 시장영역을 넓히어 수익을 높여야 할 것이라고 조언하였다. 물론 보쉬, 덴소, 델파이 등과 같은 세계적인 자동차부품 공급기업의 하나인 비스테온 인디아의 경우에서도 인도 전역 4군데에 공장을 두고 마루띠 스즈끼, 포드, 마힌드라 마힌드라, 타타, 힌두스탄모터스 그리고 현대자동차와 다각도로 거래하고 있다. 그의 말을 빌리면 이즈음 현대자동차의 경우에서도 벤더들의 복수거래 영역확장에 이를 드러내놓고 찬성 하지는 않지만, 자생력 강화라는 측면에서 적극적으로 반대도 하 지는 않는다는 분위기라고 한다.

이 밖에도 비스테온의 경우에는 생산뿐만 아니라 연구개발에서 도 현지화 작업이 이루어져 첸나이시내에 자동차부품산업관련 R&D 연구가 활발하게 진행되고 있다고 설명을 덧붙였다. 비스테온 테크니컬 서비스라는 별도법인으로 운영되는 연구센터에는 약 500명의 인원이 근무하며 주로 임베디드 소프트웨어개발에 역주하고 있었다. 현대자동차의 경우 역시 현대오토넷과 함께 하이데라바드에 500여 명 규모의 연구소를 건립하고 있다. 이처럼 다국적 기업의 자동차 산업관련 R&D센터는 점차 늘어나서 인도를 연구와 생산의 융합기지로 만들어가고 있다.

살펴보았듯이, 자동차산업과 부품산업에서의 인도시장의 기회는 이제는 현지생산의 가능성 여부와 글로벌 영업망에 크게 좌우되는 분위기이다. 현지 생산이 아닌 한국이나 기타 제3국으로부터의 완제품 공급으로서도 당장은 가능하겠지만, 궁극적으로는 완성차의 경쟁력강화라는 측면에서 현지구매를 무엇보다도 최우선 관심으로 처리할 것이다.

자동차부품시장으로서 현황으로 보는 인도시장은 매력적이다. 그러나 한국중소기업에게 현실은 꼭 그런 것만은 아니다. 자동차산업이 뜨고 부품구매의 현지화를 강구하는 시장분위기라면 관련 기업이 인도 진출에 대해 긍정적으로 받아들여야 하는데 현실에 있어서는 아직도 많은 기업이 망설이고 있는 것도 사실이다. 이유를 살핀다면, 우선은 오더 물량확보에 대한 완성공장이나 1차 벤더의 보증이 절대적이지 않고 적정규모에 이르지 않는다는 것이고 둘째는 토지 매입이나 임차조건에 있어서 생각보다 매우 비싸고 또 절차도 까다로워 시간과 비용 씀씀이가 적지 않다는 것이고 그외로는 인도에 대한 정보부족으로 인한 리스크 우려와 추진에 필요한 자체인력의 부족이다.

이를 타개할 방법은 없겠는가? 한국의 부품기업이 이렇게 주춤하는 사이에 지난 푸네의 GM대우의 경우에서 보았듯이 중국이나 인도 그리고 기타 국가에서의 부품제조기업의 약진이 괄목할 만하다. 특히 중국기업의 공격적인 해외진출은 우리 기업에게 향후 큰 위협이 될 수 있다. 공격적인 투자를 통하여 인도 현지생산에서의 우위를 차지하게 된다면 이들이 우리 기업의 안방인 현대자동차와의 공급관계까지 넘보지 될 것이라고 우려가 현실이 될 수 있다. 이러한 이해에서 정부기관의 정책적 배려가 필요하다. 자동차부품기업이 대중국경쟁관계에서 패배함으로 관련 산업기반이 무너지게 되고 이는 향후 완성차의 경쟁력 약화로까지 연결될 수 있기 때문이다. 인도부품시장에 진출하고자 하는 기업 대부분은 말 그대로 중소기업의 경우이기 때문에 더욱 우려되는 바가 적지 않다.

진출에 있어서 문제점으로 지적된 부분에 대한 현실적 대처로는 글로벌영업을 통하여 오더 수주확대에 나서야 하는데 영업에 필요한 영어구사력이 문제 되고 있는 상황이니 기존 거래선 외 영업판로를 넓히기 위해서 필요한 글로벌 인적자원을 지원하는 방안이 절실하다.

이 문제는 GM대우의 벤더입찰과정에서도 제기된 문제점으로 한국부품제조기업의 해외영업력의 한계를 지적된 현실이다. 2008년 부산국제모터쇼에 참가한 해외 완성차기업의 부품구매담당자 역시 같은 문제점을 제기하였다. 한국기업의 제품은 우수하지만, 영어능력이 부족하여 영업에 있어서 적극적으로 표현하지 못하고 있다는 그의 지적은 참으로 안타까운 현실이 아닐 수 없다. 이러한 지적에서 중견기업도 자유로운 입장은 아니지만 그래도 형편은 조금은 낮다. 더욱 심각한 문제는 소규모 기업인 경우이어서 이에 대한 현실적인 대책 마련이 시급하다. 여기서 이야기하는 영어구사력은 만나서 말하는 대화에 국한된 것이 아니다, 자동차부품의 공급이 이루어지기까지는 적게는 1년 길게는 몇 년이 필요하다. 이런 마케팅기간 동안 구매부서의 적정품질요구에 따른 구매과정에서의 매뉴얼을 숙지하고 자료요청에 빠른 시간에 정확한 정보를 제출할 수 있는 글로벌영업 대응능력을 의미한다. 상담통역이야 필요하면 현지 유학생의 도움을 받아 해결하면 넘어갈 수도 있는 일이지만 완성차 부품구매부서의 SCM 매뉴얼에 따른 서류대응과 PT는 아르바이트로 해결될 문제가 아니다. 2007년10월 첸나이에서 만난 한국 중소기업의 영업담당 이사는 푸네와 첸나이를 오고가는 떠돌이 생활을 한 지가 4개월째라고 한다. 사출관련 부품을 판매하는 그의 정작 고민은 나이 오십에 가까워서 힘겹게 하는 떠돌이 생활 4개월째가 아니고 인도영업에 필요한 많은 영문 자료를 뒷받침해줄 인력이 한국법인에 없다는 것이다. 회신 오는 모든 것이 한글이니 이를 매번 자신이 없는 시간을 쪼개어 영문화해야 하는 고충이 이만저만이 아니고 그러다 보니 현실적으로 자료가 부실해진다는 고백이다.

이에 대한 대책으로 생각할 수 있는 글로벌 인적자원의 지원을 구체적 시킬 방안으로는 우수한 영업전담 인원을 2~3개 소기업이 공동으로 활용하는 세일즈 랩의 개념을 채택하는 것이며 이러한 인적자원을 한국에서 발굴하기 어려울 경우에는 인도에서 인도인으로 발굴할 수도 있다. 해당분야 영업을 해온 인도인 경험자를 발굴하여 한국기업에서 일정기간 순회연수를 통하여 필요한 지식을 습득하게 하고 참여기업과의 커뮤니케이션 노하우를 익힌다면 불가능한 일이 아니고 실제로 이를 적용하여 성공한 사례가 필자에게 적지 않다. 최근 한국에서 자동차부품영업으로 잔뼈가 굳은 영업 베테랑이 인도에 소싱 중개업을 하겠다고 필자에게 관련사업의 장래성에 문의를 해왔다. 뛰어난 전문지식 및 영어실력을 갖추어야 하고 아울러 각고의 노력이 뒤따라야겠지만 인도에서 영업능력이 부족한 한국의 영세중소기업을 고객으로 한 인도영업 창구를 비즈니스모델로 생각한 창업은 시의적절하다.

앞서 중소기업이 인도 진출에서 당면한 어려운 현실 난제에서 두 번째로 제기된 토지사용 비용이 비싼 것과 현지공장 운영의 어려움을 해결하기 위한 유일한 대안은 한국토지개발공사나 산업단지공단의 해외공단개발 사업을 인도에서 한국자동차부품기업을 위해 추진하도록 조치하는 것이다. 비록 인도지역에서의 관련 공단 조성사업이 이제껏 추진하였던 중앙아시아, 중국이나 베트남에서의 환대와는 천양지차로 다르게 어렵겠지만 해외공단개발의 진정한 의미는 이곳에 있을 것이다. 토공이나 산단공이 인도에서 한국공단의 단독개발을 추진하기에 역량이 미치지 못한다면 기존 주정부의 공단 안의 공단으로 협의가 될 수 있다. 이러한 한국공단 설치는 진출 중소기업이 개별적으로 사유지를 빌리거나 구매하는 관계로 한국의 지방공단보다 더 비싼 가격을 지불 해야 하는 고충을 덜어주고 공동구매 및 업무관리를 통하여 비용절감과 관리 리스크의 최소화를 꾀함으로 진출에 따른 적잖은 손실을 만회할 수 있다.

자동차산업의 가치사슬에서 직간접인 부품제조 기업의 시장기회가 있다면 또다시 생각해볼 수 있는 것이 이들 부품 1,2차 벤더를 겨냥한 2,3차 파생상품 하위공급업체로서도 역시 시장기회는 충분하다. 그러나 이럴 경우, 소형부품이나 소모자재를 납품하는 하위 벤더의 경우가 대부분 그렇겠지만, 하위 공급업체는 규모에 있어 영세성을 면치 못한 경우가 많다. 자동차부품과 관련하여 많은 용도로 공급되는 베어링업체의 경우 한국에서도 NSK를 비롯한 업계 수위를 제외하고는 직접 해외매출의 경험이 거의 없는 형편이다. 이런 마당에 이러한 소규모 기업들이 제품의 군을 형성하여 인도지역에서의 공동브랜드 마케팅을 궁리하는데 이는 매우 바람직한 방법이다. 인력활용 측면에서도 그렇고 소량 다품종인 관계로 일일이 인도의 실수요자와 직접 수출계약이 어려운 마당에 현지에서 수출입을 대행창구를 마련하고 경우에 따라서 일부 비축물량에 대해 보세창고운영을 함으로 효율적인 납품 및 고객관리가 된다는 점이다.

일부 2,3차 벤더나 소형 부품이나 소모자재를 생산하는 기업으로서 완성차공장을 겨냥한 OEM(Original Equipment Manufacturing) 비즈니스 이외에 늘어난 자동차시대의 인도에서 2차 애프터마켓(교체용 부품시장)을 염두에 두지 않을 수 없다. "Car for All" 요즈음 등장한 인도거리의 입간판이다. 일부 계층을 위한 차가 아니라 모든 이들이 접할 수 있는 차, 국민차시대로 들어가는 인도에서 애프터마켓의 비중은 날로 커질 것이다. 차량소유의 일반화가 이루어지면서 인도의 기업으로부터 자동차 정비공장 프랜차이즈에 대한 사업제안이 들어올 정도이니 시장으로서의 중요성은 나날이 상승할 것이다. 다만, 애프터 마켓이야말로 현지사정에 적응된 영업구조가 아니면 물류나 결제 등에 있어서 접근이 쉽지 않다는 점에 유의하여야 한다. 인도 현지에 부품제조업으로 진출한 기업들이 로컬 도소매 시장에 관심을 가질 여력이 부족한 형편일 때 여러 기업이 유사한 제품군을 묶어서 공동으로 일괄 창구를 구성하여 세일즈관리를 할 수 있다면 바람직한 결과를 만들 수 있을 것이다. 이래저래 소기업의 해외마케팅노력과 사후관리는 규모와 직접 관련되어 효율을 내기 위해서는 동종기업들의 컨소시엄결성이라는 결코 쉽지 않은 노력, 때론 적과의 동침이라는 적극적 노력이 절실하다. 중국 등에서 후발기업들이 막대한 자본력을 바탕으로 불을 뿜듯이 맹렬하게 추격해오는 가운데 생존방법의 선택에 한시라도 주저할 수 없다. 인도에 시장이 있지만 한국기업에게만 열린 무주공산이 아니라는 점을 되새겨야 한다.

가전산업과 마켓

미스터 우마샨카르는 악수를 하자마자 교육용 Laptop 삼십만대 공급에 대해 필자의 의견을 물었다. 사실 필자는 그에게 궁금했던 타밀나두 주 정부의 14인치 칼라 TV 3,002,500대의 무상공급에 대해 먼저 묻고 싶었는데 그에게 말머리를 빼앗겼다. 타밀나두 주 정부 공공기업인 엘코트(Elcot)의 대표이사인 우마샨카르는 지난 2007년8월 서울에서 개최된 한-인도 협력방안 세미나에서 타밀나두 정부관계자그룹의 일환으로 참가하여 당시 주제 발표자였던 필자를 만난 인연이 있었다. 필자가 묻자고 하였던 컬러TV 무상공급은 구입 및 분배에 관한 실무창구를 주 정부를 대신하여 엘코트가 담당하고 있었기에 이에 대한 삼성전자 첸나이 2공장과의 연관 여부였다. 우연인지는 모르나 무상공급에 대한 총선공약이 있은 이후 삼성전자 첸나이 입주가 발표되었기 때문이다. 7백5십만 명의 문화적 소외계층이었던 극빈층에 보편화된 TV시청을 통해 문화에의 접근 평등권을 준다는 명분으로 공약 된 무상공급 사업은 2008년 현재까지 그럭저럭 지속되고 있다.

교육용 Laptop 300,000대 공급사업도 비슷한 맥락에서 추진되고 있다. 다만, 어떻게 저가의 물건을 구매하느냐가 관건인데 필자의 머리로는 아무리 궁리하여도 정책적인 배려나 거래가 아니면 엘코트 책정예산으로는 시장구매가 불가능한데도 공급에 대해 깊숙한 이야기가 오고가는 기업은 그래도 모두 해외브랜드기업이었다. 그런 기업과 경쟁하여 이를 추진할 한국기업은 없다고 말해줄 수밖에 없었다. 해외기업은 납품 이후의 교육인프라 네트워크 사업에 추가적인 관심을 갖고 있지만 한국의 기업으로서는 Laptop 자체에서만 사업성을 고려하여야 하니 해답이 나올 수 없었다.

한국기업의 입장에서도 그렇지만 인도 전자산업에서 타밀나두 정부의 고민을 속 편하게 해결해줄 로컬기업이 없다. 전자산업은 가전제품, 컴퓨터와 주변기기, 통신기기, 각종 디지털 하드웨어 그리고 산업용 전자기기 등 여러 제품군으로 구성되어 있는데 인도전자산업제조는 부품산업부터 완제품에 이르기까지 로컬기업이 스스로가 외부의 지원을 받지 않고는 온전하게 생산을 가동시킬 능력이 아니다. 소형가전산업을 제외한 디지털기기로 가서는 더욱 그렇다. 아직 인도에는 반도체 Fab도 LCD패널라인도 없다. 이런 형편이니 인도 로컬기업인 제니시스나 위프로 컴퓨터 역시 완제품을 팔지만 모니터엔 삼성브랜드가 별도로 공급되곤 한다. 그런 까닭에 인도 주요전자산업은 아직은 해외기업에 의해서 이끌리고 있다고 하여도 과언이 아니다.

전자산업 중에서 시장의 성장성으로 컴퓨터를 비롯한 IT하드웨어를 말할 수 있는데 현재로서는 가전제품이 전체 생산의 36.8%로 가장 높은 비중을 차지하고 있다. 2000년 이후의 누적 성장률로 본다면 가장 높은 성장을 보인 것은 20%를 기록한 컴퓨터 및 관련 IT제품이며 그다음이 소비가전으로 19%의 성장을 나타냈다. 소비가전에서는 컬러TV, 에어컨, 냉장고, DVD, 마이크로웨이브

오븐 등뿐만 아니라 소형가전 제품까지도 포함하고 있다. 2007~
8년 회계연도마감에 따라 발표된 소비가전의 시장규모는 전체적으
로 약 56억 달러에 달하는데 전년도 48.9억 달러에 비하여 역시
12% 정도 상승한 것이다. 이는 소비가전 전체 품목의 평균에 해
당하는 것으로 특정 기호상품에 있어서는 성장률이 20%에 이르고
제품에 있어서도 점차 고급화 내지는 기능화 되고 있다.[41]

가전시장의 제조 기업으로는 볼타스, 오니다, 비디오콘 등 인도
로컬 기업을 비롯하여 필립스, 하이엘 그리고 한국의 엘지전자와
삼성이 치열한 경쟁을 펼치고 있다. 인도 진출성공사례로 가장 빈
번하게 손꼽히어 소개되어온 LG전자의 성공신화도 이제는 극심한
시장경쟁 환경에서 최근에 이르러서는 품목별로 치열하게 경쟁기
업과 선두다툼을 벌이고 있는 등 악전고투하고 있다. 前 LG전자
인디아 법인장이 2008년5월 초 인도의 최대 가전기업인 비디오콘
의 회장 겸 대표이사로 영입되면서 인도 가전기업과 한국 가전기
업의 경쟁은 더욱 치열해질 전망이다. 비디오콘이 대우전자(대우
일렉트로닉스)를 인수하지 못한 대신 영업에서는 한국 CEO를 수
입하여 기업도약에 나섰다.

최근에 들어서서는 인도 가전시장에서의 성공사례로는 일부
LCD TV와 PDP TV 등 디스플레이 가전에 있어서 삼성전자의 약
진에 더 이목이 쏠리는 듯하다. 삼성뿐만 아니라 기타 후발기업들
의 막대한 생산설비투자 및 마케팅 투자에 이유가 있다면 그것은
인도시장의 성장잠재력에 대한 기업의 기대이다. 그뿐 아니라 이
제는 인도 소비자의 선택이 다양해지고 있는 점도 기업의 공격적

---

41) 인도 소비가전 시장에 대한 통계에 대해서는 인도소비자가전제조업협
    회(CETMA)의 자료를 참고할 수 있다.

투자와 경영에 작용한다. 예를 든다면, 컬러 TV에서도 CRT TV는 여전히 신장되고 있지만 11.74%의 증가에 그치고 LCD와 PDP 부문의 성장이 두드러진 점이 주목된다. 특히 LCD부문은 2007년 전년대비 230%의 폭발적인 증가세를 보였으며 PDP TV 판매 또한 45% 증가하였다. 상대적으로 본다면 당연한 귀결이겠지만 흑백 TV는 이제 마이너스 성장으로 점차 급격히 감소하고 있다. 이를 통하여 본다면 인도 가전시장의 성장은 양적 성장은 물론 질적 성장으로 인한 프리미엄 고객층의 다양성을 놓치지 말아야 한다는 점이 부각된다.

전통적인 중상층은 물론 신흥소득계층 역시 가전 소비에 뛰어들면서 내구재 소비시장에 많은 변화를 주고 있다. 양적 성장에 대한 기대는 이런 소비계층의 확산에 희망을 두고 있다. 예를 든다면 아직도 TV 보급률로만 본다면 전체 가구의 32%, 냉장고 보급은 17% 남짓에 지나지 않아 성장에 대한 기대를 높게 갖는 이유이기도 하다. 덧붙여서 중요한 점은 소득계층의 소득수준이 상향되어 소극적 소비가 보다 공격적인 패턴으로 넘어가 내구재 소비에서 프리미엄 제품소비가 늘고 있다는 사실이다. 이는 전자산업의 성장에 따른 마켓분석에서 매우 중요하게 취급될 요소이다. 인도 가전산업 분야에서 알려진 바와 같이 고급형 TV나 냉장고, 에어컨, 세탁기 등 주요 생산품은 부품 협력업체를 제외하고는 대기업의 완성품 시장으로 분류할 수가 있다.

중소기업의 소비 가전제품이 인도시장과 연관되어 대기업의 부품 납품이 아닌 완성품으로 접근하는 방식에는 한계가 있다. 중소기업의 가전제품이 한국이나 중국에서 생산되어 인도 완제품 시장으로 진입하는 것에서는 구조적인 문제점이 한둘이 아니다. 태국과 같이 인도와 어느 정도 지리적으로도 가깝고 또한 양국 자유무역협정을 배경으로 무관세 진입을 할 수 있는 위치가 아닌 바에야 더욱 어려울 수밖에 없다.

　실제적으로 그동안 인도 가전시장의 성장에 고무된 일부 중소기업의 PDP TV와 LCD모니터 등에 대한 시장진출이 여러 번에 걸쳐서 시도된 바가 있었다. 아마도 이후로도 이러한 시도는 지속될 것이다. 그러나 현실은 매우 다르다. 인도의 LCD, PDP시장은 초기 삼성 등 현지 생산과 유통영업망을 구축하고 있는 대기업에 의해서 개척된 분야이면서 대기업의 확고한 시장점유가 고가에서 일반 보급형 저가에 이르기까지 광범위하게 펼쳐 있기에 틈새시장을 찾기란 불가능에 가깝다. 그나마 최근 보도되고 있는 중소기업의 인도와의 계약체결내용은 바로 B2C로 판매될 완제품이 아닌 복합적인 기능을 가진 LCD 제품으로 이는 인도의 최종상품 제조 기업에게 납품되는 일종의 부분품거래로서 시도된 것이다.

　전시회에서나 비즈니스매칭 상담에서 보여준 한국 중소기업의 소비가전 제품 자체에 대한 인도의 반응은 대단히 좋은 것은 사실이나 정작 필요로 하는 것은 개인적인 관심사나 테스트 견본으로 현장 전시된 물건을 구매하는 데에 집착할 뿐 정작 가격과 기술적 사후관리 등에서는 거래로까지 의견이 모아지지는 않는다.

　유통망을 통한 거래보다는 장기적으로 그리고 물량 면에서 가능성을 가지고 접근하는 인도로컬기업과의 OEM 거래에서도 진척속도는 매우 느리다. 역시 가격에 대한 제한과 거래조건에서 리스크를 분담시키려는 인도의 투자조건 제시가 걸림돌이다. 인도시장에 투자형식을 갖추면서까지 진출하기엔 부담스런 중소기업입장이나 동시에 한국중소기업의 공급능력과 지속적인 업그레이드 등에 대해서 반신반의하는 인도로컬기업의 심사숙고는 양쪽 모두 옳고 그릇됨이 없다. 다만 문제는 이들 당사자 간에 해법이 존재하지 않을 따름이다.

중소기업의 소비가전이 완제품으로 인도시장에 대한 진출은 원천적으로 불가능한 것인가? 이 의문에 대한 나름의 해결방법이 최근 인도소매유통시장의 현대화와 해외유통기업개방에 힘입어 실마리가 보일 듯하다. 수입상을 거쳐서 다시 Unorganiged된 시장유통망으로 가는 과정에서의 가격상실 그리고 고객관리 서비스에 대한 난감함이 제품의 인도수출에 걸림돌이었는데 인도에서 2~3년 전부터 Organized된 전자제품 전문유통 숍의 성장이 있으면서 점차 해결을 모색할 수 있다. 즉, NEXT, VIVEKS, VASANTH & CO 등 인도로컬 체인 판매점들이 호조를 보이면서 한국 중소기업 제품의 접근통로가 개척될 실마리를 보이고 있다.[42] 이에 대해 여전히 적지 않은 어려움이 있지만, 마케팅 목표점은 과거에 비해 보다 확실해진 것이다.

중간 수입상이나 유통조직을 통하지 않고 숍 운영기업과 직접거래를 함으로써 가격에 대한 저항감을 낮출 수

▲ NEXT
인도 가전체인점 NEXT 광고 입간판

---

42) 이에 대한 자료는 인도 소매 산업에 대한 세부 보고서를 참조하면 가전제품 체인영업기업의 정보를 구할 수 있다.

있고 마케팅전략에서도 의견을 나눌 수 있어 중간유통을 거침으로 거래성사에 가로막혔던 제반 의견 차이를 좁힐 수 있게 되었다. 다만, 여기에서도 여건상 해결되어야 할 점이 아주 없는 것은 아니다. 우선 하나는 보세창고운영이다. 초기거래에 있어서 수출입 거래보다는 인도 내수거래를 희망하는 유통전문기업의 조건을 해결하기 위해서는 인도항만에 보세창고운영을 통하여 물량공급에 대해 답을 주어야 할 것이며 여전히 제품에 대한 애프터서비스망에 대해서도 답안을 제시하여야 한다. 별도의 A/S조직을 운영하여야 할 텐데 비용과 인력을 감안한다면 중소기업 형편상 실제로 가능한 답안이 아닐 것이다. 이를 해결하기 위한 방법은 위 보세창고운영도 마찬가지이겠지만 상호보완이 되거나 수평적 제품군을 가지고 있는 중소기업들이 컨소시엄을 운영하는 데에서 해결점을 찾아야 하는데 이를 뒷받침하는 관련기관의 수출지원이 있으면 더욱 가능할 것이다. 개별기업으로서 단일품목으로만 인도의 가전전문 숍에 접근하는 것은 추진력이 부족하기 때문이다.

가전제품에는 가정생활에 필요한 TV, 에어컨, 냉장고, 오디오 및 오븐 등 이외에도 신기술의 개발로 생산되는 정수기, 분쇄기 등 생활기기와 미용과 건강에 관련된 개인 소비용 제품 등이 여기에 포함된다. 부품소재산업의 혁신으로 만든 특화된 기능을 가진 소형가전에 있어서는 중소기업에게도 여전히 인도시장은 매력적일 수 있다. 역량에 따라 독자적으로나 컨소시엄[43]으로 위에서 언급

---

43) 여기의 컨소시엄은 이른바 공공기관에서 대기업위주 발상에서 나오는 대기업을 중심으로 한 선단 수출모델이 아니며 또한 무역상사를 중심으로 한 그룹 오퍼를 의미함도 아닌 직접 당사자의 조합을 의미한다. 대기업에게 이윤을 떼어 줄 만큼 그리고 대기업이나 무역상사에서 억대 연봉의 인력을 유지하는 것으로 배보다 배꼽이 커서는 안된다 시황에 원활히 대처할 수 있는 최소 2개 최대 5개 기업 정도

된 과제를 해결한다면 인도시장은 여전히 기대할 만하다.

가전산업과 관련된 부품제조 기업으로서 인도 진출은 다소 애매하다. 대부분의 경우가 한국에서부터 약정된 관계로 들어간 부품공급업체인 경우이며 그 대부분은 여타 경쟁 가전제품기업과 복수거래를 하는 경우가 거의 없다. 이런 마당에 엘지, 삼성을 배제한 상태에서 인도로컬 기업과의 직접거래를 염두엔 둔 진출은 소수의 특수한 기능부품을 제외하고는 어렵기 짝이 없다. 그런 가운데 이러한 시도가 이루어지고 있다. PCB와 케이블 등 기술적으로 특정기업에 대한 카스토마이징 제품이 아닌 공동 부품소재일 경우 좀더 구체적이고 PCB일 경우는 R&D의 기능까지도 현지화시킬 수 있는 장점이 있어 더욱 적극적이다.

기존의 인도로컬 영업망을 가지고 있는 인도 부품제조 기업에 대한 합작 또는 장기계약에 의한 시설차입을 통하여 현지생산을 꾀하고 생산된 제품에 대하여 일부 Buy-Back을 통해 최소물량을 소화하면서 진출한국기업이나 기타 해외기업으로까지 공급을 확대시켜나가려는 움직임이 시작되고 있다. 제품품질에 대한 우수성을 입증받은 한국중소기업의 생산아웃소싱과 인도시장진출의 양면을 겨냥한 시도라 할 수 있다. 최근에 들어서서 엘지나 삼성 등에서도 기존 벤더를 포함하여 현지공급 기업에게 무한경쟁을 붙이는 사례가 늘고 있어 가격과 품질에 대한 우위를 계산할 수 있다면 적용해볼 수 있는 전략이다. 인도 현지 중소 제조기업으로서도 날로 심해지는 자국에서의 경쟁 환경에서 생존을 위해 새로운 활로

의 기간제한 조합운영을 말하며 이에 소요되는 전문 인력은 조합원의 유휴인력이나 외부 전문가와의 용역을 통하여 최소의 비용으로 최적의 운영을 할 수 있는 구성체를 의미하는 것이다.

를 모색하는 가운데 있어 한국기업과의 협력에 대한 문의를 하는 사례가 필자 사무실에도 늘어나는 추세이다. 당연한 이야기이겠지만 협력과정에서 상대에 대한 철저한 검증과 제도적 장치마련에서는 몇 번을 반복하여 주의하여도 남음이 없다.

섬유와 패션 산업과 마켓

2007년6월 NIFT 학장을 만났을 때 그녀는 인도에선 아직 전통복식에 대한 심리적 의존이 외부적으로는 매우 강하게 표출되나 적어도 이러한 사실 때문에 현대화된 패션에 거부감을 갖지는 않는다고 말했다. 그녀의 표현대로 인도 패션산업은 전통과 현대가 반목하거니 상대를 억압하지 않고 양자의 컨버전스를 이루어가는 과정에서 성장하고 있다.

패션산업의 구조는 의류와 의류 액세서리, 신발류, 보석류, 시계 및 안경 제품을 포함하는데 여기서의 패션산업은 섬유산업의 일환으로 본 의류와 의류관련 액세서리를 중심으로 이야기한다. 이에 섬유관련 패션산업을 이야기하기에 앞서 간략히 인도 섬유산업의 내용을 간략히 정리하여야 할 것이다. 산업생산이나 고용 그리고 수출

▲ 베네통 인디아 매장
인도 캐주얼 시장의 대표주자 베네통

등의 비중에서 주요한 위치를 점하고 있는 인도 섬유산업은 알려진 대로 2005년 다자간 섬유협정이 폐지된 이후 그 혜택을 입은 나라 중 하나로서 대미 수출이 늘었고 이를 계기로 산업의 현대화와 규모화를 추구하였다. 농업종사자 다음으로 많은 고용 인구를 포함하고 있는 섬유산업은 그동안 소규모 영세적인 형태를 벗어나지 못하다가 정부의 산업 현대화추진 정책에 힘입어 많은 면에서 개선이 이루어지고 있다. 기계설비의 증설에 대한 정부의 저리 장기 융자 시스템은 기업의 투자를 촉진하여 경쟁력이 크게 높아진 것은 사실이나 아직도 전근대적인 설비에서 노동력에 의존한 소량다품종 생산이 많은 관계로 중국에 비하여 산업경쟁력이 뒤 떨어진 것 역시 변하지 못하고 있다. 이러한 인도섬유산업에 대해 정부는 지속적으로 정책비중을 두고 설비현대화부분과 경쟁력 향상을 위한 조치를 실시하고 있고 기업은 기업대로 인수합병을 통하여 규모의 경제를 실현하여 글로벌 경쟁력을 키우고 있다.

인도섬유산업이 갖고 있는 특징으로는 첫째가 세계면화 생산면적의 21%, 생산량의 12%를 차지하여 이를 주원료로 하는 면방적과 방직산업이 발달하였고 세계 2위의 실크생산으로 이를 소재로 한 다양한 제품개발이 이루어지고 있다는 점이다. 둘째로 MFA 폐지 이후 가장 큰 수혜를 입은 국가로서 인도는 대미수출이 2005년에는 27%, 2006년 40%로 치솟았듯이 양적 성장은 물론 수출제품의 고급화를 통하여 질적인 성장을 동시에 꾀하고 있는 점이다. 그러나 이즈음 대외 무역관계에서는 통상마찰의 빌미가 될 미국위주의 시장 확대에서 탈피하여 수출지역을 다변화시킴에 주력하는 등 소량다품종 생산체제를 유지하는 점도 중국과는 대비되는 점이다. 그다음으로 셋째는 인도의 경제성장 결과 내수시장에서의 소비가 늘고 해외개방으로 외국기업이 진출함에 따라 이를 겨냥한 섬유산업은 자본의 규모화와 함께 시설현대화를 추진하고 있는 점이다. 마지막 하나가 섬유산업에 Well-being이나 패션디자인 개념의 도입으로 제품의 부가가치를 높이는 시도가 이어지고 있다는 점이 네 번째 특징이다. Organic 섬유제품과 웨딩드레스 산업의 증가 등이 그 예이다.

섬유사업의 인도거점으로서는, 이후 패션산업의 교류와 협력관계에서도 중요한 사실이 될 산업클러스터로 면 섬유의 중심인 코임밧토르-티루푸르 벨트 지역을 그리고 인조섬유에 관한 중심지 수라트와 아메다바드의 구자라트 지역을 들 수 있는데 그 외 지역으로 델리 NCR. 뭄바이 그리고 전통적인 직물 산지인 첸나이를 꼽을 수 있다. 이들 지역을 중심으로 일어나고 있는 산업현대화 및 생산 활동의 증가는 이후 한국기업의 인도 섬유시장거점으로서도 중요성을 갖는다. 설비기계와 소모자재의 마케팅은 물론 인도에서의 제품아웃소싱을 통한 제3국 수출은 물론 장차 인도 내수시장으로의 진출에 있어서도 활용될 생산과 마케팅 거점이기 때문이다.

섬유산업 그리고 특히 수출로 시작된 패션의류 산업에 있어서 질과 양적 성장이 이루어지는 것은 내수부문에서의 급성장에 관계가 깊다. 소득수준이 높아지고 계층의 분포가 다양해지고 대도시에서 지방도시까지 내수소비시장이 확산되며 또한 시장의 유통구조가 현대화되면서 많은 혜택을 보게 된 것으로 패션산업이라 할 수 있다. 이제 인도기업은 수출에서뿐만 아니라 내수시장에서도 해외브랜드와의 합작이나 자체 브랜드로 신 유통산업의 구조에 편승하여 매출을 높이고 있다. 인도 패션아이템 중에서 특히 의류는 전체시장규모를 2006년 기준으로 28조 원이며 그 중 Organized 마켓을 통한 패션의류판매는 전체의 20% 정도인 6조 원 정도인데

이 비중은 유통산업의 개방가속화를 통하여 계속 늘어나고 있다. 내수의류시장의 구성을 보면 한국과는 양상이 다소 다른 점이 남성의류가 여성의류에 비하여 높다는 점이고 의류패턴의 중심으로는 캐주얼 의류의 부상이다. 28조 원의 의류시장에서 남성복이 차지하는 비중은 32%, 여성복은 29%, 아동복이 13%, 유니폼 8%, 유니섹스로 7% 그리고 비 의류 액세서리가 11%를 차지하고 있다.[44)]

패션의류에서의 내수시장의 성장은 총량에서는 물론 품목이나 가격 등 시장의 質에서도 경제성장 이전의 시기와 크게 모양을 달리하면서 성장하고 있다. 즉 수량대비 단가가 높아진다는 것은 품질의 고급화 추세로 점차 브랜드 패션화하고 있다는 점을 보여주는 것이다. 15년 전 초기에 인도에 진출한 베네통이 계속 고전을 면치 못하다가 2001년 이후 유통산업의 현대화와 소득계층의 증가라는 새로운 시장 환경에 맞추어 경영체제를 일신하고 적극적인 패션브랜드로 공략하면서 초기 베네통의 실패사례가 성공사례로 변모하였다. 새로운 경영진과 시장정책이 외적으로 드러난 성공요인이라면 그 내부에는 인도의 소비시장 변화가 마주친 행운도 적지 않았다.

패션의류시장의 내부구조를 좀 더 들여다보면 변화의 흐름을 더 잘 이해할 수 있을 것이다. 예전 전통복식시장에서 주문 복이 위주였던 것에 비하여 이제는 기성복의 시장비중이 커지고 있는 점도 패션의류가 산업화되고 있다는 점을 보여주는 것이다. 서구식 복장으로 대변되는 남성복 의류의 경우는 21%가 그리고 여성복은 기타 내의류 등에 힘입어 76%가 아동복의 83%가 기성복에서 차

---

44) 2006년 기준: Business of Fashion 2007 참조

지하고 있고 브랜드상품과 비 브랜드상품의 구성으로 보아도 남성복은 39%, 여성복은 23% 그리고 아동복은 13%가 브랜드마케팅을 하는 매출에서 나왔다. 각 분야별 상품의 구성 및 매출비중에 대해서 자세한 통계를 필요로 할 경우에는 2007년에 발간된 인도산업보고서 Business of Fashion 2007을 참고하면 보다 세부적인 도움이 될 것이다.

남성복의 경우 상품구조는 브랜드시장이 전체 39%인데 주요 생산품으로 본다면 그 선두에 드레스셔츠가 가장 많은 매출을 기록하고 있는데 2003년 이전까지는 프리미엄급 이상의 최고급 셔츠시장이 거의 전무하였으나 이후 점차로 늘어나서 2002년 이후 2006년까지의 시장변화의 경우 물량이나 평균단가에서도 어느 다른 분류보다도 높은 성장세를 나타냈다. 예를 들면 가장 싸구려 셔츠의 경우 2006년에는 10%의 매출액상승, 2%의 물량 증가이나 최고급 드레스셔츠의 경우에는 27.7%의 매출액상승과 15.1%의 판매물량 증가를 보였다는 점에서 향후 인도시장에 대한 평가를 함에 유의하여야 할 것이다. 이점은 남성복의 다른 아이템에서도 마찬가지이다. 즉 인도시장에서도 소득계층을 구분하여본다면 저가상품보다는 고가상품의 공략이 시장성장이나 가격상승에 유리하다는 사실이고 이 점에서 한국기업으로서도 인도시장 진출이 가능하다는 것을 설명된다.

여성의류에서는 아직까지는 총 매출에서 전통복식에 해당하는 카테고리의 비중이 제일 높으나 특징적인 것은 란제리의 매출이 상위를 차지하고 있다는 점이다. 남성의 경우 외부로 노출된 드레스셔츠가 우세이고 여성의 경우는 아직 의복문화에 있어 보수성이 짙은 관계로 내의류에서 먼저 변화가 시작되고 있다. 비슷한 이유로 서구 복식문화에 접목된 최고급 란제리 및 잠옷 시장은 2002년 이후 보이기 시작했으며 싸구려 제품의 경우 매출액은 10.2% 상승 물량은 4% 상승이나 최고급품에서는 매출은 51.3% 상승 수량은 21.5% 상승이라는 큰 격차를 보이고 성장하고 있다. 인도 패션의류시장에서 여성의 경우 전체적인 시장성장은 남성복보다 퍼센트에서는 더 높게 나타나고 품목에서는 내의류에서보다 더 빠르게 고급화가 이루어지고 있다. 아동복과 유니섹스 캐주얼에서도 거의 비슷한 점은 최고급상품의 매출이 금액으로나 수량에서 성장률이 여타 등급보다 높다는 점이다. 상품의 고급화 그리고 브랜드 우위의 시장으로 변화되어 간다는 점을 알 수 있다.

위와 같은 분석에서 나타난 현상은 실제 인도시장에 진입한 메이커의 분류에서도 양상을 읽을 수 있다. 인도 내수시장에서 조사된 글로벌 매출 상위 55개 브랜드 중에서 럭셔리 브랜드 불가리, 샤넬 디로르, 베르사체 등 14개가 이미 진출을 하였고 아르마니, 구찌 등 7개 브랜드가 준비 중인 것으로 고급품 시장으로서의 가능성을 두고 인도시장을 평가하고 있다. 한국기업의 인도 진출에 있어서 참고하여야 할 마케팅 정책이다. 중요한 것은 원 발상지의 오리지널 브랜드 가치와는 달리 인도에서의 브랜드 이미지마케팅을 통한 한 두 단계 업그레이드된 럭셔리 브랜드로 변신할 수 있다는 점이 특이하다. 즉, 브랜드이미지 마케팅을 통하여 인도시장에서 신 명품브랜드로 등극할 수 있다는 점을 시사한다. 시장의 크기와 특성으로 본다면 한국 토종브랜드가 해외시장에의 명품으로 자리매김할 수 있는 도전은 인도에서 실현될 수 있다는 것이 그리 허황된 그림이 아니다. 충분히 가능성이 있다는 이야기이다.
인도패션시장에서의 한판 승부는 해외브랜드와 인도토종 브랜드 간의 보완과 경쟁이다. 인도 토종브랜드에서는 전국단위로 유통되는 브랜드와 지역단위 브랜드로 나누어지고 해외로부터 도입된 브랜드, 직접진출이거나 라이선스 진출이거나 또는 합작으로 구분된다. 베네통의 경우에는 인도 국내기업과의 제휴이고 애로우는 Allen Solly를 통하여 라이선스 진출을 하였고 라비아스, 아디다스, 나이키 등은 단독 자체 진출, 그 외 Tommy Hilflger, Mark & Spencer 등은 프랜차이즈 방식의 진출이다.

　이렇게 살펴본 것처럼 인도 패션의류 시장에는 명품 또는 명품을 표방한 해외브랜드만이 진출한 것은 아니다. 2003년 이후, 영 패션으로 넘치는 쇼핑몰 매장에 나가면 메이드인 이태리부터 차이나, 태국, 필리핀 그리고 베트남과 스리랑카에 이르기까지 각국에서 들어온 패션 아이템들이 넘치도록 진열되어 팔리고 있다. 기존 유통매장형태로는 꿈꿀 수 없었던 매출 창구가 쇼핑몰 등 다양하게 분포되고 고급화됨으로써 수입의류를 취급할 수 있게 된 것이다. 이른바 인도의 브랜드명품에 다음가는 중고급매장이 되는 것이다. 스페인에서 건너온 Mango는 Shop-in Shop개념으로 인도에 진출하여 만 몇천 원부터 3~400,000원대의 Young Casual 여성의류를 판매하고 있다. 인구 경제학적으로 25세 이하가 54%, 35세 이하가 65%에 달하는 인도의 인구구성은 소득의 계층이 도시에 몰려 있다는 점과 근로 여성의 증가와 젊은이들의 소득이 높아지고 있다는 점을 감안한 타깃마케팅을 하고 있다. 도시에서도 대도시에서 중소도시로 소매유통매장이 확대되는 시점과 맞물려 패션의류의 판매 창구 역시 인도 전역으로 확대되어 매장 수로만 보아도 2005년에 30%, 2006년에 145%가 증가하였다. 매장의 확대추세는 당분간 지방 소도시로까지 소매유통망을 확대하는 유통산업의 성장에 따라 지속될 전망이다.

한국의 의류업체가 인도패션산업을 제품이나 원자재 아웃소싱 창구로만 여기지 않고 궁극적으로 시장에 대한 판매로서 진출하고자 한다면, 이미 그 시장은 무주공산 블루오션이 아니고 이미 시장을 개척한 선두주자와 공존 및 경쟁을 통하여 나름의 입지를 구축하여야 하는 레드오션이다. 그러나 나중에도 강조하는 바이지만 2003년 이전의 소매유통 황무지시기에, 이른바 선두주자의 시장형성이 미흡한 블루오션 시장시기에 진출을 하였더라면 중소기업으로서 시장성숙을 기다리기까지 많은 비용과 훨씬 큰 손실을 감당하여야 했을 것이다. 레드오션, 경쟁을 통한 시장진출은 시장이 이미 마련되어 있고 또한 성장이 지속된다는 전망에서 차라리 바람직한 여건이라고 역설할 수 있다.

이미 알려진 시장여건을 분석하여 자신의 기업에 적합한 진출전략을 마련할 수 있을 것이다. 알려진 사실에 대해 진출하고자 하는 기업의 입장에서 보다 정확하고 디테일한 시장조사를 거쳐야 할 것인데,

1. 인도구매력에 대한 평가에 따른 연령별, 가격대별 타깃설정
2. 지역거점과 거점별 성격에 따른 인도상권진입 단계
3. 인도인의 라이프스타일 분석과 디자인 전략
4. 비즈니스 인프라 환경조사: 쇼핑몰과 유통구조, 세금 등 제도적 환경 및 생산여건을 말한다.

이러한 조사는 개별기업별로 이루어 질 수도 있지만, 효율적으로 시행하기 위해서는 10대 여성캐주얼, 2~30대 여성캐주얼, 아동 캐주얼 등 비슷한 그룹 아이템을 가진 기업별로 컨소시엄을 구성하여 조사할 수 있고 결과에 따라 진출을 패키지로 할 수 있다. 기업단위로 이러한 조사를 한다면 패션의류협회나 정부기관은 인

도 패션시장에 대한 공동연구과제로
  1. 인도 내수 패션시장의 완성공장에서 사용하는 원자재 분석
  2. 소비자 계층별 구매기호조사(스타일, 칼라, 장소별 Dress Code)
  3. 소비자 그룹별 사이즈규정과 표준치수
  4. 소매유통업의 구조
  5. 전통복식문화 디자인 데이터베이스 수집
을 마련하여 인도 진출을 희망하는 기업에게 공유시킬 수 있다.

진출의 형태로서는 완제품 수출을 생각해볼 수도 있지만 보다 적극적 공략으로는 인도의 어패럴파크에 공동작업장을 진출하는 적극적 방법을 구상할 수 있다. 예를 든다면, 동대문이나 남대문 패션상가 패션기업들이 개별적으로 인도 진출을 겨냥하기란 매우 어렵다. 공동브랜드를 통하여 한국의 디자인과 소재를 사용하여 인도에서의 제조를 시도함으로 보다 저렴한 가격에 패션아이템을 인도시장에 공급할 수 있고 이러한 점은 한국 내수시장의 경함과 마찬가지로 시장의 반응을 여느 경쟁기업들보다 빠르게 대응한다는 측면에서 바람직한 것이다. 이럴 경우에는 단일브랜드 외국인 직접투자의 허용에 따라 독립매장으로 확대시키는 점에서 매우 유리할 것이다.

인도 패션의류 시장의 진출로서 얻을 수 있는 효과는 최우선으로 세계로부터 주목받는 거대시장인 인도시장을 얻는 것이고 다른 하나는 인도에서 생산되는 원부자재를 활용함으로 제품의 제조단가를 낮추고 시장에 손쉽게 대응함으로써 그 경험을 바탕으로 인도를 글로벌 전진기지로 삼을 수 있다는 점이다. 물론 글로벌 전진기지의 생산은 국내 내수시장에 대한 Buy-Back 방법을 병행할 수도 있다.

2008년 4월 한국패션계의 거물들이 인도를 방문하여 패션영감을 구하러 다녔단다. 하나의 예에 불과하지만, 인도 패션디자인은 세계에서 인정할 수 있는 모티브가 적지 않다. 우선 3,500여 만에 달하는 재외 인도인이 있는가 하며 인도문화에 이미 익숙한 서구인들이 많다는 것이 그렇고 상대적으로 저렴한 인건비라는 점이 패션디자인 접근으로 본 인도가능성이다. 이에 적합한 예를 든다면, 하나하나의 상품마다 끊임없이 디자인을 쏟아내고 많은 수공예작업이 소요되는 웨딩드레스 산업이 가능할 것이다. 디자인 크리에이티브는 한국기업에서 맡고 디자인 표현과 드레스 작업은 저렴한 인건비의 인도에서 함으로써 시장경쟁력을 높일 수 있다. 그밖에도 이곳에선 비록 다루지는 않지만, 패션 액세서리 시장의 유망함과 시장성장에 대해서도 관심을 갖을 수 있다.

제약산업과 마켓

교집합. 인도의 제약과 바이오산업의 관계는 상당 부분 상호보완의 관계와 함께 공동으로 산업화되는 과정의 교집합을 가지고 있다. 바이오 분야의 성장에 의해서 또는 제약부문의 "성장하는 과정에서 바이오산업이 연결되는 등의 관계로 함께 어울리고 있는 인도의 제약 산업은 21세기에 들어서면서 더욱 주목되고 있다.

인도 제약 산업에서 일차적으로 관심을 가질 것은 제네릭 산업[45]이다. 평균 20년 정도 보장되던 세계 유수제약회사의 특허가 보호기간이 만료되어 제조방법과 원료 등이 공개되면서 이를 값싸

---

45) Generic: 원래 생산된 약품의 특허 기간이 끝난 뒤 다른 제약사가 공개된 기술과 원료 등을 이용해 만든 같은 약효 · 품질의 제품

게 제조하는 복제 약품들이 생산되기 시작하였는데 그 가운데 이스라엘 등의 선두 기업과 더불어 인도의 제약 산업이 부각되었다. 우리나라도 마찬가지이지만 일본 등의 사회보장제도가 발달된 나라에서 의료보험 분야에서의 재정 적자는 늘 골칫거리이고 이에 대한 보험지출의 절감에는 보다 값싸고 효능이 보장된 약품이 주목받게 된다. 제네릭 산업의 성장에는 이런 배경이 있다.

또한 제약 산업이 필요로 하는 기술과 값싼 전문 인력이 인도 제약 산업을 뒷받침하고 있다. 원료부터 제품에 이르기까지 이를 활용하는 미국제약산업의 수요가 늘어나면서 인도기업의 매출은 꾸준히 높은 비율로 성장하였다. 제약원료의 7~80%를 인도로부터 수입하고 있는 한국의 제약 산업도 이런 점에서 인도 제약 산업의 성장에 보탬이 되고 있다. 더구나 인도 정부가 사회복지 정책차원에서 가격제한을 엄격히 적용하는 인도 내수시장보다는 인도의 제약기업은 원초적으로 해외 드라이브 정책을 펼치지 않을 수 없었다. 그 가운데 인도의 제약 선두기업은 해외시장에서의 성공을 통하여 획득한 엄청난 자금력으로 이제는 한 발 더 나아가 유럽과 아시아 등지에서 마케팅의 접점을 다변화하겠다는 전략으로 현지 기업을 인수 합병하거나 부분인수로 해외경영참여를 꾸준히 넓혀왔고 지금도 여전히 해외에서 기업 사냥을 진행 중이다. 항간에는 한국제약기업의 인수협상에도 인도 선두기

▲ 인도 제약사 닥터 레디
하이데라바드 닥터레디 본사 건물

업들이 나섰던 적이 있다는 보도가 나왔었다. 비록 표적이 되었던 한국기업의 거부로 협상이 무산되었지만, 한국제약시장을 공략하기 위한 인도기업의 노력은 이후로도 쉽사리 포기되지 않을 것이다.

초기 인도 제약산업이 해외부문에서 입지를 넓혀갔던 것은 미국의 구매에 힘입은 바도 적지 않지만, 미국과 같은 선진국에서 특허에 관련되어 판매가 금지되었던 시기에는 특허저촉이 문제 되지 않았던 동남아와 라틴 아메리카, 아프리카 그리고 러시아 등지에서 시장을 개척하였던 전력이 있음을 유의하여야 한다. 그런 면에서 선두에선 인도 제약 기업은 IT산업과도 마찬가지로 태생적으로 글로벌 마케팅을 염두에 두고 출발하였다고 할 수 있다. 지금의 실례로, 인도제약업계의 1,2위를 차지하는 란박시와 닥터레디의 경우 수출 비중이 여전히 각각 80%와 70%를 차지하고 있다. 이로써 세계 의약품 시장에서 인도의 비중이 점차로 커질 것에 대한 예측을 그리 어렵지 않게 관련 산업계에서 수긍하고 있다.

인도의 제약업이 성장한 배경을 살펴보는 것은 동 산업에 관련하여 한국기업의 진출에 대한 성격과 방향을 정하는 데에도 도움이 될 것이다.

인도제약업의 발전에는 여러 가지 분석이 있겠지만, 일반적인 관점에서는 첫째로는 인적자원의 우수성과 양적인 풍부함이고 둘째로는 발달된 기초화학 배경이 있으며 세 번째 요인으로는 여러 산업에서도 단골로 인용되는 "영어 구사능력"이다.

생산비용을 절감할 수 있는 측면에서의 양질의 인적자원의 풍부함이 배경이 되었고 이는 곧 임상실험 등 구체적인 공정에서 그

차이를 나타내었다. 임상비용 등은 미국 등 선진국과의 비교에선 엄청난 저비용이고 우리나라 같은 경우와 비교하여서도 낮은 수준임을 쉽게 알 수 있다. 산업을 뒷받침하는 데에는 자원 인프라가 필요한데 인도 제약업에서의 인프라 장점은 기초화학 등 분야에서의 Knowledge Base가 폭넓다는 점이다. 여기서 언급되는 Knowledge는 특허개념의 지적재산을 말하는 것은 아니다. 물질특허에 대한 제약은 있었지만, 이는 공정에 대해서는 예외적이어서 특허 제품을 위한 원료개발에 나선 인도 제약업의 근간에는 기초화학 등의 학문적 능력뿐만 아니라 인도정부의 정책이 뒷받침된 공해유발산업에 대한 묵시적 동조가 제약관련 Knowledge의 산업화에 일조를 하였다. 케미컬 산업에 바탕을 둔 원료개발과 대량생산은 환경공해와 적지 않은 관계가 있어 해외 선진국이 이를 기피하는 동안 인도의 원료생산은 충분히 시장을 넓혀갈 수 있었다. 폭넓은 Knowledge베이스는 수평적 관계에 있는 다른 분야 즉 바이오, 생물학과 의학 등에서의 수많은 연구개발 영역과도 연계되고 이런 점이 제약업의 발전에 기여하고 있다.

지식산업에서뿐만 아니라 금융 등 서비스 산업의 성장요인 분석에서도 빠지지 않고 단골 메뉴로 등장하는 것이 인도의 "영어 구사능력"인데 제약 산업이라고 예외는 아니다. 예를 든다면, 미국으로 제약원료를 판매하려면 모든 것을 미국에서 DMF[46) 등록을 하여야 하는데 이런 복잡한 절차를 이행할 수 있는 원초적인 능력은 복잡한 서류를 손쉽게 해낼 수 있는 영어능력이다. 이런 점에서 과연 한국의 기업은 고비용의 외부도움 없이도 자체적으로 얼마나 해 낼 수 있을런지를 자문하여본다면 인도의 영어구사능력이 왜 인도제약 산업의 발전요인으로 꼽히는지를 어렵지 않게 이해할

---

46) DMF: Drug Master File 의약품 원료 신고제도

수 있다.

　사실 비즈니스에서 언어구사능력이 제품의 실질적인 품질과 효과보다 더 중요하게 역할을 발휘하는 경우를 수출상담 현장에서 목격할 수 있다. 자신의 제품이나 서비스가 어찌어찌하여서 이리저리한 효과를 발휘하는지를 이해하도록 설명하는 것은 물론 이에 관련된 자료를 논리적으로 표현해내는 최종적인 수단은 결국 언어구사능력이다. 그 언어구사에서 가장 많은 비중을 차지하는 것이 영어이고 보면 영어에 대한 남다른 능력을 가질 수 있는 배경을 가진 인도인은 비즈니스의 전쟁에서 남보다 한발 앞서고 있다는 설명이 어렵지 않게 이해된다.

　인도기업과 한국 중소기업의 거래를 컨설팅하면서 가장 어려운 일은 제품을 판매함에 가장 열심이어야 할 한국 중소기업이 제품자료 제시요청이나 고객의 질문에 대해 회피하는 현상마저 보인다는 것이다. 최종결과가 이러하니 그저 믿고 쓰라는 식이거나 일단 견본을 사용해보면 눈으로 직접 확인할 수 있으니 복잡하게 질문이나 자료요구를 하지 말라는 식의 막무가내 반응이 나올 경우에는 천하의 마케팅 컨설턴트도 어찌할 도리가 없는 것이다. 일부 중소기업의 이런 반응은 단지 영어구사능력의 인적자원이 부족하다는 점에서 나온 신경질적인 반응이라는 것은 이해된다. 제품의 특성과 기술적 이해를 그 방면에 비전문가인 외부 전문번역 기업이 완벽하게 소화하여 해외기업인에게 어이없어함이나 비웃음을 당하지 않을 자료를 만들어 주기도 힘들거니와 설령 이를 할 수 있더라도 전문성에 걸맞게 이에 소용되는 비용과 시간 소모를 떠안는 것을 힘겨워한다는 것이 우리 중소기업의 현실이다. 한국시장에서 안주하던 소기업까지도 직간접적으로 연관될 수밖에 없는

글로벌사업환경에서 아담스미스 이후에 새로이 등장한 경쟁사회
의 "보이지 않는 손"은 새삼스럽지만 "영어구사력"이다.

　인도에서 제약산업의 해외시장 수출은 제약원료에서 시작되었
다. 나름대로 발달된 기초화학의 배경을 가지고 있는 인도에서는
다양한 원료가 생산되었고 값싼 원료를 찾던 해외의 제약 기업에
는 반가운 공급처가 아닐 수 없었다. 이 점에 있어서 한국 제약기
업도 예외는 아니다. 제약업계와 관계된 이들이 아닌 일반인으로
서는 놀라운 사실이 아닐 수 없겠지만, 한국제약원료의 7~80%가
인도에서 수입되고 있다는 사실은 관련업계에선 공공연한 비밀이
다. 인도가 제약원료를 미국의 제약회사에 납품을 하면서 쌓은 시
장의 노하우는 그대로 완제품 생산과 판매에 대해서도 자신을 갖
게 하였다. 값싼 노동력과 원료를 바탕으로 만들어진 완제품은 세
계시장에서 호평을 받으면서 일취월장 매출이 증가하였고 급기야
앞서 언급된 바와 같이 풍부해진 자금력으로 현지 기업을 인수하
면서 마케팅 채널은 물론 필요한 제품 생산에 관련된 특허권을 차
지하여 지적재산권에 대한 시비를 없애며 영역을 확대하고 있는
것이다. 완제품 시장에서의 인도 제약사의 또 다른 무기는 특허가
만료된 오리지널 제품의 단점을 개선한 개량 신약의 출시이다. 이
러한 인도 제약사의 공격적인 해외무대로의 진출은 강 건너 불이
아니라 한국기업의 해외시장마케팅에서 충돌로 이어지고 있다. 한
국 화이자가 최근 이러한 마찰로 인도의 란박시 제약사를 캐나다
와 스페인 등지에서 특허권침해로 소송을 제기하여 승소를 하기는
하였으나 세계시장 도처에서 부딪치는 인도의 저가약품공세는 쉬
누그러들지 않고 있다. 더구나 이러한 공세가 한국시장 안방에까
지 곧 영향을 미칠 것이라는 점에서 더 우려가 크다. 그 배경에는
한국과 인도 사이에 논의 중에 있는 자유무역협정(CEPA: 포괄적

경제파트너 협정)의 체결이 2008년 안으로 이루어질 전망인데 체결이 거의 확실시되고 있다.

물론 현재로서도 원료 대부분이 인도에서 수입되고 있는 실정과 제약에 대한 현행 수입관세가 그리 높지 않아 이를 철폐한다고 하여도 현재와 다른 큰 영향은 없다고 할 수 있으나 장기적으로 보아 우려될 소지도 적지 않다. 그렇다면, 이점에 대한 한국제약업의 대비는 있는가? 공론화된 설명회조차 아직 이루어지지 않는 마당에 대책이 나왔을 리가 없을 것이다. 한국−인도의 자유무역협정 체결로 인한 피해예측이 없으니 대책이 있을 리도 만무하다. 인도 제약업의 발전과 전망에서 본 그들의 경쟁력에 대비함 없이 한국적 의료보험제도에 안주한 제약업계는 이제라도 개방 이후의 피해와 대책 나아가 인도제약업에 대한 역진출을 겨냥하여 새로운 기업전략을 마련하여야 할 것이다. 물론 다소 늦은 감이 없지 않지만 이 와중에 일부 기업의 인도탐구가 진행되고 있는 것도 사실이다.

개방 이후 한국시장을 겨냥한 인도기업 기업인수합병의 파고는 높을 것이다. 2007년 시도된 인수제의는 업계 선두기업을 대상으로 한 것이어서 불발에 그쳤지만 이후 중소 제약사로 눈길을 돌리게 된다면 인수합병의 시도는 앞서와 같이 간단히 포기되지 않고 가시적 성과를 거두게 될 것이고 이를 통한 시장진출은 불 보듯이 뻔하다. 이러한 가까운 시기에 당도할 문제를 타개할 방법은 역으로 인도에 진출하는 것으로 해답을 찾아야 할 것이다.

인도제약업이 누리고 있는 인도 장점을 한국기업으로서도 활용할 수 있도록 인도제약업 내부로 들어가는 것이다. 기초화학 원료 그리고 공해 등에 대한 사회적 코스트에서의 저렴한 생산 환경을 가진 인도에서 역시 저렴한 연구전문 인력을 사용하여 생산하는 것을 공격적으로 생각해 볼 필요가 있다. 인도 내수시장 자체는 판로개척에 많은 문제가 있다. 사회보장의 일환으로 인도정부의 일률적인 약값에 대한 통제가 있는 한 내수판매를 통한 이윤창출은 쉽지 않으므로 R&D와 생산 아웃소싱 그리고 제3시장 판매와 Buy-Back을 통하여 마케팅 이윤을 창출하여야 할 것이다.

현재까지의 한국제약업의 인도 진출이 가시화된 것으로는 하이데라바드를 중심으로 일고 있다. 그 대부분은 원료확보와 기술인력 활용을 염두에 둔 R&D와 향후 제약생산의 베이스를 확보하기 위한 전초기지로서 하이데라바드를 염두에 둔 진출이고 탐색이다. 이점은 옳은 선택이다. 그러나 시기적으로는 문제가 없지 않다. 다소 늦은 감이 없지 않다.

이미 현재의 하이데라바드의 산업단지에서 공장건설계획에 대해 안드라프라데시 주 정부 공해조정위원회의 승인을 받은 경우라면 모를까 새로운 추진되는 공장건립에 대해서는 이제 재검토하여야 할 것이다. 공해유발산업으로서의 제약의 대량생산 시설은 총량규제에 의한 제한선에 이르렀다는 것이 공해조정위원회의 입장이라는 관계자의 언급이 있는 마당에 이점에 대한 재확인이 필요하다. 물론 하이데라바드에서의 R&D에 대한 제한이나 소규모 실험실 생산에 대한 규제를 의미하는 것도 아니지만, 한국기업이 하이데라바드 진출의 궁극적 목적을 대량생산시설에 두었을 때는 고려할 점이다,

하이데라바드가 속한 안드라프라데시 주 정부의 복안은 이제 제

약업의 하이데라바드 생산유치는 목적한 바가 달성되었다고 판단하고 있으며 더 이상의 공장부지개발은 억제하고 이러한 수요를 동해안 항구도시이며 하이데라바드 다음가는 거점도시인 Visakhapatnam으로 유도하고 있다. 따라서 지금 어느 한국제약기업이 하이데라바드 현지에서 공장부지용도의 계약을 추진하고 있다면 사전에 공해조정위원회의 내인가사항을 확인하고 추가 조치하여야 할 것이다.

안드라프라데시 주 정부가 내세우는 비사카파트남은 AP의 제2거점도시답게 인구가 현재 200만 명 정도이며 30여 개에 달하는 엔지니어링 공과대학과 메디컬 대학 등이 주변에 있어 고급인력의 산실이라고 소개되고 있다. 현재는 항만개발사업과 함께 이 일대는 IT, 석유, 화학, 석유화학 및 바이오-제약관련 산업단지로 조성되어 있다. 이 지역으로는 하이데라바드가 개발 포화된, 물론 IT관련 산업과 같은 청정산업에 대해서는 추가로 개발되고 있지만, 상황에서 정보에 의하면 발 빠르게 이미 일본과 인도 국내 회사의 진출이 이미 진행 중이라고 한다. 주 정부가 개발하는 2개 경제특구 및 인간개발사의 6개 특구 등으로 구성된 이곳 비사카파트남의 산업단지 개발에 대한 자세한 정보는 안드라프라데시 주 정부개발공사(APIIC)을 통하여 조회할 수 있다.

유통소매 산업과 마켓

벵갈루루 부도심권인 꼴라망가라 100FT 링로드에서 마힌드라 전시장이 있는 사거리 못미처 새로 오픈한 오아시스 몰이 있다. 주차 빌딩을 뒤편에 별도로 마련해 둘 정도로 이 일대에선 인근에

있는 벵갈루루 최초의 종합쇼핑몰 포럼에는 약간 못 미치는 규모
이나 5개 층으로 되어 있는 현대식 쇼핑몰로 다른 쇼핑몰에서는
찾아보기 힘든 규모의 SPAR라는 대형 마트가 있다. 부도심권의
고급 주택가를 배후로 하고 있는 쇼핑몰에 어울리게 판매물품의
구성이 한국에 있는 이마트나 롯데마트에 버금갈 정도로 다양한
생활용품과 식료품 판매 매장시설을 현대식으로 갖추고 있어 인도
에서의 생활을 한층 더 업그레이드시키는데 부족함이 없다. 특히
육류를 취급하고 있는 정육점과 인도내륙에선 한여름에 찾아보기
힘들었던 신선한 어류를 판매하는 생선코너에는 사람들이 말 그대
로 북새통을 이룰 정도로 성황을 이루고 있었다.

코치의 중심가로 들어서는 도로엔 한창 건설 중인 대형 쇼핑몰
이 있다. "행복한 세상"이라는 캐치프레이즈를 내건 공사장은 코
치의 중산층에게 삶의 질을 높여주는 데에 이름만큼이나 제 역할
을 할 것이다.

이렇듯이 대도시에서 중소도시에 이르기까지 현대식 쇼핑몰로 대
표되는 인도의 Organized Retail산업은 이제 2000년 초의 출발선을 지나 막 도약기로 들어서고 있다. 최근 과거의 BRICs라는 용어가 수정되어 새로이 신흥시장으로서 각광을 받고 있는 신 브릭스 (VRICs) 중에서도 유통시장의 성장가능성 측정에서 가장 앞서가고 있는

▲ MALL INDIA
구르가온 입구에 세워진 몰인디아 쇼핑몰. 건물 전장길
이가 1Km

나라가 인도이다. 관련 조사에서 밝혀진 인도 유통산업의 성장 가능성에 대한 측정치는 지난 2005년 이후 2007년에 이르기까지 신흥시장 가운데에서도 계속 1위를 차지하고 있다. 이러한 배경에는 인도가 전체 유통시장의 규모에 있어서 기업유통소매 산업(Organized Retailing)이 차지하는 비중이 아직 약 4% 정도에 지나지 않아 경제성장과 더불어 이에 대한 성장 여지가 매우 크다는 것과 또한 현재 진행되고 있는 성장속도가 매우 빠르다는 것에 기인한다. 유통산업의 이른바 현대화와 기업규모로의 변모는 인도의 경제 성장에 따른 소비계층의 형성과 증가에 절대적으로 하고 있기 때문이다.

이렇듯, 소매유통 산업을 설명함에 있어서는 인도의 소득증가와 소비계층의 형성과 확대에 대한 이해를 전제로 해야 한다. 이 책에의 서론 비즈니스 인디아에서도 언급하였듯이 인도 경제성장의 결과 개개인의 가처분 소득의 절대치가 증가함과 동시에 소비구매력의 파워가 노출되면서 지니고 있는 구매력의 크기와 연령별 성별 지역별 그리고 제품의 카테고리별로 소비계층의 윤곽이 만들어졌다. 이를 겨냥한 인도 내수시장의 활성화는 소비를 다시금 촉진시키는 순환작용으로 이어져 인도의 소매유통산업을 급격하게 발전시키고 있다.

급성장하는 인도의 소비시장: 김찬완님(남아시아연구소)의 연구서에 의하면, 2000년 이후 인도 전체 유통산업은 5%의 성장을 하지만 신 형태의 기업유통산업은 매년 30% 이상의 성장을 한 것으로 나타난다.

앞서 이야기한 대로 신 형태의 기업유통산업에서 대표적인 형태로는 쇼핑몰의 등장을 들 수 있는데, 이의 성장을 수치로 살펴보면 좀 더 이해가 분명할 것이다. 2000년 초 델리에만 하여도 단한 곳 밖에 없었던 쇼핑몰(안살 플라자)이 이제는 기하급수로 늘어나 사방에 쇼핑몰이 들어서고 있어 당시에 선풍적인 인기를 끌었던 이곳도 이제는 새로이 더 크고 화려한 몰이 등장하면서 쇠퇴하고 있다는 느낌이 들 정도이다. 2008년에 개장한 델리와 접한 구르가온의 엠비언스 몰은 전장길이 1Km라는 거대한 몸집으로 등장하였다. 과연 인도답다. 벌써 일부 도시에서는 공급과잉이라는 비판이 제기되는 정도이지만 인도 전체는 2003년에는 25개, 2005년 112개, 2007년 363개이며 2010년까지 800여 개로 쇼핑몰이 계속 늘어날 것으로 전망하고 있다. 그러나 인도 현지에서 피부로 느끼는 속도는 이보다 더 빠르게 진행되고 있다고 판단된다. 대도시에서의 몰의 등장과 확산만이 아니라 2,3대 도시에서도 점차 쇼핑몰이 건립되면서 이러한 Organized 된 유통거점이 인도 도시의 현대적 소비의 중심으로 등장하는 형국이다.

쇼핑몰의 등장은 단순한 소비의 장이 새로이 생겼다는 것만을 의미하지는 않는다. 쇼핑몰에 입주하는 점포의 성격이 구체화 되면서 관련 업종의 판매방식 역시 유통구조의 변화를 가지고 왔다. 브랜드 의류산업에 가장 큰 변화를 주었고 일반 판매 매장뿐만 아니라 몰에 복합적 기능으로 등장한 영화관 역시 인도 영화산업의 배급과 수준에 혁신을 불러왔다. PVR 시네마와 같은 복합상영관의 등장은 영화의 다양성과 관객창출을 그리고 상영관의 고급화와 부대시설 이용의 확산은 매출의 증가를 확인시켜주었다. 몰에 등장한 Food Court는 요식업의 프랜차이즈를 앞당기었으며 서구 식문화에 대한 접점을 넓혀 외식문화의 확산을 도왔다.

이뿐만 아니라 쇼핑몰의 증가는 점차 몰의 차별화를 가져와 연령대별 기호나 소비수준의 편차에도 반응하여 몰을 중심으로 젊은 이들의 거리를 만들었고 부유한 소비계층을 위한 럭셔리 마켓이 등장하게 되는 등 소비형태의 일대 혁신을 앞당기었다. 감추어진 인도인들의 소비욕구를 마음껏 발산하게 하는 계기 또한 쇼핑몰의 역할이라 하지 않을 수 없다.

주목되는 것은, 인도에서 오직 저가 상품위주의 마케팅이라고 여겼던 기존의 생각을 뒤집는 현상이 최근 나이키와 리복, 아디다스 등 브랜드 신발매장에서 8,000루피 이상 10,000루피에 팔리는 수입신발이 날로 호황을 거듭하고 시계와 향수를 비롯한 화장품, 의류 등의 고가 브랜드의 인도 런칭이 늘고 있는 것에서도 잘 나타나고 있다. 2007년 약 35억 달러로 추산하는 인도의 럭셔리 마켓은 2015년까지 300억 달러 수준까지 도약할 것으로 추정하는 보고서[47]가 나오고 있다. 럭셔리 브랜드 시장을 형성하고 있는 주요 제품으로는 인도인의 기호와 맞게끔 보석류가 전체 시장의 27%로 제일 비중이 크고 다음으로 의류 16%, 최신 디지털 액세서리 13%, 시계와 화장품 종류가 각각 8%를 차지하고 있다.[48]

2001~2년 이전만 하여도 인도에 거주하고 있는 일부 한국인이나 외국인들은 필요한 물품을 구매하기 위하여 가까운 방콕 등지를 대상으로 쇼핑여행을 하곤 하였다. 먹을거리를 사오는 것도 그렇고 필요한 의류를 장만하기 위해, 아이들 학습도구를 구매하기 위한 방편으로 왕복항공료를 감안하더라도 인도에서 빈한한 수입 물품을 어렵게 고가로 구매하는 것보다 훨씬 경제적이라는 판단에 휴가를 겸하여 일석이조의 쇼핑여행이 있었다. 입국장에는 늘 이

---

47) IBEF: India Brand Equity Foundation www.ibef.org
48) The Knowledge Company: India Luxury Trend 2006

민자 물품을 연상하게끔 하는 커다란 짐 가방이나 포장박스가 넘치던 시절이 불과 수년 전이다. 이제는 전혀 그럴 필요가 없다는 것이 인도 소매유통산업의 변화가 가져다준 혜택이 아닐 수 없다.

쇼핑몰은 기업화 유통조직, 즉 신 형태 유통조직의 주요 부분으로 인도에서 자리 잡고 있다고 앞서 살펴보았지만, 그 외에도 다양한 형태의 신 유통산업이 있다. 프랜차이즈 방식의 Retail Store 조직이 있으며 다른 분야로는 슈퍼마켓, 하이퍼마켓, 디스카운트 스토아와 단일 종목을 집중적으로 취급하는 전문점, 편의점 등이 있는데 이처럼 점포 형태를 갖춘 일반적인 쇼핑 플레이스와 점포를 두지 않은 형태의 Non-Store 신 형태 유통산업도 간과할 수 없다. 대표적인 방식은 e-Commerce 그리고 m-Commerce, e-Tailing(인터넷 소매업)이 성장하고 있다.

신 형태 기업유통산업의 다양한 모습 중에서 관심이 쏠리고 외형성장도 큰 분야는 프랜차이즈 산업이다. 특히 이 분야는 인도의 수많은 영세상인 보호라는 현실적인 장벽에 걸려 아직 소매업을 해외자본에 100% 하지 못하고 있는 인도의 현재 환경에서 해외유통자본이 진입할 수 있는 선택의 하나로 주목되고 있다. 안정적인 상품의 공급과 물가안정 그리고 관련 산업의 현대화를 위해서는 해외자본이 들어와 소매유통분야에 대한 발전을 하여야 함에도 불구하고 2009년5월에 있을 총선에 대비한 인도 정당의 정치적인 이해관계가 쉽지 않아 소매업 완전 개방에 대해 장담할 수 없는 전망이다.

델리와 뭄바이 등 인도 주요도시에서는 이러한 관심을 반영하는 듯 년 2~3회 정도로 프랜차이즈 전시회와 세미나가 열리고 있어

이에 참석을 하면 동향파악에 많은 도움이 될 것이다. 프랜차이즈의 적용범위는 잘 알고 있듯이 상품의 판매에만 국한된 것이 아니라 서비스의 판매 그리고 교육제공에도 직접적인 연관이 있어 이러한 사업이 확산되면서 인도에서의 일상적인 소규모 비즈니스의 영역이 넓혀지고 있는 사실도 간과할 수 없다.

▲ KFC 벵갈루루
벵갈루루 브리게이드 로드에 있는 KFC매장

최근 도시의 중심거리 곳곳에서 눈에 띄는 프랜차이즈 형태의 업종을 보면, VLCC 브랜드와 같은 다이어트 피부 미용관련 전문샵, 크로스월드의 서점, 커피데이 브랜드의 커피전문점, 디지털 프린트 방, Sunway와 같은 전문 음식점 그리고 Little Shop의 아동용품점들로 많은 품목에서 프랜차이즈의 매장형태가 각광을 받고 있다.

▲ MaC Donald India
벵갈루루에 있는 맥도날드

한 예로 커피전문점인 커피데이는 2007년 3월 말 현재 인도 90여 개 도시에 약 580개의 점포가 만들어졌다.

유형의 점포를 가진 신 형태 기업유통산업 이외에도 앞에서 분류된 것처럼 무점포 방식의 신 형태 유통산업이 인도에서 일어나고 있는데 그 전자상거래, 모바일 상거래 그리고 인터넷 소매업 등이다.

인터넷 인프라의 확산과 요금인하, Wifi 무선 인터넷의 보급으로 특정장소에 구애받지 않는 자유로운 사용 등으로 인터넷 사용인구[49]가 증가하고 개인용 PC 그리고 모바일 데스크탑 사용이 늘어가면서 이 분야의 사업영역이 확장되고 있다. 2002~3년까지만 하여도 사무실 근무인원 10여 명이 기업형 인터넷으로 가입하여 사용하려면 최소 월 70~100여만 원의 비용을 지불하여야 했지만, 지금은 기술과 시설의 발전 그리고 한 지역에서의 복수 서비스사업자 경쟁의 어부지리로 요금인하 혜택이 있어 데이터 전송과 수신 등에 별도 제한옵션이 없다면 일상적인 업무용으로는 월 10만 원이 채 들지 않다. 그뿐이 아니라 바리스타나 KFC 등 도심의 주요 Landmark나 공항 등지에서는 Wifi가 설치되어 외부에서도 자유로이 인터넷에 접속할 수 있는 통신자유를 인도에서도 제한적이지만 만끽할 수 있다. 물론 데이터가 무거운 그림이나 동영상을 보기엔 아직 적합하지 않지만, 이메일을 확인한다거나 인터넷을 통한 비행기와 철도 등의 탑승권예매 등 손쉽게 할 수 있다. 이러한 환경변화가 Non-Store Organized Retail 비즈니스를 활성화시키고 있다.

2004~5년 e-Commerce분야의 매출이 1억 2천6백만 달러였으나 2006년에는 300% 증가한 5억 1천1백만 달러를 기록하였고 마

---

49) 2007년 기준 약 8천만~1억 명으로 집계하고 있고 적극적으로 사용하는 인구는 이 중에서 46,000,000명으로 추산하고 있다.

찬가지로 이동통신과 2억 명을 넘어선 휴대전화기 보급에 힘입어 모바일 커머스의 경우, 이러한 인프라를 통하여 바코드 Ticketing 과 다양한 마케팅 쿠폰 발행, 송금 그리고 각종 공지와 홍보 등이 이루어지고 일부 B&F 분야에선 배달결제에도 이용되고 있다. 비즈니스의 제반 양상은 先 경험을 갖고 있는 한국의 경우와 크게 차이 나는 점이 없이 시차를 두고 다양한 분야에서 적용되고 있다.

필자의 인도 GSM 휴대전화기는 인도법인이름으로 등록된 로컬폰이다. 그런 까닭에 여러 곳에서 개인 정보가 등록되어 출장 중에는 모바일 커머스와 관련된 다양한 문자메시지나 음성정보가 들어오고 있다. 인도 국내선 항공기의 e-Ticket 발행이 휴대전화기 메시지를 통하여 인식번호가 들어오고 이를 공항 항공사 카운터에 보여주면 탑승권을 발급하여 준다. 항공기의 지연출발이나 공항에 이르는 도로정보와 같은 필요정보를 보내주기도 하는 등 불과 1~2년 전만 하여도 볼 수 없었던 다양한 서비스와 비즈니스가 휴대전화기를 통해서 이루어지고 있음을 실제로 체험하고 있다. 모바일 서비스기업과 인터넷 서비스기업이 동일할 경우 해당 공항 라운지에서 무선 인터넷 사용을 시간제로 모바일 요금으로 부과시키거나 선불카드를 구입하여 사용할 수 있어 짧은 시간에 변하는 인도환경에 때론 놀라기도 하며 과거의 인도모습을 생각하면서 "지금 인도에 있는 것 맞나?"라는 자문을 하곤 한다.

보기도 좋고 먹기도 좋은 떡, 인도의 유통 소매업을 바라보는 인도 국내자본의 움직임은 매우 발 빠르다. 언론보도를 통하여 연일 발표되는 대기업의 소매업 유통조직의 확대는 마치 문어발 기업의 양산을 연상하듯이 저 회사가 왜? 라는 생각이 들게 할 정도로 직접적인 이해가 없는 성격의 기업조차도 소매업 영역에 뛰어들고 있다. 대기업의 문어발 영역확장은 물론이고 제조업에서도 동종 업계의 소매유통에 직접 손을 대기 시작하고 있다. 이런 경우에는 신규사업에 대한 전문적인 노하우가 부족하여 주로 해외 동종 유통기업과의 브랜드 합작을 통하여 경영기법을 이전받는 방법을 택하고 있다. 문구류 종합 매장의 경우가 그렇다. 하루가 다르게 생기는 정비된 간판과 깨끗한 내부 인테리어를 갖춘 대기업의 체인영업점은 낡고 우중충한 인도의 이미지조차 밝게 할 정도이다. 랜드마크로서의 역할도 하기에 부족함이 없다. "엠지로드 중앙에 있는 릴라이언스 프레시50)를 끼고 20미터만 들어오면 나오는 그라운드에 넥스트51)라는 가전매장이 있는 5층 건물의 3층으로 올라오시면 2호실이 저희 사무실입니다."라는 하이데라바드에 있는 어느 한국 인도지사의 위치안내가 단순명료하게 된 것도 이러한 소매영업의 확산이 있기에 가능한 설명이다.

릴라이언스 그룹의 경우에만 하여도 위에서 예로 든 생활 잡화 편의점 이외에도 보석판매점, 패션 의류, 문구류 등 분야를 가리지 않고 소비시장의 변화에 맞추어 신규사업을 독자적으로 때론 해외 브랜드와의 합작을 통하여 진출하고 있다. 은근히 과식 소화 불량이 염려되고 일부 지역에서는 생계를 위협받게 된 토착 영세 상인의 저항을 받고 있다고 한다.52)

---

50) Reliance Fresh: 릴라이언스 그룹이 운영하는 식품과 채소 과일 등 일상가정용품을 판매하는 2,000~5,000 SFT 규모의 편의점개념 체인점이다. 그룹은 인도 주요 도시에 약 4,000개의 체인점을 개설할 목표를 갖고 있다고 밝히고 있다.
51) Next: Next Retail India Ltd 전자제품 전문판매 체인점이다. 2007년 384개의 전국적인 체인망을 가지고 있다. 본사는 뭄바이에 있다.
52) 국가정보원 보고서: '배고픈 코끼리' 인도를 실망시킨 토종 재벌 -「릴라이언스」社

먹음직한 먹이거리를 바라보는 점은 해외자본의 입장에서도 마찬가지이다. 지금 인도정부가 단안을 내릴 정치적 결정을 예의 주시하고 있다. 인도 현행법으로 도매 및 프랜차이즈 영업에 대해 개방하였지만, 단일 브랜드 소매점이 아닌 경우에는 51% 지분까지만 허용하고 있는 해외자본에 대한 인도 소매업개방이 언제 100% 단독투자로까지 확대될 것인가가 세계유통기업의 관심사이다. 금년엔, 금년에 하는 망설임으로 한 해 한 해 늦추어진 전면개방은 당연히 정치적 고려 때문이다. 이를 감안한다면 2009년5월로 예정된 인도 총선 이후로 전면개방의 시기가 늦추어질 가능성이 높다.

예의 주시하고 있는 한국기업으로는 롯데그룹이 가장 눈에 띈다. 이미 뉴델리와 첸나이에서 그룹의 관계사를 통하여 시장진입의 초석을 다지고 있는 가운데 관계법이 준비되고 또한 실제적으로 영업을 할 수 있는 부동산 입지가 마련되는 대로 사업의 웅지를 펼칠 것으로 기대된다. 이에 편승한 한국 소비재 상품의 진출도 기대됨은 김치국 마시기인가? 롯데그룹 이외에 아직까지는 인도 소매업에 대한 직접시장 진출을 꾀하는 기업단위의 경우는 엿볼 수 없다. 일부 한국의 문구류 종합유통기업이 인도시장에 대한 탐색을 한 바는 있지만, 단독진출을 하기엔 역량이 많이 모자라고 인도기업과 합작을 하기에도 글로벌 파트너로서의 신뢰를 주기에 자본이나 브랜드이미지 역시 부족하다.

2007년 이후 인도를 포함하여 여러 국가로 현지전문가 체험과정을 운영하고 있는 농협중앙회의 경우, 2008년도 인도지역에서의 연구과제 중에 유통산업이 포함되어 있는데 농수산물 전문유통 소매업을 생각한다면 새로운 발상이 될 수도 있을 것이다. 한국과 인도가 광의의 자유무역협정53)을 2008년 연내 체결 목표로 진행하고 있는바, 이 가운데에는 인도의 강력한 주장으로 논의되는 품목이 농수산물이다. 다른 국가와의 개방형편에 맞추어 결정된 소지이지만 필요에 따라서 문호를 열어줄 수밖에 없는 품목이라면 농협이 이에 대한 인도 소싱의 창구로서 그리고 인도 내수시장에서 한국기업의 농수산물 가공식품의 인도 진출창구로서 역발상하여 소매유통업진출을 적극적인 시도를 하는 것도 바람직한 전략이 될 수 있다.

대규모 자본의 인도탐색이 전부는 아니고 때로는 개인기업의 수준에서 프랜차이즈에 대한 모색이 적지 않게 시도되고 있다. 이 부분은 주로 요식업에 대한 시도로 연결되고 있다.

콜카타 솔트레이크시티에 가면 한국인이 경영하는 양념치킨집이 있는데, 당초 이 점포를 연 한국인의 사업전망은 인도 전역을 상대로 하는 프랜차이즈를 이룩하는 것이라 한다. 인도인의 한국식 양념치킨에 대한 맛의 기호에 따라 그리고 통념적으로 이러한 외식문화의 진입에는 브랜드에 대한 인식의 정도에 따라 크게 좌우될 것이지만 최소한 맛의 기호에 있어서는 그간의 인도인과의 한국음식에 대한 반응을 살펴본 결과에 의하면 평균이상의 합격점을 받을 것 같다. 문제는 브랜드 이미지를 제고시키는 문제와 프랜차이즈에 대한 일반적인 사업전개 능력일 것이다. 한국 양념치킨 가격수준의 외식문화를 즐길 클래스는 경제적으로 Upper Middle Class로 이들의 선택은 개발단계 국가에선 일반적으로 일어나는 일이지만 고급이미지이다. 브랜드 인지도에서 남과는 다른 차별성

---

53) CEPA를 말하는 것이다. 이에 대한 체결 여부는 한국과 인도와의 문제만 결부되는 것이 아니라 인도와 일본의 CECA협정의 추진속도 그리고 결과 여부에 따라 시기나 내용이 좌우될 소지가 적지 않다.

이 있는 고급스러움이 필요하고 음식점의 위치나 내부 인테리어에
서 이른바 있어 보이는 외관을 가져야 한다. 일부 한국인이 개인
사업 규모로 소자본을 투입하여 틈새시장 정도로 여기고 이러한
사업에 관심을 갖고 있으나 분명한 것은 한국에서 치킨점포 한두
개 갖는 것보다 훨씬 더 많은 자본과 경영 노하우가 필요로 하다
는 점이다. 쉽게 판단할 내용이 아니다. 아직까지는 인도의 외식
소비가 평균적으로 고루 분포된 것이 아니라 브랜드와 비 브랜드
그리고 높은 가격대의 상위계층과 저렴한 가격대의 하위계층으로
크게 갈라져 있다는 사실과 소비계층간의 이동이 거의 없다는 점
에서 특징을 찾을 수 있다.

얼마 전, 첸나이에 소자본을 가지고 양념치킨 프랜차이즈 사업
의 가능성을 탐색하러 들어온 한국인이 있었지만, 시내 중심가의
임대료 수준과 인테리어 비용 등 제반 투자여건을 살펴본 결과
당초 예상보다 훨씬 많은 자본이 필요하다는 결과에 크게 실망하
여 발길을 돌렸다고 한다. 1억 원이면 인도에선 큰 자본이라 생
각하여 무난히 할 수 있다고 생각하는 마음은 아마 한두 사람이 아닐 것이다. 필자의 사무실에도 적지 않은 사람이 이에 관한 자문을 구하러 방문한다. 그들을 충분히 이해시키기엔 아직도 우리에게 심어 있는 인도에 대한 선입견은 현실과

▲ 양념치킨
콜카타에 있는 한국인 양념치킨집에서 먹고 있는 인도
청년

는 크게 거리가 있다. 양념치킨점이 들어서기에 적합한 유동인구와 소비인구가 모일 수 있는 영업장소로 우선적으로 고려할 수 있는 대도시 중심상권의 대형 쇼핑몰 푸드코트만 하여도 월 임대료가 적게는 1.5랙(3,750,000원)에서 2랙(5,000,000원)을 염두에 두어야 하고 월 보증금이 최소 10개월에서 14개월을 호가하는 바람에 초기 시설투자비용만 하여도 1억 원을 쉽게 넘어서고 이주에 따른 주거확보와 제반 여건 마련에도 많은 비용이 소요되니 2~3억 원 이상의 자본을 생각하여야 대도시상권에서 양념치킨점 하나를 확보할 수 있다는 이야기가 된다.

소매유통업의 직접 시장진출의 여건은 그렇게 호락호락하지 않다. 시장진출을 위한 전략에는 단일제품의 기업이 단독으로 하기엔 준비되어야 할 점이 적지 않다. 예를 든다면 한국의 소형가전이나 디지털 기기 등 전자제품의 직접 소매업 진출은 중소기업의 여건상 거의 불가능에 가까울 것이고 이를 인도의 수입유통업체를 통하기에는 이미 가격경쟁력에서 적지 않은 불이익을 감수하여야 한다. 그런 연유로 이 분야에서 한국 중소기업의 제품으로 아직까지 뚜렷한 인도판매 실적이 나오지 않는 것도 사실이다. 시장개척단이나 관련 전시회에서의 제품에 대한 호응도는 뜨거웠어도 막상 실제 수출로 이어진 경우가 매우 드문 것은 과거의 인도 소매유통업의 복잡한 구조와 과정에서 발생되는 관계사업자 이윤에 따른 최종 소비자 가격의 상승으로 시장경쟁력을 상실하기 때문이다. 다행히 넥스트와 비벡 등 인도의 전자제품전문 소매유통기업이 점포망을 현대화함으로 소비자 접점이 객관화되고 다양해지면서 시도할 수 있는 기회가 마련되었다. 다만, 중소기업의 현재 여건으로는 여전히 이들과의 상담이 수월하지 않다는 것이다.

인도의 현행여건은 제품의 물류를 공급자가 감당하여야 하며 판매 이후의 고객서비스 또한 생산업체가 감당하여야 하는 관계가 여전히 골칫거리이다. 개별중소기업이 해결할 수 있는 문제가 전혀 아님에 전략의 한계는 처음부터 발생하고 있다. 이를 타개할 수 있는 방법으로는 중소기업들의 마케팅 컨소시엄으로 물류와 사후관리를 공동으로 대처하는 것이고 정부의 수출지원은 이런 점에서 뒷받침이 되어야 할 것이다. 공동물류에 대한 지원은 물론이고 이전부터 필자가 주장하여온 중소기업 공동 BPO센터는 시급히 검토되어야 할 사안이다.

중소기업 해외공동물류는 이미 미국 등지에서 중소기업청이 시행하고 있는 제도로 이를 인도 실정에 적합하게 적용하면 될 것이고 여기서 기회가 있을 때마다 정부정책으로 강조하였던 필자의 제안인 중소기업 해외 BPO는 말 그대로 중소기업의 다양한 제품의 CRM과 SCM 나아가 e-Marketing을 구사하는 비즈니스프로세스 아웃소싱 센터를 인도에 공동구축하는 것이다. 확장된 개념으로 본다면, 인도에 구축되는 중소기업 해외 BPO는 단지 인도에 적용되는 시스템이 아니고 이는 영어권 사용국가에서의 중소기업 진출에도 이용될 수 있는 글로벌 시스템이다. 더 나아가 적용한다면 적지 않은 외국인이 한국에서 생활하고 있고 그들은 한국제품을 이용하고 있는데 이들을 고객으로 대하는 CRM에서도 인도에 구축될 BPO센터가 활용될 수 있다.

고객 불만처리는 물론 신제품에 대한 안내를 마케팅 차원에서 영어를 언어도구로 사용하는 BPO를 세울 곳으로 현재로서는 인도가 최적의 입지임이 분명하다. 그렇다고 BPO센터 사업기관이 사업 자체의 입지를 고려함보다는 부임하게 될 관리 책임자의 자녀

교육이나 가족생활환경을 최우선 고려하여 입지를 델리나 뭄바이, 벵갈루루 또는 첸나이 등 대도시를 기준으로 비용을 산출하는 잘못을 범하지는 말아야 한다. 당연히 막대한 비용이 나올 것이고 이 때문에 추진기관은 고민하고 망설이게 될 것이 분명하기 때문이다. 이 정도의 낮은 단계의 BPO센터는 비용이 훨씬 저렴한 2,3의 거점도시에서 추진하여도 부족함이 없다. 비용은 앞서의 대도시에 비하여 훨씬 저렴하다.

직접 시장진출 이외에도 소매유통산업과 관련된 한국기업의 마켓은 적지 않게 검토될 수 있다. 유통산업과 인프라 구축인 POS는 밀접한 관계를 가지고 있음은 쉽게 알 수 있다. HCL등 이미 선점하고 있는 대기업이 있는 분야임에도 불구하고 여전히 산업의 성장에 따라 특화된 상품으로 틈새를 공략할 수 있는 마켓이다. 한국에서의 선 경험이 적용되고 기업의 적극적인 마케팅 전략이 따른다면 여전히 매력적인 시장이다. 오프라인이나 온라인 매장관리에 있어서 선입선출의 개념조차도 분명하지 않게 운영되는 소프트웨어 부족은 한국기업의 노력 여하에 따라 가능성이 여전하다. 스토아 및 마케팅 비즈니스 솔루션 등 리테일 소프트웨어, RFID 솔루션, 키오스크 솔루션이나 고객 포인트 카드관리 등은 물론 매장관리에 필수적인 보안 분야가 있다. 이 밖에도 유통은 물류에 크게 좌우된다. 물류 소프트웨어는 오프라인 매장에 국한된 것이 아니고 온라인에서도 적용된다. 필드 물류에서는 관련 장비산업이 뒤따르고 있다. 특장차 분야에서의 진출을 소홀히 할 수 없다. 냉장 냉동수송 차량에 대한 필요가 날로 커지고 있는 인도에서 이 분야는 아직 선두주자는 없는 열린 시장이다.

마켓을 구현시키는 것에서 역시 문제는 IT시스템이나 장비 산업

어느 것에서도 인도 진출에 필요한 것은 마케팅 현지화 여부이다. 아무리 훌륭한 소프트웨어라고 하여도 영문 매뉴얼 없이 한글 디스 프레이를 구두로 보여주면서 계약하면 영문 버전을 변환해주겠다는 비상식적인 마케팅으로는 아니함 만 못하다. 어이없는 예이겠지만 시장개척단과 같은 비즈니스 현장에서 공공연하게 일어나고 있다.

　유통마켓이란 접근으로 본다면 한국 생필품의 인도 진출을 위한 통로로 인도 소매유통업의 구조와 판매제품 물류에 대한 조사가 디테일하게 이루어져야 할 것이다. 디지털 기기나 가전 등 특정 카테고리에 들어가는 제품에 대한 소비시장진출은 위에서 언급된 바 있지만, 일반적인 상품의 인도 진출을 위하여서는 소매유통기 업에 대한 구조와 구매전략과 담당 연락처 등을 확보하는 조사가 필요하다. 이 부분은 대한무역진흥공사 등과 같은 공공기관들이 나서서 해야 할 일이고 획득된 정보는 정당하게 공유되어야 한다. 사실 이러한 기관들이 시장개척단과 같은 행사를 통하여 어느 특 정기업에 대하여서만 영리서비스를 제공한다는 것은 문제가 있다.

　국가 예산을 사용하여 운영되는 기관이 단위상품과 단위기업의 영리 활동에 직접 개입한다는 것은 기관의 설립목적에 부합될 수 없는 활동이 아닐 수 없다. 공통의 정보수집과 정보공유에 더욱 역량을 쏟아야 할 기관이 특정 바이어 상담에 특정기업을 매칭하 는 것은 비록 시장개척단이나 비즈니스 상담이라는 공적 활동을 통한 것이라 하여도 이에 참여하지 않은 절대다수의 기업과의 형 평에 문제가 있다는 것을 유의하여야 한다. 더구나 앞서와 다른 동일한 제품의 한국기업이 그 이후 행사에 참여하여 같은 지역에 서 동일한 바이어 집단을 이러한 공공기관의 상담주선을 통하여 다시 접촉하게 되는 경우를 생각한다면 이것은 그야말로 코미디가 아닐 수 없다.

전자제품에 대한 제안과 유사한 전략으로 물류와 수출입 그리고 물류를 운영할 동일 카테고리에서의 소비재 소매시장 공급컨소시엄을 구성하는 것이 필요하다. 인도의 소비규모가 성장하는 속도에 비추어 생각한다면 이는 이미 반 걸음 정도는 늦었다는 생각으로 서둘러야 할 과제이다. 뭄바이에 진출한 락앤락 제품을 제조 공급하는 하나코비의 인도 도소매 유통망 개척의 고군분투가 은근히 기대된다.

인프라개발 산업과 마켓

끔찍한 일이겠지만, 그래도 사람 일이란 모르는 것이어서 인천 공항을 나올 때마다 고액 보상의 여행자보험을 들곤 한다. 인도에서 어디 위험한 지역을 다니는 경우도 아니고 극도로 열악한 환경에서 생활하는 것도 아닌데 구태여 적지 않은 비용을 부담하면서 최고 보상액을 기준으로 보험료를 납부할 필요가 있겠는가라는 생각도 없는 것은 아니나 인도에서의 교통수단을 생각하면 다시 망설임 없이 부보를 하고 나온다. "남은 사람은 살아야지"

2008년 4월 이 글머리를 쓰는 동안은 코치에 머물고 있는 중이다. 코치시내 아바다 호텔 뷔페식당에서 아침을 먹으면서 인디안 익스프레스라는 조간신문을 보는 동안 문득 인천에서 가입한 여행자보험이 생각난 것은 1면에 게재된, 코치 상공에서 얼마 전 수백 명의 승객이 탄 걸프에어와 인디안에어의 항공기 충돌 모면에 대한 코치와 티루바난타푸람 항공관제국의 책임공방기사 때문이었다. 단 10초 상관으로 항공기의 충돌이라는 대형 참사를 모면한 이 사고는 두 항공기가 각각 이착륙을 위한 고도하강 비행과 이륙 이후 고도상승과정에서 근접 위험에 대한 경고가 관제국으로부터도 나오지 않는 사각시점이 발생한 책임소재에 왈가왈부하는 기사가 실린 것이다. 두 항공기 조종사끼리 손을 흔들며 인사를 하고 지나쳤을 것이라는 만평이 우습기는커녕 끔찍스럽다.

국내선 승객 수가 2006~7년 연인원 9천6백4십만 명으로까지 나날이 늘어나는 트래픽54)으로 인하여 인도 상공에서 항공기 충돌 직전에 처했었던 위험천만한 해프닝이 해마다 늘고 있고 그 심각성이 크다는 경고가 나오는 것은 어제오늘 일이 아니다. 수년 전부터 인도 언론에선 이 점에 대해 경고를 내면서 인도정부의 조속한 항공관제시설의 개선과 확충을 요구하고 있었다. 열악한 항공인프라로 인하여 누구에게는 목숨을 걸어 둔 위험한 항공여행이지만 미국 상무부에서는 이를 인도시장의 기회로 분석하는 아이러니가 있다.

인도 교통 인프라의 문제가 어디 하늘에서만 벌어지는 노릇이겠는가? 열악한 도로교통 인프라는 지금도 하루에 280여 명이 노상에서 숨지는 사망사고가 발생하는 인도, 그리고 그 가운데의 도시교통은 바야흐로 인명의 손실뿐만 아니라 도시기능을 마비시키는 시경에 이르러 경제성장의 주역인 기업이 특정도시에서 다른 곳으로 활동 무대를 이전하는 것까지 고려할 지경에 이르렀다.

---

54) 매년 급성장하는 인도 국내선 항공은 2002~3년에만 하여도 4천8백 7십만 명의 승객이었으나 불과 4년 만에 두 배인 9천6백4십만 명으로 성장하였고 운항횟수는 2003~3년에 636,947회에서 2006~7년 백만 회를 넘어섰다.

　인도의 도로는 외지인의 눈으로 본다면 곡예코스이고 롤로코스트를 방불케 한다. 뭄바이에서 17번 내셔날 하이웨이를 따라 190Km를 남으로 내려가면 Dighi 항만경제특구[55]가 나타난다. 필자는 2006년12월 이곳 항만특구를 조사하기 위하여 특구 디벨로퍼가 제공한 기사와 중형 승용차를 타고 인도의 이른바 하이웨이를 또다시 경험하게 되었다. 사실, 200Km를 넘어가는 거리를 승용차로 가야 될 경우는 인도경험이 많은 필자로서도 매번 그렇지만 쉽게 결정하지 못할 정도로 두려움이 크다. 그 이유는 단순하다. 교통사고로 인한 위험성이 다분하기 때문이다. 이때에도 예외는 아니어서 이곳에 대한 조사를 감행하는 데에는 이른 아침 출발 시각인 오전 6시30분이 되기까지 약간의 고민이 뒤따랐지만, 회사에서 제공한 숙련된 운전기사와 성능 좋은 차에 대해 믿음을 갖고 결행하였다.

　그러나 뭄바이 시내를 벗어나 명색이 하이웨이로 된 17번 국도에 들어서면서 상황은 마음과는 달리 서서히 변하고 있었다. 스틸 코일을 싣고 내달리는 트레일러는 물론 각종 폭발성 연료를 싣고 달리는 유류수송차와 그 사이를 질주하는 승용차, 그리고 전방 시야를 가리는 나지막한 언덕을 넘어서면 불현듯 물소 두 마리가 끌고 있는 우마차가 나타나 이에 뒤섞이면서 전개되는 상황은 이른 아침부터 설친 김에 차에서 한숨 자려던 생각을 송두리째 날려 버렸다.

---

55) Dighi Port SEZ: 2006년 10월 중앙 위원회에서 승인을 받은 구역으로 시행 개발기업은 민간 기업인 Balaji Infrastructure Ltd Mumbai로 되어 있으며 동 프로젝트는 Dighi Port 프로젝트의 일환으로 시행되는 것이다. 이를 위해 설립한 별도의 회사는 Dighi Port Ltd이다. SEZ 시행면적은 100헥타르, 즉 250에이커 정도이며 이는 300,000 평에 달한다.

쭉 곧은길이거나 굽은 길을 가리지 않고 조금 틈만 있으면 앞지르기를 위해 반대차선으로 역주행하는 트레일러나 유류수송차가 내 차선에서이든 상대차선이든 거의 1~2분 간격으로 시소 게임하듯 벌어지고 있는 상황에 틈틈이 그 사이에 태연히 앞서서 가고 있는 우마차, 역주행하며 콧등에서 주행차선으로 비집고 들어서는 트럭, 게다가 이제는 불쑥 길을 가로질러가려다 달려오는 차량에 화들짝 놀라서 뒤 돌아 날뛰는 송아지의 등장까지 벌어지는 인도의 도로에선 거의 기절초풍할 영화와 같은 장면이 속출하고 있다.

인도의 도로 인프라는 시외이거나 시내를 막론하고 채 목숨을 담보로 마구잡이로 무질서한 것은 사람들의 법규준수의식도 의식이려니와 도로의 불완전과 부족 그리고 있는 도로마저도 시스템미비로 인한 위험천만한 상황이 전개되고 있는 것이다. 2008년 4월 구자라트 주에선 버스가 수로를 가로지르는 다리 난간을 부수고 추락하여 44명의 통학하던 어린 학생이 사망하는 사고가 발생하여 마을 주민과 학교가 통곡하는 등 아수라장이 되었다는 뉴스보도를 들었다. 차량의 노후도 노후이지만 도로안전시설이 제대로 되어 있지 않아 일어난 비극이 아닐 수 없다. 그런데 문제는 크고 작은 사고가 도로에서 일상처럼 벌어진다는 점이다. 2005년 델리에서만 하여도 1,717명이 사망하였다. 과속 질주하는 고속도로도 아닌 델리의 교통사망자수는 같은 기간 훨씬 많은 차량과 운행 빈도수이면서 OECD 국가 중에서도 가장 높은 교통사고 사망률을 기록하였다는 서울에서 481명이 사망한 것과도 큰 차이를 보이고 있다.

교통 인프라 문제는 원초적으로 낙후된 환경에 기인한 것이지만 이처럼 극심해 진 까닭은 결국 경제성장으로 인한 하늘과 땅에서의 엄청난 교통량 증가와 맞물려 있다. 그러나 이러한 위험천만 지경까지 내몰린 인도 교통 인프라를 그저 인프라 리스크로만 치부한다는 것 또한 근시안적인 해석이다. 성장에 의한 진통은 성장으로 얻어진 축적된 경제력으로 그리고 늘어나는 교통량 유발환경을 시장으로 바라보는 자본의 투자참여로 개선되고 있다는 점을 생각하여야 한다.

하늘길을 넓히기 위하여 인도 공항 500여 개를 대상으로 순차적으로 시설을 리노베이션 하거나 증축 또는 경우에 따라서 하이데라바드 라지브 간디 공항이나 벵갈루루 인터내셔널 에어포트의 경우처럼 별개의 지역에서 신축되고 있다. 그 계획이 길게는 2018년까지 규모는 다르지만 마련되어 있다는 점에 관련 산업이 주목하고 있다. 당장은 고통스럽고 카오스와 같은 상황이라고 인도의 언론조차 대책을 서두르라고 다그치지만, 시장의 관계자는 이런 적당한 진행속도가 차라리 만족스럽다는 분석조차 보이고 있다. 분명한 것은 열악한 인프라 환경은 개발계획을 세우게 하였고 이는 곧바로 산업계에 크나큰 시장의 기회로 다가서고 있다는 점이다. 개선속도는 인도 내부의 문제이지 시장의 문제는 아니다.

항만 인프라에 대한 원성은 어제오늘의 일이 아닌 심각한 지경으로 인도 물류비용의 상당 부분이 이곳에서 손실 당하고 있다. 선적기일에 쫓기는 수출화물이 또는 원부자재 수입화물이 항만에서 적체되어 처리되지 못하거나 심지어 오리무중으로 실종되는 지경에 이르고 더더구나 이러한 내용을 추적하는데 시스템적이지 못한 인도항만당국자의 몰지각에 마주치게 되면 치밀어 오르는 화에 박살 나는 전화기가 한둘이 아니다. 전시회에 디스플레이할 기자재를 넉넉히 시일에 맞추어 보냈음에도 불구하고 전시회가 끝날

때까지도 통관되지 않는 시스템은 차라리 절망스럽기까지 하다. 그러나 내부를 살펴보면 여기에도 개선(改善)의 행진은 진행 중이다. 연방정부항만운송청의 발표에 근거하더라도 이제부터 2011~12년 회계연도까지 현재의 760만 톤에 달하는 항만처리용량을 2배로 증가시킬 것이고 이에 총 250억 달러가 항만 관련 시설에 투자될 것이라고 한다.

이 과정은 뭄바이와 코치 그리고 첸나이 등 곳곳의 주요 항만에서 진행형이다. 진행형인 이 과정에는 선박건조에서부터 항만시설 건설과 플랜트 그리고 장비 및 장치산업 등 열거할 수도 없을 만큼의 황금시장이 펼쳐지고 있어 선박수주에 성공한 현대중공업으로부터 이들 대기업 플랜트 사업에 필요자재를 납품하기 위하여 뭄바이 현지에 연락사무소를 세우는 중소기업에 이르기까지 우리 기업의 관심 또한 적지 않다.

2008년3월에 시작한 하이데라바드의 신공항 경우, 총 투자금액 6억 달러가 들어간 것으로 공항 기본시설 이외에도 주차시설에서부터 청사 내외부의 기자재 그리고 공항운영 프로그램에 이르기까지 마켓의 종류와 물량은 다양하다. 이에 글머리에서도 언급한 바와 같이 어느 한국의 중소기업의 항공등화시스템은 인도를 주 공략시장으로 삼기에 전혀 부족함이 없다. 그러나 현실에서는 아직도 한국제품은 이러한 시장기회로부터 배제되고 있다는 느낌을 지울 수 없다. 관제탑 등 주요 운영시설 미비로 개항이 2008년5월로 다소 늦추어졌던 총 3억 달러가 들어간 벵갈루루 신공항도 시장기회라는 점에서 하이데라바드와 동일하다. 이러한 시장기회가 어디 공항 인프라뿐이랴? 악명 높은 인도의 도로교통에 있어서도 시장기회는 많고 크다.

승차권 발매자동화시스템을 Kalindee Rail Nirnam Ltd와 컨소시엄으로 2008년1월에 델리지하철 공사(DMRC)로부터 8억 1천만 루피(약 200억 원)에 수주한 삼성 SDS의 경우는 델리의 교통난을 해소하기 위해 이미 준공되어 운행 중인 지하철 3개 노선과 신규로 건설 중인 노선에 적용될 첨단 시스템이다. 교통 인프라 시장참여의 대표적인 성공사례가 될 이 시스템의 적용이 어디 이뿐으로 그칠 노릇이겠는가? 이어서 적용될 수 있는 지하철 노선이 이미 공사에 들어간 벵갈루루와 계획 중인 뭄바이, 코치, 하이데라바드 등 인도의 주요 대도시에 있어 시장은 무궁무진하게 펼쳐질 것으로 전망되고 있다. 대도시도 아니고 주 수도도 아닌 지방 거점도시인 코치에서도 DMRC의 제안서를 근거로 2008년 연방정부와 지하철 프로젝트에 대한 논의를 시작하였다. 이에 DMRC의 프로젝트에 참여하게 되어 비록 삼성 SDS 단독으로 진행된 수주 공사는 아니지만 이에 대한 한국기업의 주 역할은 나름 의미가 적지 않다. 지하철 시스템 하나로 마쳐질 것도 아니다. 벵갈루루의 경우에서 보듯이 기타 도로운송수단과 접목한 복합운송시스템에 대한 대도시의 구상은 열악하다고 치부하였던 인도 인프라의 해석을 시장으로 보는 적극적 사고에 힘을 실고 있다. 이번 삼성SDS의 델리지하철 진출은 당연한 이야기이겠지만 소프트웨어와 하드웨어에 있어서 한국의 중소기업에 인도시장체험을 열어준다는 점에도 의미가 적지 않다. 삼성SDS 수주발표 이후 필자의 사무실엔 이와 관련하여 현지법인 설립 및 인도 로컬거래선 확보방법에 문의 또한 적지 않았다.

당연한 이야기이겠지만, 인프라 구축의 직접시장에서 간접 시장으로까지 생각한다면 기회는 다양하게 그리고 대기업의 눈높이에서만 받아들여지는 것은 아니다. 항공이나 철도 다양한 교통 인프라에서 소모품으로 사용되는 바코드 인쇄와 디지털 인쇄 등에 소용되는 열 감지지 시장은 특수지 가공처리하는 기술을 지닌 국내 중소기업의 인도 진출의 교두보가 될 수 있었다. 다만, 이를 어떻게 접근하느냐의 자세에 따라 완제품이나 기술전수와 같은 단발성 시장이냐 아니면 현지 제조업 진출을 통하여 지속적인 시장으로 장악할 것이냐가 결정된다. 시장의 장래성에 대해 확신한다면 당연히 여기서는 현지 제조진출이라는 선택이다. 그러나 현실은 전혀 다르다. 자본이나 인적자원에서 직접진출의 한계를 절감하고 있는 중소기업으로서는 이러한 선택을 하기가 쉽지 않다.

이렇듯이 시장이 존재한다는 확신이 있음에도 불구하고 현지 제조진출에 있어 중소기업이 일시적인 재정적인 부담으로 어려움을 느낀다면 이에 관련기관의 판단으로 적극적인 지원이 뒤따라야 할 것이다. 인도에 진출한 국책금융기관이 국내에서와같이 해외에서도 여전히 대기업위주 뒷받침에 안주한다면 진출 그 자체에 대한 목적에 회의가 있을 수밖에 없다. 토지개발공사의 해외산업단지 조성사업도 그렇다. 국가정책기관의 해외사업은 기획력과 자본력 그리고 인적자원을 겸비한 대기업의 수준에서 진행할 것만 아니라 상당 부분을 반듯이 중소기업에게도 기회가 돌아갈 수 있게 배려하여야 한다.

양적 효과에 집착하는 모습은 정부의 지원시책의 본질과는 거리가 있다. 기관의 직접적인 지원이 절실한 것은 간접지원으로도 충분한 대기업이라기보다는 정작 규모가 작고 초라한 중소기업이다. 지원으로 말미암아 중소기업의 해외진출이 성공에 이르게 되면 유형의 효과 이외에도 기타 기업으로까지 미치는 심리적 고무로 인한 무형의 효과가 엄청나다.

인도 전역에서 대기업의 동반진출이 아닌 중소기업단위의 독자적인 진출의 예를 찾아보기가 어려운 형편은 지금에 이르기까지 기관의 행정적 지원이나 금융기관의 재정지원 시스템에 문제점이 있을 수 있다는 것을 의미하기도 한다. 기회가 있을 때마다 인도시장의 장래성과 동시에 진출에서의 어려움을 역설하면서도 정작 그 해결방법제시에는 중소기업에 적용될 이야기와 거리가 먼 것이 사실이다. 인도시장에 대기업과의 동반진출을 방안으로 제시하면서 어떻게 현실적으로 신규 중소기업이 대기업과의 동반진출이라는 반열에 오를 수 있다고 생각하는지 그 발상이 의심스럽다.

인도인의 습성을 험악하게 예를 들면서 합작사업의 위험성을 절대경고하면서도 단독진출이라는 해답을 쉽게 꺼내 들 수 없는 중소기업을 위한 차선책의 솔루션을 구체적으로 안내하지 않는 기관들의 인도시장진출 설명회에 참가한 중소기업인은 정작 인도시장에 대한 기대감보다는 실망감이 더 크게 느낀다는 사실이다. 대기업과 동반 진출한 부품공급기업의 자기 자랑에 그치는 공허한 인도시장설명회는 이제 그만두어도 아쉬움이 별로 없을 것이다. 중소기업을 위해서는 시장설명회 횟수보다는 단 한 가지라도 중소기업이 필요로 하는 경우에 맞는 내용으로 필요한 실질적인 정보를 제공하고 또 기관의 지원방침을 전달하는데 노력을 경주하는 것이 기관 본래의 사명과도 부합하는 것이다. 대기업에 사전 약정된 부품물량을 공급하러 동반 진출한 벤더기업의 사례를 인도 성공사례로 앞세우고 이를 단독투자의 표본인양 벤치마킹하라는 식의 시장설명회는 그야말로 시간낭비이고 예산낭비이다.

인프라개발 산업과 마켓이라는 주제와 다소 동떨어진 언급이라 생각하겠지만, 이 책의 본래의 목적은 인도시장이라는 기회를 어떻게 한국의 중소기업 입장에서 받아들이고 이를 활용한다는 측면에서 기획된 것이라는 점을 생각한다면 시장의 기회만 거듭 언급할 것이 아니라 계속하여 그 기회에 대한 실질적인 접근방안을 마련하는 데에도 같은 고민을 두어야 한다. "인도시장? 그래서 어쩌란 말이냐?"라는 자탄으로 독자의 평이 끝나선 안 될 것이다. 인프라와 관련하여 생각할 수 있는 광범위한 시장에선 더욱이나 정부기관의 협력과 적극적인 지원이 필요하다. 개발계획을 앞두고 있는 주 정부의 내용을 파악하여 먼저 접근하여 주 정부관계자와 이를 시행하는 산하기관을 대상으로 해당 인프라개발계획과 상응하는 한국의 선행경험을 제시하고 이에 대한 관심을 유도하여 상대로 하여금 구체적인 니즈를 제안하게끔 하여야 한다. 그 니즈가 중소기업에 정당하게 공유되어야 한다.

벵갈루루의 BMTC의 경우나 지하철 공사에 있어서도 그렇다. 필자가 방문한 해당 의사결정권자의 사무실에는 중국으로부터 온 관련 견본제품들이 즐비하지만, 어느 구석에도 한국기업의 제품은 보이지 않는다는 것은 그만큼 인도시장에 대한 디테일한 정보수집 능력의 부재와 활동미비를 보여주는 단적인 사례가 아니겠는가? 당시 책임자의 사무실에서 발견할 수 있는 것은 단지 2006년을 맞이하여 서울 지하철공사에서 그저 판에 박힌 연하장 하나가 전부였다. 우리 기업에 비하여 훨씬 떨어진다고 여기는 중국기업의 제품이 인도시장에 진열되는 동안 우리는 중소기업들에게 시장 리스크를 지나칠 정도로 강조하고 대기업동반진출을 하라고 강변하면서도 동반할 대기업은 어디에도 없는 등 무의미한 원론적인 세미나나 반복되고 또한 현지 연수랍시고 진출한 한국 대기업의 공장과 관계 납품공장을 둘러보는 것 그 외는 관광지 탐방으로 대부분이 채워지는 프로그램 수준에 아직도 머물고 있는 실정이다.

재차 강조하는 것은, 두산중공업의 구자라트 주 발전소 프로젝트라는 거대한 인프라 개발참여는 매우 의미가 있고 대단한 국익을 가져오는 사업수주임은 분명하지만, 관계기관의 역할이 이에 무임승차로 편승하여 필요한 결제자금의 대지급 보증한 것을 대단한 실적인양 홍보하는 데에 그쳐서는 안 될 일이다. 이 또한 필요한 일이겠지만 더 중요한 것은 이 실적 이후 이를 기화로 구자라트의 발전 인프라개발 사업의 구석구석을 챙기면서 이에 유관하여 중소기업의 시장참여의 기회 여지에 대해 디테일을 전파하도록 하는 것이 대기업 프로젝트 수주홍보보다 더욱 중요한 과제일 것이다. 발전소 프로젝트 12억 달러 수주라는 홍보제목 아래에 두산중공업영역 이외의 사업범위에 참여한 인도현지기업에 대한 구체적인 세부내용이 첨부되어 이를 발판으로 중소기업이 자신과의 연관성 여부를 갸름하게끔 할 수 있는 정보제공을 세금을 내는 많은 중소기업은 기대하고 있다. 발전소가 세워지면 당연한 처사로 송전 타워가 필요할 것이고 이에는 적잖은 한국의 중견기업이 참여하고자 하는 바이다. 필자의 경험으로 미루어 보아 이 분야에 우선권을 가진 인도기업이 있을 것이고 그들에 대한 정보는 곧 한국중소기업의 시장기회가 된다. 전력과 관련된 에너지 절감장치의 필요성은 인도에선 나날이 그 중요성이 높아지고 있다. 계량과 요금부과시스템에 대한 것은 물론 전력 세이빙은 이슈로 이미 등장하고 있어 관련제품을 보유한 한국벤처기업에 있어서 이런 분야에 대한 마케팅 정보는 매우 중요하고 요긴하다. 이런 기회제공에 대한 배려가 필요하다.

그렇기 때문에 여느 단일 사업에 있어서도 그렇지만 인프라 개발 프로젝트에서 한국정부 관계기관의 역할은 사전 개발정보에 대한 청취와 분석 그리고 관련 한국산업의 우수성 홍보와 사후 디테일 시장정보 수집과 관련기업에의 전파 등으로 매우 중요하다. 물론 쉽지 않은 일이다. 국회의원이나 정치 장관 그리고 지자체 단체장들의 잦은 방문 치다꺼리와 형식적 보고서 작성에 하루해가 모자랄 것이고 해당 지역에의 장거리 출장에 따른 비용청구에도 눈치가 보일 형편이니 누군들 이런 고단한 일에 자발적으로 나설 수 있겠는가? 시간적으로만 어려움이 있는 것이 아니다. 델리에 주재하면 델리 이외 지역으로 현장조사를 나가는데 적게 잡아도 수십만 원의 출장비가 발생한다.

그러나 현실에서는 경비절감이라는 칼날이 엉뚱하게도 이런 면으로 휘둘러져 현지출장이 불가능하게 되어 관계 공무원이나 취재기자조차 해당 지역방문 없이 사후 인도의 언론보도에 정보 수집을 의지하게 되어서야 어찌 유럽, 일본 심지어 중국과의 경쟁에서 한 발짝이라도 앞서 나갈 수 있겠는가? 수천만 원의 연봉 거기에다가 주택임차비만 하여도 수천만 원을 넘어서는 년간 체류경비 등으로 1인당 부담금액이 아주 쉽게 억대를 넘어서는 마당에 기왕에 일을 제대로 잘하자고 하는 의도의 업무출장비 수십만 원을 아끼려 하는 것이 무슨 의미가 있겠는가? 형식적 행사나 방문 치다꺼리에 고액연봉의 인재가 동원되는 것을 근절하는 것이 진정한 예산 낭비방지나 경비절감이지 출장억제가 그 대상이 아니다.

도로 인프라개발 프로젝트에는 이미 많은 혜택을 한국의 기업이 참여하고 있고 또 적잖은 중소기업도 이에 동참하는 중이다. 이른바 인도의 사변형도로가 원론적인 의미에서 준공은 되었지만, 세부 구간에는 여전히 개발진행 중이다. 기왕의 프로젝트에 건설회사의 참여도 있지만, 다소의 수익성 문제로 실익과 지속참여에 대해 의견이 분분하지만 이에 소요되는 건설장비시장에는 두산그룹과 현대중공업 등 대기업의 참여가 활발하다. 이들이 현지공장 건립에 나선 이유도 지속적인 인도의 도로 인프라개발 사업에 대한 전망을 믿기 때문이다. 미흡하나마 중소기업의 진출도 두드러진다. 아스팔트 포장에 관련된 플랜트 진출도 있으며 엔지니어링 분야의 참

▲ 두산인프라코어
콜카타 건설장비 전시회에 출품한 두산인프라코어 건설장비

여도 있다. 기존에 이미 구축된 시장에의 참여만 관련될 것은 아니다. 톨게이트에 적용될 시스템 구축은 지금도 그렇지만 이후로도 업그레이드되면서 지속적으로 발주될 것이며 요금징수 도로구간에 설치되는 무인감시시스템 등은 여전히 우리의 참여를 기다리고 있다.

　인프라 개발에 있어서 시장은 제품판매에만 그칠 것이 아니라 서비스의 영역에 이르기까지 관심을 가져야 한다. 최근에 한국 운송사업자가 인도에서의 구간 버스 운행서비스에 대한 현장탐색에 착수한 것도 이런 점과 부합된다. 사업권 획득에 제한이 있지만, 특정 목적을 염두에 둔 도시와 도시기능을 연결하는 셔틀사업과 같은 파일럿 사업은 보다 넓은 영역에로까지 진출을 판단할 수 있는 잣대가 된다.

부동산개발 산업과 마켓

이 책이 나올 즈음이면 한국의 토지개발공사가 인도에 조사인원을 파견하였을 시점이 지났을 것이다. 1년을 기한으로 조사임무를 부여받고 나가니 비록 시기적으로는 늦기는 한 것이나 그래도 2009년에는 보다 구체적인 인도사업에 대한 구체적 검토가 나올 것으로 기대된다. 아니 이것도 이제야 현장조사를 명목으로 1년여를 걸쳐서 직원이 나설 것이 아니라 이미 이런 점에 상당한 정보와 이해를 축적한 진정한 인도전문인에게 자문을 구하는 것이 더 효과적이겠지만 기왕 파견방법으로 시작된 일이라면 옳게 되기를 바랄 뿐이다. 그렇지만, 솔직히 파견요원들이 어학을 이제야 익힌다고 몇 개월씩이나 사전 연수받는 모양이 되어서야 어디 저만치 앞서나간 경쟁국을 따라갈 수 있을까라는 의문은 떠나지는 않는다.

늦었지만, 비록 그것이 주택건설을 위한 Township 개발이 되었든지 아니면 한국기업의 입주를 위한 경제특구나 산업지구 개발이 되었든지 기업의 진출기반이 될 좋은 결과가 있기를 바라마지 않는다. 다만, 일전에 정부기관이 한국기업입주를 위한 인도 산업단지조성의 필요성을 조사한답시고 기존에 이미 인도에 진출한 기업을 대상으로 설문조사한 것과 같은 어이없는 일은 결코 반복되어서는 안 된다. 갖은 고생 끝에 가까스로 이미 진출한 기업을 대상으로 한 향후 공단필요성에 대한 설문조사의 결과는 무엇이겠는가? 아주 당연한 결과이겠지만 "산업단지? 이제 별 관심 없다. 필요 없다."였다.

그리고 인도 현지조사는 미래지향적인 관점에서 조사대상지를 선택하여야지 현재 이미 산업개발이 완료되었거나 저만치 앞으로 나간 지역에서 조사해서는 안 된다. 이미 개발이 완성된 거점이 아니라 장차 가능성이 높은 2,3의 거점으로 진취적으로 나아가 필요한 조사가 이루어져야 한다. 첸나이의 경우에도 현대자동차와 삼성전자가 진출한 지역으로 첸나이와 벵갈루루를 잇는 하이웨이 주변으로만 바라봐서는 이미 포화 지경이고 비용도 엄청나게 상승하여 효과를 얻기에는 어려움이 크다. 이를 탈피하여 차선으로 개발되고 있으면서도 향후 인프라 개발의 여지가 높은 기타지역으로 검토되어야 기업의 활동에 도움이 될 것이다. 다른 일례로 한국 제약 산업의 인도거점으로 중요성이 커지고 있는 하이데라바드에 대한 진출로 본다면 제약제조공장 진출과 관련하여서는 이미 이곳은 시효가 만료하였다고 보아도 무리가 없다. 즉, 공해유발 산업인 제약관련 대량생산제조공장은 이미 허가를 받은 기업 이외에 신규허가를 받기엔 거의 불가능에 가까울 것이라는 판단이다. 필요에 따라서는 안드라프라데시 주 공해조정위원회(PCB)의 예비인가를 협의하여야 하겠지만 순탄하지는 않을 것이다. 그렇다면, 대안으로 AP주가 추진하고 있는 제2거점인 바이사카파트남[56] 항구도시에서의 산업단지 조성사업에 눈을 돌려야 할 것이다. 필자가 2000년 초부터 일찍이 관련 산업보고서에서나 세미나 발표에서 제기하였던 것과 같은 IT기업 단지나 중소기업 전용공단조성 등에 대해서는 이후로도 여타 인도관련 연구기관들의 대정부 보고서에도 비슷하게 언급되어 이 점에 있어서는 많은 공감을 얻고 있다. 따라서 이제껏 조사된 정보에 대해 신중한 검토나 의견 청취도 없이 생뚱맞게 처음부터 출발하는 토지개발공사와 같은 정부기관의 산업단지 개발에 대한 인도접근을 기대와 우려가 교차하는 가운데

---

56) Visakhapatnam: AP주 2대도시로 인구 1,300,000 명을 보유한 항구를 접한 해안 도시로 석유산업과 석유화학 관련 투자유치 지역개발이 왕성한 곳이다.

기대해본다. 공공기관의 인도 부동산개발접근의 한 예가 이렇다면 일반기업의 경우는 어떨까?

2008년5월 구르가온에서 한국인 동업자들이 현지법인을 설립하고 개업식을 행하였다. 한국 대기업의 경영연구소에서 안정적인 직장을 다니던 이와 델리에서 오랜 기간을 거쳐 학업을 닦고 게스트하우스 운영과 한국기업을 대상으로 하는 부동산 알선 등 다양한 이력을 가진 이가 주축이 되어 만든 이 회사의 운영설정이 인도에서의 부동산개발 사업이라는 점이 주목을 끌었다. 사업의 전개가 어떻게 나아갈지 또는 어떤 특정 현안을 지니고 있는지에 대해서는 알려진 바는 없으나 부동산개발이라는 테마가 인도에서 한국기업에 의해 외부로 드러난 적이 처음이라는 점에서 관심을 끄는 것이다. 이제껏 기업차원에서의 인도부동산 개발은 인프라 건설프로젝트 이외 한국건설기업의 계약 공사에서조차도 전무한 실정인데 이러한 시도에 대한 귀추가 주목된다.

인도에서는 외국인 개인으로서는 합법적인 부동산 투자방법이 없는 가운데 어떠한 비즈니스 모델이 이들의 영업으로 제시될지도 궁금하기는 하나 인도에서의 부동산개발투자는 개개인의 투기성 접근은 불가능하다는 것이 일반적인 판단이다. 누구든 이에 참여하는 기업투자는 건전한 장기개발방식의 투자로 성장하기를 바라고 무분별하게 투자자들을 현혹시키는 일확천금 방식으로 벌어지는 기획부동산 사례는 결코 인도에서 재연되지 않기를 바라는 마음이다.

2008년 5월, 미래에셋증권은 벵갈루루와 첸나이에서 개발되는 DLF(인도부동산개발사)의 주택부동산 프로젝트에 공동투자자로서

5,000만 달러를 투자하기로 한다고 언론에 밝혀 최초의 인도부동산개발투자로 이에 대한 성과에 이목이 집중되고 있다. 다만, 염려스러운 것은 이들 두 지역에서의 주택개발 프로젝트가 이제까지의 수익창출 모델로서는 다소 늦은 감이 없지 않다는 점이다. 그 과정을 조심스럽게 지켜볼 노릇이다.

그 밖에 2007~8년 즈음하여 한국기업으로서 인도에서 시도되고 있는 부동산개발관련 사업은 우선 그룹사의 경우 날로 치솟는 오피스임대료와 불안정한 계약관계 등을 이유로 자체 기업 활동을 위한 사옥건립을 위한 움직임이 있다. 또 롯데백화점이나 롯데마트, 롯데건설의 델리진출처럼 그룹의 인도 진출을 위한 상업 부동산개발 목적용 현지탐색이 있다. 그러나 두 가지 경우 모두 용이하게 진행이 되는 것은 아니다. 사옥건립의 경우 관계회사라고 하여도 사옥개발법인과의 관계가 임대차계약에 의한 부동산 임대업으로 고려되어야 할 내용이 있어 법규를 살펴야 하고 롯데그룹의 경우에도 인도의 주요 대도시 중심상권에 있는 상업부동산 부지의 치솟은 토지가격에 큰 부담을 느끼고 있기 때문이다.

한국과 관련된 입장에서 바라볼 수 있는 인도 부동산개발 산업의 현황은 무엇일까?

인도의 부동산 개발을 세분하여 본다면 ①오피스 ②IT클러스터와 같은 비즈니스 파크 ③주택 ④호텔 및 Serviced Apartment ⑤물류기지 ⑥쇼핑타운 ⑦Township ⑧경제특구 및 산업단지 등이 있는데 물론 이 중에 오피스용 건물과 쇼핑몰 같은 분야에 있어서는 2008년 초 현행법규에 따른다면 외국인 투자접근에 있어서 제한적인 규정이 있다. 이 가운데 여기에서 중요성에 비추어 한국기업의 접근을 전제로 살펴볼 수 있는 분야로는 주택부동산

개발이 첫째이며 둘째로는 경제특구(SEZ)와 같은 인프라를 갖춘 산업단지 개발이 있고 쇼핑몰, 헤리티지 리조트 개발 등의 상업시설 개발을 세 번째로 들 수 있다.[57]

미개발지역에서 최소 15,000 이상규모의 복합주택개발이나 인프라개발을 전제로 최소 3만여 평의 개별주택단지개발이 외국투자자본에 허용된 주택부동산의 경우, 바야흐로 인도 전역에서 정확하게는 도시를 중심으로 재편성이 진행 중이다. 이는 인도의 중심도시, 최소한으로 하여도 24개 거점도시를 기준으로 예외 없이 이루어지고 있다. 주택부동산의 변화는 인도 중산층의 발호에 발맞추어 생기는 것이고 이 변화는 또다시 해외로부터의 자본, 주로 NRI에 의한 것이지만 이에 따라 광범위하게 퍼지고 있다. 인도 내부의 부동산시장에서 일컫는 중산층이란 범주에 속하는 인도인은 2011년을 기준으로 보아 약 2억 5천만 명에 달할 것이라는 분석이 있다. 주택부동산 구매력을 갖춘 인구를 이렇게 추정하는 것이다. 주택부동산 개발이 이루어진 하나의 사례를 찾는다면, 인도의 남서부 중심지인 뭄바이의 산업 배후도시인 푸네로 가보자. 단, 여기서도 다시 짚어야 할 점은 현재 인도부동산 개발에 따른 FDI규정은 계속하여 변하고 있다는 점에 유의하여야 할 것이다. 되던 것이 금지되는 것이라기보다는 좀 더 개방이 확대되는 측면이 있으니 진출결정에 있어 여건 조사는 늘 새롭게 검토되어야 한다.

고무줄 같은 인도성장도시의 인구를 정확히 짚기는 어렵지만 푸

---

57) 부동산 개발이란 수시로 변하는 법규에 따라 막대한 투자이익과 손실이 갈라지는 미묘한 분야이므로 이에 대한 판단은 보다 전문적인 분석을 필요로 한다. 외국인의 인도부동산 투자에 대해 참고가 될 만한 전문회사로는 인도 6대 주요도시와 한국에도 지사가 있는 Jones Lang La Salle Ltd의 자료를 참조해 볼 필요가 있다.

네는 인구 5백만에 육박하는 거점도시로 외부의 유입인구가 인도 전체 도시 중에서도 가장 빠르게 늘어나는 지역이다. 간략히 그 배경을 살펴보면 이유는 명료하다. 그것은 산업의 발전이다. IT와 자동차 산업을 필두로 다양한 제조업이 융성하고 인도 명문 고등 교육도시답게 국내외로부터의 유학생이 적지 않은 기타 배경도 지니고 있다. 시내 중심부에서 그리 멀리 떨어지지 않은 농지를 공동으로 개발하여 이룬 마가르파타 시티는 푸네의 산업발전의 방향을 내다 짚으면서 한발 앞서서 개발된 부동산 프로젝트의 성공적인 모델이다. 총 57만여 평에 달하는 면적에 IT기업을 위한 연구단지와 일부 무공해 제조업시설이 2만 8천여 평의 경제특구 기업단지 그리고 7,000세대에 이르는 배후 거주단지와 주민을 위한 상업시설, 교육시설이 복합되어 개발된 마가르파타 시티는 어느 자본기업의 독자적인 개발로 이루어진 것이 아니라 이곳에 원소유의 토지를 갖고 있는 토착 개발사가 주변의 120여 명의 농민들과 지주회사를 만들어 공동개발한 성공적 사례이다.

농민은 소유한 땅을 내놓고 개발이익을 배당과 운영수익을 통하여 지속적으로 누림은 물론 농사에서 전업한 이후 농민 각자 각각의 능력에 적합하게 복합타운의 여러 직종에 취업하여 고정적인 수입을 받음으로 자본가 주민이 이루어낸 성공적인 개발모델이 되었다. 전체 주거지 아파트먼트는 2008년 초 마지막 공사 중인 것을 제외하고는 이미 분양이 완료되었고 1,2차 분양된 아파트먼트에는 벌써 입주를 하여 생활하고 IT파크에는 관련 대기업의 입주가 완료되어 타운개발은 성공적으로 마무리되었다. 이러한 성공여세를 몰아 개발회사는 푸네 지역에 2,3의 중소형 타운개발로 이어지고 있다. 이러한 개발사례는 오릿사에서 행해지는 제철소부지에 속한 주민의 이주 및 재활대책에 있어서도 참고가 될 수 있다.

대대로 이어져 온 삶의 터전을 대토와 보상비로만 해결할 수 없는 정서적 상실감을 장기적인 이익 실현의 참여와 과정의 동참으로 끌어안는 것이 어쩌면 그들이 지내온 오랜 세월에 대한 진정한 보상이 될 것이다. 자본의 논리에 의한 단독개발이냐 참여를 통한 공동개발이냐는 판단은 역지사지의 시각이면 충분히 이해될 화두이다. 자원 확보에 사활이 걸린 현대산업에 있어 자본의 가치는 쌓아놓은 화폐의 무게에만 좌우되는 것이 아니라 보존된 자원과 함께 쌓아온 세월의 무게도 함께 계산되어야 마땅한 것이다.

이처럼 주택부동산 개발에서는 그린 필드의 개발과 함께 화두로 떠오르는 것은 도심 재개발 사업이다. 뭄바이 빈민가 재개발은 기본골격이 마련되어 단계별 개발착수를 앞두고 있다. 뿐만 아니라 이보다 훨씬 수월한 추진을 할 수 있는 기존 상가건물에 대한 재개발은 끊임없이 거론되고 있다. 릴라이언스 그룹이 뭄바이 도심에 있는 예전의 방적공장을 인수하고 그 자리에 대형쇼핑타운 개발을 나선 것도 재개발의 사례가 될 수 있다. 여행자의 천국이라고 불리는 델리 기차역 앞에 펼쳐진 델리의 파하르간즈에 대한 재개발 이야기도 끊임없이 나오고 있다. 연방 수도 델리에서 도심 중심에 가장 혼잡하고 미개발된 상태로 방치되고 있는 이 지역의 개발가치는 이루 말할 수 없이 크다. 이 점이 DLF 등 굴지의 인도 부동산개발회사들이 눈독을 들이고 있는 까닭이다.

개발에 관한 한 건물 소유주들과의 이해관계는 이미 정리된 상태이나 정부의 개발허가에 대한 합의를 얻어내고 있는 중이다. 레드포트 등 도심에 산재된 문화유적지와의 관계나 영세 상인들의 이주 등이 지역 재개발에 있어 해결해야 될 과제이기도 하지만 3층 이상의 불법건축물로 난립된 파하르간즈의 주상복합타운 재개발방식은 조만간 가시적인 절차에 들어갈 것으로 예상된다.

주상복합타운의 재개발에 대해 많은 선 경험을 가진 한국의 건설 회사들이 국내에서 떠도는 부동산투자 자금을 부동산 펀드로 결집하여 이를 인도개발사와 공동 추진하는 것 역시 전혀 가능성이 배제된 상황은 아닐 것이다. 추진과정에서의 어려움이란 당연히 예상되는 것인바 이에 대한 펀드성격의 규정과 절차 그리고 합작시행의 조건엔 충분한 검토가 뒤따라야 함은 물론이다.

지난 2006~7년 2년 동안 인도에서 들어온 부동산 공동개발에 대한 러브콜은 부지기수이다. 그 중 대부분의 경우가 대도시 인근에 토지를 소유한 소규모 건설회사로부터의 러브콜이다. 시행 자본력과 기술력이 부족한 인도회사의 합작제의는 개발사례에 대한 구체적인 정보를 갖고 있지 못한 한국건설사들의 소극적 대응으로 아직까지 착수된 경우는 없지만 지금 이 시점에서도 양측 사이에 여전히 물밑 접촉은 계속되고 있다.

그러나 일부에선 인도부동산 거품론이 제기되고 있고 수요에 대한 예측이 분분한 만큼 단기적인 승부보다는 장기적인 인도사업의 현지화 전략이라는 관점에서 인도 부동산 개발투자사업을 이해하여야 할 것이다. 최근 미래에셋맵스 자산운용이나 KB자산운용이 인도의 주택부동산투자에 참여할 뜻을 발표하는 등 한국으로서도 대규모 자본이 인도 개발사를 통하여 진입을 시도하고 있다. 그러나 할 수 있다면 싱가포르의 아센다스나 두바이 자본처럼 직접 개발 사업을 감행하는 것도 향후 장기 전략에서 더 의미가 있는 행보가 아니겠는가? 지분인수방식의 진출 그리고 배당이득을 통한 펀드이익 환수에는 그리 쉽지 않을 것이라는 의견이다. 그보다는 아센다스 그룹의 인도 부동산개발사업 전개를 벤치마킹하는 것도 유익할 것이다.

　주택부동산 개발에 대한 논의는 좀 더 공개적으로 되어야 한다. 벵갈루루 신공항으로 이어지는 외곽지역에 NRI타운 개발과 맞물려 이에 대한 한국인들의 투자개발논의가 암암리에 거론되고 있다. 기존택지 내에서의 소규모주택개발에 있어서는 허용되지 않는 100% 외국인투자를 현지기업의 이름으로 우회하여 시행하려는 이러한 움직임은 불법일뿐더러 사업 자체의 결과에 있어서도 불확실성이 매우 크기 때문에 한국인들의 개인적인 투자는 매우 위험하기 짝이 없다. 아직 어느 경우에도 인도현지기업이나 현지인 명의를 빌려서 하는 주택부동산 투자는 성공한 사례가 없다. 얼마 전 인도 남부 휴양도시인 고아 일대에 있어서 유럽인들이 우회적인 방법으로 소유한 주택에 대해 소유권을 인정하지 않는 대법원 판례가 나온 점도 유의하여야 할 내용이다.

　한국기업의 접근으로 살펴볼 수 있는 인도 부동산개발의 두 번째 이슈는 경제특구나 산업단지 등 인프라 개발이다. 해외자본이 이 분야에서 거둔 성공적인 사례로는 싱가포르 정부투자기업인 아센다스 그룹을 들 수 있다. 그 외로는 말레이시아와 두바이에서의 자본투자가 활발한데 그 가운데에 해외거주 인도인, 즉 NRI의 역할이 매우 크다. 하이데라바드 신공항의 개발에는 말레이시아의 자본이 그리고 코치 등에서의 항만개발과 IT 클러스터 개발 및 공항 주변 복합타운 개발에서 두드러진 활약을 보이고 있는 두바이 자본 등에는 NRI의 자본 역시 동참하고 있다고 판단된다.

제주국제자유도시 개발 사업에도 참여를 표명한 바 있는 Ascendas의 인도 부동산 개발성공사례는 벵갈루루의 화이트 필드에 있는 ITPL[58]에서 첫 페이지를 장식하고 있다. 벵갈루루를 유명하게 한 IT산업의 클러스터는 첫째가 전자도시(Electronic City)이고 다음이 화이트 필드인데 그 개발의 중심엔 ITPL이 있다.

▲ ITPL
벵갈루루 ITPL(IT Park)

인도 연방정부와 싱가포르 정부 사이에 먼저 투자 산업클러스터 개발에 대한 의논이 있었고 이후 싱가포르투자기업인 아센다스와 카르나타카 주 정부 사이의 컨소시엄이 결성되어 착공에 들어가 2002년부터 상업서비스가 개시된 ITPL은 표면적으로는 주 정부와의 컨소시엄이지만 자본과 운영의 주체는 아센다스가 전적으로 맡았다.

주 정부는 컨소시엄 대가로 프로젝트별로 최소 5%에서 20%에 달하는 일정지분을 갖고 있지만, 사업시행과정에서도 토지매입에서의 역할이 종료된 이후 행정적 지원 이외의 모든 관계는 아센다스가 추진하여 결실을 맺었고 이는 이후 인도에서의 산업 클러스터 개발의 전형적인 모델이 되었다. 산업클러스터의 개발에서 가

---

58) ITPL: International Tech Park Ltd 벵갈루루 외곽 화이트 필드의 안쪽에 자리한 IT복합타운으로 IT개발회사 사무동과 쇼핑몰 그리고 주거시설이 함께 개발되었다. www.intltechpark.com을 참조

장 중요한 것은 필요한 부지의 매입이다. 이를 다수의 개인으로로부터 사유지를 수용하거나 공공용지를 매입 또는 99년 또는 95년식으로 장기임차를 받는 과정에 있어서 해당 주 정부는 이를 법률적으로나 행정적으로 뒷받침하고 이에 준하는 개발컨소시엄시행사의 일정 지분을 소유하게 되고 컨소시엄의 주관사인 투자개발사는 이를 집행하는 구체적인 실무를 책임지고 분양과 임대사업추진도 도맡아 처리하게 된다. 개발에 대한 모든 책임과 권한은 실질적으로 컨소시엄 주관사인 민간개발사가 지는 것으로 해외자본의 인도 산업부동산개발에서는 이러한 모델이 거의 모든 영역에서 적용되고 있다. 일부 공항과 항만 등 대형프로젝트에서는 주 정부기관 대신에 주 정부 산하의 인프라개발공사 또는 산업개발공사 등이 주 정부를 대신하여 사업추진과 사후운영의 공동주체로서 등장하는 예도 있다.

벵갈루루 성공사례는 이후 아센다스로 하여금 하이데라바드, 푸네, 첸나이, 나그푸르 등지에도 유사한 프로젝트를 벌려나갈 수 있게 하였고 거의 대부분 성공적인 결실을 맺었다. 이런 결과에 힘입어 아센다스는 2007년6월 Ascendas India Development Trust (AIDT)라는 인도개발 지주회사를 설립하게 되었다.

토지개발공사나 산업단지공단 등 한국 공공투자기관이나 자산운용펀드가 인도의 인프라개발 마켓을 고려한다면 아센다스 경우의 벤치마킹이 그대로 주효할 것이다. 만약 차이가 있다면, 한국의 개발투자 경우 한국 기업의 입주를 대상으로 하는 것에 그치기가 십상인 반면에 아센다스의 영업은 말 그대로 글로벌 기업유치인 점이 다르다. 이점에 있어서 일차적으론 한국기업을 염두에 둔 클러스터 개발이겠지만 규모의 경제를 이루거나 효율적 운영을 위해서는 아센다스의 글로벌 영업에 대한 사례학습도 소홀히 할 수 없다. 이미 포화상태에서 유리하지 않은 입지에서 무리한 개발프로젝트를 시행하려 하기 보다는 수요를 예측할 수 있는 성장 예정지역에서 적은 투자로 큰 기대효과를 얻을 수 있도록 적극적인 입지선정 노력이 요구된다.

현실적으로 이미 지가상승이 천정부지로 오른 1Tier 대도시는 현실적으로 불가능하고 2,3Tier 중 성장가능성이 높으며 또한 한국의 진출기업성격과 해당 지역의 주 정부의 추진정책이 잘 부합되는 곳에서 반발 앞선 투자를 하여야 한다. 그 가능성으로는 제약 산업 제조단지나 자동차 부품산업 생산단지, PCB 정밀금형 등 전자산업 핵심소재단지 그리고 이와 연관된 R&D 클러스터 등이 고려될 수 있다.

이러한 시도를 특정지역의 형편에 비추어 생각해보기로 하면 푸네 지역을 예로 들어 설명할 수 있다. 이는 푸네를 하나의 지역적 배경을 가진 예로 들고자 함이지 이 책이 발간된 이후의 지역사정이 계속하여 이러한 예에 적합할 지에 대해서는 의문의 여지가 있다. 그만큼 인도의 변화가 그리고 푸네의 변화가 빠르다는 것을 염두에 두자는 이야기이다. 푸네 이후의 거점으로 코치와 마이소르, 코임바토르, 데라둔, 실바사, 수라트 등등 앞서의 변화가 적용될 후보지들에 대한 주목도 결코 소홀할 수 없다는 것이다.

푸네에 대한 이해로는 먼저 두 도시(뭄바이와 푸네)의 상관관계를 이해하여야 하는데, 이는 한국에서 부산을 뭄바이와 같은 성격의 중심거점으로 비교한다면 푸네는 부산 인근의 울산이나 창원과 같은 역할을 한다고 할 수 있다. 뭄바이에서 Express way와

NH4(National Highway 4번)으로 연결된 푸네는 이러한 사정으로 뭄바이의 경제성장에 필연적인 산업거점 도시로 성장하였고 높은 성장세를 보이고 있는 곳이다.

뭄바이에서 도로는 165KM 떨어진 곳으로 차량이동으로 약 3~4시간이면 도달할 수 있는 곳인데, 이곳에는 인도 남부에서의 물류 확보를 위해 세워진 LG전자인디아의 인도 제2공장이 있는 란잔가온(Ranjangaon)의 MIDC산업단지와 GM자동차와 POSCO 코일 센터가 있는 Talegaon 등 약 12개의 산업단지가 조성되어 입주기업들이 조업하고 있다. 최근 급격히 늘어난 5백여만 인구를 가진 이 도시는 전통적으로 인도 도시 중에서도 많은 고등교육기관을 가진 교육 도시로 알려졌고 산업적으로는 자동차 산업의 중심지로 알려졌다. 지역에는 언급된 바와 같이 LG전자의 가전 생산을 위한 제2공장 외에 최근에는 휴대전화를 조립생산하기 위한 베이스가 구축되고 있으며 LG전자에 납품을 위한 포스코의 강판 공급시설도 진출하였고 현대중공업 건설장비 제조공장이 마련되는 등 이 밖에도 GM대우와 관련하여 1차 벤더로서의 한국 중소기업 5~6개 그리고 마하라스트라 주를 중심으로 하는 상권진출을 위하여 크고 작은 다수의 기업이 계속하여 진출을 모색하고 있다. 이를 위한 사전 교두보로 연락사무소나 지사 등의 설립이 활발한 지역이 푸네이다.

이런 환경을 가진 푸네에서 산업용지의 공급은 세 가지 경우가 있는데 마하라스트라 주 정부 산하의 공기업인 MIDC와 민간 기업이 참여한 경제특구 그리고 산업 단지가 있고 이밖에 개인이나 개별기업이 소유한 사유지 공급이 있다. 그중에서 가장 큰 비중을 차지하고 있는 공공 산업단지를 담당하고 있는 MIDC의 활동

과 성격을 살펴보면, 이러
한 역할을 하는 공기업은
인도 28개 주마다 하나 내
지는 둘 정도가 설립되어
있다. 따라서 MIDC의 이해
는 유사한 내용으로 운영되
는 인도의 다른 주 경우를
이해하는 데에 도움을 줄
것이다.

MIDC는 1962년 법령에 의해 설립된 Maharashtra Industrial
Development Corporation으로 산업단지 조성과 관리를 위해 설
치된 주 정부의 공기업이다. 각 주 정부마다 관계 법령에 근거하
여 산업지구 개발과 관리라는 유사한 목적을 위해 설립하게 되는
데 그 예로 현대자동차를 필두로 하여 약 120여 개의 한국기업이
진출한 첸나이의 타밀나두 주 정부에는 SIPCOT이라는 개발공사
가 있으며 께랄라에는 KSIDC, 우타라칸드에는 SIDCUL이 있
다.[59] MIDC의 산업용지 공급은 두 가지 형태로 나누어진다. 하
나는 경제특구의 개발과 일반 산업단지의 개발이 그것이다. 경제
특구(SEZ)는 중앙정부의 경제특구 위원회의 승인을 받아 이루어
지는 사업이고 주 정부의 시행에 따라 이루어지는 일반 산업단지
개발은 지역의 경제 활성을 도모함은 물론이고 인프라가 부족하고
행정처리가 늦은 인도에서 일정 지역에 대한 토지 수용 및 형질변
경 등 행정을 일괄처리하고 필요한 인프라를 신속히 갖추어주는
개발 사업이다.

---

59) 인도 주별 단위 개발공사 리스트: www.gate4india.com 동향과 정
　　보 메뉴참조

현실적으로 한국기업으로서 경제특구에 대한 접근은 규모나 위치 그리고 필요성에서 제한적이므로 산업단지 위주로 살펴보면, 단지는 개발사업체에 의해 장기임대방식의 분양을 하고 있다. MIDC의 경우에는 95년 임대조건이며 만기 이후 계약을 갱신하여 재사용할 수 있다. 95년 후의 일이긴 하지만, 계약갱신이 보장된 경우로 거의 영구임대에 가깝다고 판단된다. 기존 단지에서 일부를 임대받기도 하지만 GM이나 포스코 코일센터 같은 경우는 기존의 산업단지 분양과 달리 취급되어 별도지정 공급하였는데 이는 대규모 투자와 고용 효과를 내세워 주 정부와 부지제공의 협의가 이루어지기 때문에 가능한 빅딜이기도 하다. 이 점에서 한국의 토공과 같은 공공기관의 인도 산업단지 부동산개발 사업을 해당 주 정부와 상호 논의할 수 있다.

앞서 언급하였듯이 푸네를 중심으로 일대에는 12개의 MIDC 산업단지가 있으나 필지가 남아 있는 것 대부분의 IT, ITES 그리고 BT나 제약 등 지식산업과 관련된 분야에 한정되어 있어 일반제조업의 공장부지에 대한 공식적인 MIDC 추천으로는 푸네에서는 뭄바이에서 더 멀어지는 남동 방향으로 45Km 내려간 곳에 있는 제주리 단지를 이야기하고 있으나 여건 등에서 불리한 위치가 아닐 수 없다. 이러한 용지부족이 이즈음 진출하고자 하는 한국기업들에 어려움을 안겨주고 있어 결국 높은 가격의 사유지나 기존 분양된 MIDC 필지에 대한 프리미엄 양도를 현지 브로커를 통해 소개받고 있는 실정이다.

사유지 가격의 상승이 어느 정도인가를 실감하기 위한 실례로 푸네 시내에서 LG전자 인디아가 있는 란잔가온 지역으로 32Km 나가서 65번 산업도로에 접한 필지의 2006년 7월의 조사가격은 에이커 당 35Lakh이였는데 2007년 이곳보다 푸네 시내에서 더 멀어진 지점의 조사가격은 에이커당 1.3 Crore로 약 400%의 호가 상승이 있음을 알 수 있다.

참고로 이 지역보다 지리적 위치에서 더 좋은 곳으로 평가되는 차칸 MIDC의 공급가격은 에이커당 49랙으로 사유지에 비교하여 본다면 가격은 물론 제반 인프라 구축비용 등에서 적지 않은 이점이 있음을 이해할 수 있다. 이런 비교에서 알 수 있는 공공용지 개발의 장점들이 성장거점에서 한국의 공공기관이 중소기업을 위한 산업단지 개발 사업을 보다 적극적으로 검토해야 할 필요성이다. 기존의 산업단지와는 별개로 개발할 수도 있겠지만, 경우에 따라서는 개발 초기에는 주 정부 산업단지 안에 협의에 따라 한국공단을 조성하는 것도 가능한 협상이다.

상기에서 살펴본 푸네와 다른 지역에서의 경우는 크게 차이 날 것은 없으나 장기임대기간 조건에서 적게는 4년 길게는 10년이 차이가 있고 계약기간 중 제3자에게 양도할 경우 직접양도가 가능한 경우 또는 공단에 반납하여야 할 경우 등으로 구분되면 제3자 양도일 경우에도 프리미엄 양도의 가능성 유무가 각 주 정부의 정책에 따라 다르며 프리미엄 양도의 경우에는 지역 개발공사와 소유자 간의 이윤 배분에 있어 차이가 있으니 이점은

▲ 판트나가르 산업단지 입구
우타라칸드의 판트나가르 산업단지 입구

사전에 문서로 된 규정을 확보하여 살펴봐야 할 것이다. 기 공급된 공단용지를 프리미엄을 주고 양수를 할 경우 거래에 대한 합법성 여부를 브로커의 말만 의지하지 말고 거래 이전에 해당 관리공사에 직접 확인하여야 함도 잊지 말아야 한다. 경험에 의하면 지역 관리공사에서 본안에 유권해석을 명확히 해 줄 수 있는 책임자는 한두 명에 지나지 않다. 답답한 마음에 해당 지역 관리공사 직원이라 하여도 아무나 붙잡고 물어보고 답변을 들을 일은 아니다.

첸나이나 코치 등 대도시 공단은 물론 인도 북부 신흥 개발지 우타라칸드의 판트나가르 등 중견도시 산업단지를 포함한 여러 지역에서 공단부지의 초기 공급가액과 수년이 지난 지금 부지가치를 비교하여 보면 적게는 2~3배 많게는 5배까지 크게 상승하였음을 알 수 있어 이에 대한 한국 관계기관의 관심이 필요하다. 이는 시기적으로 늦을수록 그만큼 진입비용이 기하급수적으로 늘게 된다는 것을 의미하고 있어 사전대책 마련이 시급하다.

2010년까지 최소 900여 개에서 천여 개까지 예상되는 인도의 상업시설 개발의 대표적인 사례는 쇼핑몰개발이다. 2000년 초 델리에 안살 플라자라는 최초의 현대식 쇼핑공간이 출몰한 이후 2004년을 기점으로 사방에 우후죽순으로 건립되는 쇼핑몰은 인도 도시인의 삶의 패턴을 바꾸어 놓을 만큼 혁신적이다. 틈이 나거나 휴일이면 인근 쇼핑몰로 몰려오는 도시의 소비자들은 여가생활의 최우선 선택으로 꼽았던 TV시청을 이제는 쇼핑몰 방문을 꼽고 있다. 먹는 것부터 쇼핑하는 것, 즐기는 볼리우드와 헐리우드의 영화 관람까지 에어컨이 펑펑 쏟아지는 쾌적한 쇼핑몰에서 젊은이들은 물론 가족단위 외출이 몰리어 소비 천국을 이루고 있다. 자연히 도시 중심지역에서의 쇼핑몰 건립에 많은 사업자가 참여하게 되었고 이는 지방거점도시로까지 급속히 확산되었다. 이를 이끌어가는 주사업자들은 델리에 기반을 둔 Ebony Retail Holdings, 뭄바이 본사인 Rajan Raheja Group, Pantaloon Retails 그리고 두바이 자본의 Landmark 그룹 등 일일이 열거하기에도 숨가쁘게 국내외에 기반을 둔 많은 기업들이 참여하고 있다.

신 형태 유통산업의 대표적인 사례로 등장한 쇼핑몰의 성장은 인도 유통산업의 현대화 비율이 미국과 일본에 비교하여서는 물론이지만, 유통산업의 20%를 현대화한 중국에 비하여서도 훨씬 뒤처져 있다는 사실에서 지속적인 성장 여지를 점쳐볼 수 있다. 이러한 점에서 신 유통산업에 쏟아질 자본 투자는 2007년에만 하여도 약 4억 5천만 달러에 달하였고 2010년까지 45억 달러에 달할 것이라는 예측이 나오고 있다. 무엇을 근거로 몇십 억 달러라는 숫자까지 정확히 제시되는지는 알 수 없으나 참여한 그룹들이 언론보도를 통하여 내놓은 매장확대 계획과 투자자본 규모의 발표는 이러한 예측에 신빙성을 더해주는 것은 사실이다. 델리와 뭄바이 그리고 첸나이 등 대도시에서의 대형 쇼핑몰 건축을 위한 부지확보 전쟁은 도심상권에서 부도심상권으로 넘어갔고 제1대 도시에서 이제 2,3 도시로 각축전이 넘어가 필자가 돌아본 지방의 중소도시에까지 쇼핑몰 건축으로 분주하였다. 몇 년 전 이동통신 사업자의 요란한 광고각축전을 방불케 할 만큼 도시는 주택타운 건립과 쇼핑공간을 주로 한 상업시설 개발을 알리는 입간판으로 도배되다시피 하였다. 이러한 현상은 6대 대도시를 벗어나 2,3의 도시로 갈수록 더욱 치열하다.

쇼핑몰을 중심으로 한 인도 상업시설에 대한 한국의 접근은 인도정부가 외국자본의 소매업 투자를 100% 완전 개방하기 이전까지는 구체화하기엔 무리가 있다. 51% 지분으로 제한된 소매업 영업에서 지금까지 외국기업의 진출 방식은 라이선싱 진출이거나 합작방식이지만 한국기업의 현실로는 라이선싱은 불가능한 것이고 지금으로서는 합작관계나 좀 더 시간을 두고 정부정책의 변화를 주시하여야 할 것이다.

이 분야에서 가장 빠른 행보를 보이는 것은 롯데그룹이다. 델리에 오피스를 설치하고 인도 소매시장에 대한 검토를 계속하는 동안 2005년부터 인도기업과의 유통업 합작사업도 논의가 된 바 있었으나 양자의 합의 불발로 성사되지는 못하였다. 한국시장에서 패한 월마트가 인도에선 단독진출을 포기하고 바르티 그룹과의 제휴로 프랜차이즈 방식의 진출을 꾀하는 것과 달리 아직 롯데는 단독진출의 기회를 모색하고 있다는 분석이다. 이에 대한 진전 여부는 관계법의 마련과 부지확보에 달렸다. 최근에는 델리 중심부에 적정부지확보에 전력을 다하는 롯데의 전략이 결실을 본다면 이후는 소매영업에 대한 추진전략일 것이다. 첸나이 기반의 인도상장기업인 Parri's의 지분을 초기 60%대에서 인수한 롯데그룹은 이를 일반투자자 지분을 추가로 매집하여 80%에 가까운 지분으로 끌어올린 후 상장폐지를 하고 회사명도 롯데인디아로 개명하였다. 이는 단독진출에 가까운 효과를 보고 있다. 이러한 관계가 이후 롯데그룹의 인도소매유통업에 대한 우회진출이 될 것인가에 대해서는 명확한 해석이 될 수는 없으나 적어도 외국자본의 멀티브랜드 인도소매업 단독진출을 허용하지 않은 현행 법률의 입법취지에 반하는 것으로 이를 통한 소매업 직접진출은 아직도 유보적이다.

그런 가운데 롯데의 인도 부동산 확보노력은 두 가지로 나갈 수 있다. 하나는 100% 외국인투자에 대한 인도정부의 방침변화에 따른 대응이고 다른 하나는 상업부동산개발 그 자체에 대한 전략이다. 상업부동산 개발과정 중 다행히 인도의 FDI정책변화가 있을 경우에는 이를 소매유통업진출로 전환할 수 있을 것이며 마땅하지 않으면 분양 및 운영사업의 진행으로도 유효할 것이기 때문이다. 롯데의 이러한 인도 행보는 부동산개발 산업에 있어서의 여타 한국기업의 소극적 대응과는 대비된다.

비교한다면 한국의 중소기업진흥공단이 서울 목동에 보유하고 있는 "행복한 세상" 백화점의 출자취지에 맞추어 인도소매시장에서의 한국 중소기업제품의 유통센터 건립을 검토하는 것도 상업부동산개발에 있어 고려할 수 있는 전략이 된다. 사실 중소기업의 인도소비시장진출은 인도수입상이나 유통기업을 통하여 발판을 구축하기에 많은 난관이 있다. 이러한 형편에서 거대소비시장으로 부상한 인도 상권에 대한 공공기관의 공격적인 해외직접마케팅 지원은 부동산개발이라는 점과 맞물려서 의미가 적지 않을 것이다. 이에는 최근 인도 진출을 고려하고 있는 토지개발공사의 전략과 병행하여 검토될 수 있을 것이다. 제조기업을 위한 공단조성도 가능한 방안이며 아울러 소비시장 확보를 위한 상업시설개발도 소홀히 할 수 없는 분야이다. 그러나 최근 정부조직 통폐합 분위기에 휩쓸리어 중소기업청이나 중소기업진흥공단과 같은 중소기업지원조직에 대해 해외진출 지원 시스템이 축소 지향적으로 변질되고 있는 동향에 대해 염려하지 않을 수 없다. 중소기업지원시스템이 있음에도 불구하고 아직 기대에 미치지 못할 정도로 미흡한데 이마저도 폐지 또는 코트라 등으로 이관시킨다면 이 조치 이후 중소기업 해외진출지원정책이 효과적으로 펼쳐질 수 있는 여지는 점차 사라질 것이라는 우려이다.

앞서 살펴본 부동산개발마켓에 있어서 한국의 진출기회는 주로 단독 진출이거나 인도 주 정부 투자기관과의 협력에 기인한 공동 프로젝트 진출의 예이지만 일부에 있어서는 여전히 인도기업이나 지역 커뮤니티와의 공동개발사업도 주목하여야 한다. 인도 내에서 각종 산업에 관련한 컨퍼런스에 참석하거나 개별면담을 하는 자리에서 필자에게 지한파 인도정치인이나 행정요직의 인물들로부터 드물지 않게 비즈니스 중계에 대한 제안을 받게 되는 경우가 있는데 그 중 적지 않은 내용이 자신의 정치적 배경이 되는 지방거점 도시에서의 부동산개발 사업이다.

뱅갈루루에서 불과 140Km 정도 떨어진 마이소르 지역에서의 업무용 시설과 골프코스를 겸한 리조트시설의 복합타운 개발이 그의 한 예이다. 뱅갈루루 도시의 과포화로 인한 소화불량을 도와줄 배후도시로서 중요성이 커지고 있는 마이소르에서의 부동산개발은 IT기업의 배후기지와 해외제조 산업유치를 위한 기반 조성이라는 공공부문의 목적과 조화를 이룬다면 인도라는 환경에서도 상당한 투자가능성을 지니고 있다. 다만, 한국사회에 팽배하여 있는 인도에서의 합작사업은 필패라는 선입견을 어떻게 부식시키고 이를 긍정적으로 논의해 갈 수 있느냐가 선결과제이다. 이는 실제로 현지에서 인도인과의 합작관계를 순조롭게 이끌어 갈 수 있는지를 다른 해외기업의 개발 진출의 예를 참고함으로 적합한 방안을 마련하느냐에 해결의 실마리가 있다. 과거 치밀하지 못한 준비로 빚어진 쓰라린 실패의 사례에만 머문다면 인도 진출의 범위는 지금의 한계에서 벗어날 수 없을 것이고 얼마 전까지는 일본이나 중국 등에 앞섰던 우리 기업의 인도 진출도 곧 뒤처질 것이 분명하다. 더구나 지역에 대한 복합타운의 부동산개발사업은 절대적으로 단독 진출보다는 아센다스나 푸네의 마가르파타 시티의 개발의 예에서

볼 수 있듯이 단독진출보다는 토지소유주를 포함한 지역 커뮤니티
와 융합된 개발이 더욱 효과적이라는 점에 유의하여야 한다.

스포츠용품 · 패션·엔터테인먼트 산업의 마켓과 신 소비자 출현

인도에 인라인 스케이트를 팔아라! 2007년10월 스포츠용품시장
에 대해 전혀 경험이 없던 가운데 인라인 스케이트를 가지고 뭄바
이에 들럿다. 그래도 뭄바이인데 뭔들 없지는 않겠느냐는 생각으
로 뭄바이 시장바닥을 샅샅이 조사하기 시작하였다. 사실은 인라인
스케이트가 주목적은 아니었고 당시 가전제품에 소용되는 파워코
드 생산을 아웃소싱하기 위해 뭄바이에 본사를 둔 제조업체를 방
문 상담하는 참에 2~3일간의 여유를 가지고 스포츠용품 도소매
시장을 조사하는 계획을 세웠다. 그 결과 오페라 하우스를 일대로
한 스포츠용품 도소매상 집단을 찾았고 기대하지 않았는데 그곳에
서 인라인 스케이트를 판매하고 있었고 점포당 하루에 1~2개 정
도 팔리고 있다는 사실을
확인하였다. 진열된 모두
가 중국산 저가품으로 한
눈에 보아도 조악한 제품
들이다. 여러 점포를 샅샅
이 찾아보았건만 아직 한
국산　　인라인스케이트는
없었고 중국 브랜드 4종
류가 품질수준에 따라 가
격을 달리하며 판매되고
있었다.

▲ 뭄바이 스포츠용품점
뭄바이 스포츠용품 도매점

▲ 푸네 청소년 축구단
푸네에 있는 청소년 축구단

도소매상 오너들과 이야기를 나눈 결과 최근 들어 인도에서 인라인 스케이트가 팔리고 있단다. 아파트 주거문화에서 등장한 포장된 광장 즉 광장문화가 만들어지고 넉넉해진 아이들의 소비력 덕분에 신 소비자가 형성되었단다. 그 참에 팔리고 있는 제품들을 살폈다. 농구공이 의외로 많았고 축구공 등 구기 종목의 용품들이 보였는데 나중에 자세한 설명을 듣고 이해가 되었다. 학교 체육이었다. 사립학교와 방과 후 스포츠클럽에서는 최근 농구장 건립이 붐을 이루고 있단다. 방학 중 해외에서 농구를 체험하고 온 아이들이 많아지면서 생긴 이른바 "외국에서의 경험을 모국에서도"의 소비자계층이 형성된 것은 물론 케이블 방송을 통해 전파된 NBA의 영향이 없지 않을 것이다. 이러한 분위기를 비즈니스모델로 채택한 중상류층을 대상으로 한 동네 곳곳의 유소년 클럽에서의 커리큘럼이 한 몫하고 있다.

명함을 주고받고 짜이 한 잔을 대접받았던 오페라 하우스 뭄바이 용품대리점 오너는 필자에게 스포츠용품 제조사와 수입대리점의 명단이 적혀 있는 파일을 보여주면서 우선 델리에 있는 스포츠시대 편집장을 소개해 주었다. 그가 스포츠용품업계의 마당발이란다. 충분히 이해가 되는 유통구조여서 다음 날 당초의 일정을 변경하여 델리로 올라갔다. 그로부터 전해 들은 인도의 스포츠용품의 시장은 이제부터란다. 사립학교를 중심으로 일고 있는 실내체

육관을 이용한 스포츠의 활성화가 새로이 붐을 이루는 신시장이고 개인의 여가생활로 테마파크나 놀이동산 등 아웃도어로 나가는 생활의 변화로 인한 엔터테인먼트산업이 신시장이며 유소년과 청소년 등 부모로부터 지원받는 자녀세대가 신 소비자계층이라고 한다. 2010

▲ 테니스 코트
아파트와 오피스가 같이 있는 콤플렉스에 있는 테니스 코트.야간조명시설을 갖춤

년 델리의 영연방 대회를 전후로 높아지는 스포츠의 관심이 인도인의 소득증가와 맞물려 더욱 상승할 것이라는 예측이다. 그 이후 얼마동안은 인도의 스포츠시장을 관심을 가지고 지켜보았다. 그의 예측은 정확하였다.

어느 도시를 막론하고 인도에는 공원이 산재되어 있고 이 공원에는 이른 아침부터 운동을 하러 나온 이들로 아침이 소란스럽다. 이전 같으면 요가 체조 정도로 조용할 공원엔 배드민턴을 즐기는 이들이 있고 조깅을 하거나 속보로 체중관리를 하는 인도인들이 늘었다. 조기 축구를 하는 모습도 흔치는 않지만 찾고자 한다면 찾을 수 있다. 일요일 푸네의 도심거리에서는 축구공을 드리블하고 가는 제법 유니폼을 갖춘 일요 유소년 축구단을 만날 수 있다.

소득의 증가는 필연적으로 생활문화의 변화를 불러오고 그 변화를 수용하는 사회여건의 변화는 곧 시장을 형성하는 것이다. 변화에 참여하는 계층이 형성된 시장의 신 소비자들이다.

▲ 동네 헬스클럽
새벽부터 붐비는 프랜차이즈 헬스클럽

어찌 길에서 만나는 스포츠 그룹만이 보이는 시장일까? 출장 중에 호텔을 나와 이른 아침 주변을 돌아보면 골목마다 번듯한 건물의 상층에는 헬스클럽이 보일 것이다. 통유리창으로 들여다보는 시선으로 러닝머신을 뛰고 있는 남녀노소를 볼 것이다. 스포츠용품의 시장이다. 지금 대형 쇼핑몰로 가보라. 고객을 상대로 전자동 안마의자를 시연하는 모습을 볼 수 있을 것이다. 건강기구의 판매가 시작되고 있다.

스포츠용품의 신시장에는 연령대를 달리하면서 신 소비자를 형성하고 있다. 무시할 수 없는 아이들 소비자가 자라고 있다. 1998년도 도시아이들의 평균 주머니 쌈짓돈이 월 7,500원이었으나 2007년 30,000원이 되었는데 이를 대도시 소득계층의 평균으로 가면 훨씬 높아지는 것을 알 수 있고 이 높아진 소득이 인라인 스케이트를 사고 게임팩을 산다. 중상류소득계층을 대상으로 한 평균에서 델리의 아이들의 주머니가 가장 두툼하고 다음은 놀랍게도 벵갈루루가 2위이며 뭄바이, 첸나이, 콜카타와 데라둔 순이다.

스포츠용품의 또 다른 예로 보면, 푸네의 마가르파타 시티의 스포츠센터의 수영장 매장에서는 화려한 디자인의 비키니 수영복이 팔리고 있다. 푸네 시내는 아직 전통적인 인도문화의 보수성이 상존하고 있더라도 적어도 울타리가 둘러진 콤플렉스 안에 있는 스포츠센터의 수영장에서는 비키니 차림이고 테니스장에는 야간 조명 탑이 있다. 주목할 것은 이러한 시설이 인도 도시서열 8위인 푸네의 마가르파타 타운에만 있는 것이 아니고 12대 도시 이상이나 그 이하의 도시에 있는 여느 뉴타운에도 거의 대부분 형성되고 있다는 사실이다.

▲ Web World
인도 PC방: 릴라이언스 웹월드 체인 PC방

스포츠시장과 맞물려 인도에서는 리조트 시장이 형성되고 있다. 같은 이유이다. 도심을 벗어나자마자 만날 수 있는 다양한 테마파크가 그렇고 워터파크가 그렇다. 이제 워터파크는 인구 100여 만의 지방도시까지 확산되어 가고 있다. 우리에게는 인도를 모르는 것과 인도시장을 목격하지 못한 것과 우리 제품의 경쟁력을 갖춘 마케팅이 부재하다는 사실이지 지금 인도에 시장이 없다는 것이 아니다. 이러한 이야기는 여러 방면에서도 입증되고 있다.

여기서 짚고 가야 할 사실이 하나 있는데, 그것은 중국제품이다. 지겹도록 들어오고 경험한 징글징글한 저가의 싸구려 중국산이 이 시장을 넘실거리고 있다. 이는 중국의 기업이 남다른 혜안을 가지고 인도시장에 어렵고 선점하고 들어온 것은 결코 아니다. 각종 국제전시장에 번듯하게 부스를 마련하고 해외마케팅에 나선 중국기업을 찾아간 인도무역꾼들의 낚시에 걸리어 들어온 시장 초

기의 진열품이다. 단지 이것만을 보고 지레 한국의 기업은 몸서리
칠 것이 분명하다. "아! 중국제! 우린 할 수 없어! 역시 인도는 아
직 저가 싸구려 시장이야!"라고 손사래를 칠 것이 분명하다. 자라
보고 놀란 가슴 솥뚜껑 보고 놀라듯이 물러설 일이 아니고 인도시
장의 역동성과 변화를 곰곰이 짚어가야 할 노릇이다.

이 책의 뒷부분에 이야기될 블루오션과 레드오션의 역발상 마케
팅 전략을 생각한다면, 초기시장 형성의 어려운 과정을 무역상이
나 중국제품이 열어주었다고 긍정적으로 생각할 노릇이다. 오페라
하우스의 도매상이 필자에게 이야기하듯이 저가의 인라인 스케이
트와 품질과 기능에 앞선 차별화된 가격의 한국제품이 병렬되어
판매되는 것에는 하등의 문제가 될 것이 없다. 차별화된 마케팅이
고 차별화시킬 수 있는 자신감 있는 품질이면 시장의 반응에 대응
할 수 있는 마케팅 사후관리에 승패가 있다. 지금의 인도 소비자
는 저가 상품으로부터 럭셔리 시장을 움직이는 신 소비자그룹이
다. 14루피 1리터 인도 펩시 생수와 80~90루피의 에비앙이 한
진열대에서 소비자에게 선택되고 있다. 5성급 호텔의 테이블에는
로컬의 아쿠아피나와 함께 에비앙이 올려져 있다. 분명한 사실은
이 숫자가 소수가 아니라는 것이다. 1999년부터 들어온 에비앙의
판매가 그 이전에는 특정 골프장에서처럼 수면 아래에서 미미하게
판매되고 있다가 프리미엄 음용수 시장이 열리면서 2006년부터는
연 1,500,000병 매출을 기점으로 지속적으로 늘고 있다. 에비앙
의 매출에 대한 주목이 아니라, 에비앙 매출이 증가할 수 있게 된
마켓 플레이스의 형성을 강조하고 싶은 것이다. 5 스타 호텔의 증
가, 고급음식점의 증가, 공항라운지의 확대와 이용객 급증,
Upper Middle Class의 헬스클럽 증가, 대형 럭셔리 쇼핑몰 증가
등과 같은 마켓 플레이스에서의 세일즈 포스트가 늘어난 것에 힘

받고 있다는 점이다.

우리 중소기업의 제품이 중국의 싸구려 저가품들과 차별될 수 있다면 세일즈 포스트가 마련되지 않았던 이전과 같이 그들에 대해 두려워할 필요가 없다. 핵심은 제품의 차별성이 분명하여야 한다는 점이 우선이지 인도에선 무조건 가격이 저렴하여야 한다는 과거에 메인 선입견이 아니다. 인도인에 대해 그리고 인도시장에 대해 지금을 알고 있지 못한 채 과거만을 붙잡고 있는 인도통의 이야기는 이런 이유로도 중단되어야 할 필요가 있다. 가전제품에서 예를 보아도 알 수 있듯이, 소비자 만족이나 후속제품 재구매에 대한 충성도에서 비교적 값이 저렴한 로컬 기업인 비디오 콘의 경우를 보면 가격이 더 비싼 삼성이나 엘지보다 매우 낮다. 이것이 인도 新 소비자의 변화이다.

마켓의 형성과 신 소비자의 출현에는 와인시장의 예가 있다. 인도는 6억 5천만 명의 30세 미만의 인구연령과 실소득의 정기적 수입원이 있는 가운데 알코올 소비가 전반적으로 늘고 있는 실정이다. 소득의 수준이 보다 고급 알코올에 대한 소비가 가능할 만큼 늘어나면서 소비되는 알코올 중에서 브랜드 알코올의 영역도 급속히 팽창하고 있다. 이러한 기대는 기존에 진출한 포스터 호주산 맥주 브랜드 이외에도 칼스버그의 런칭이 시작

▲ 인도 와인
인도에서 생산되는 와인

되었고 이는 보다 업그레이드된 가격대의 와인시장으로 확대되었다. 또한, 인도정부 그중에서도 마하라스트라 주는 포도농사에 있어 보다 부가가치를 형성하기 위해 와인 소비촉진 정책을 Excise Duty 면제 등 세제 조정을 통하여 북돋우고 있다. 2007년 초를 기준으로 한 조사에는 인도와인 소비인구계층을 약 6백만 명으로 추정하고 있는데 와인 시장이 형성된 초기 4년 동안 연 25% 이상의 증가세를 보이고 있고 2006년을 넘어서서는 무려 30~35%의 증가로 성장세가 빨라져 2007년은 전년대비 37%의 성장을 보였다. 나식을 중심으로 마하라스트라 주에 대부분의 와이너리가 몰려 있는 인도의 와인 산업은 시중에 와인전문 잡지(소믈이에 인디아)가 등장하게 되었고 소믈리에를 양성하는 와인학교(KBR School of Wine)가 2007년 뭄바이에 설립되었다. 인도산 와인은 세금 등 기타 공과금영향으로 가격이 싸지가 않다. 시중 소비자 판매가격으로 평균 1만 원 수준인데 그럼에도 불구하고 와인소비는 꾸준히 늘고 있다. 참고로 가장 많은 소비를 보이고 있는 인도 주류로 병맥주가 천여 원하는 것에 비하면 적지 않은 가격임에도 불구하고 와인전문매장이 도시를 중심으로 생겨나고 있고 숍에는 와인과 어울리는 치즈 등 수입된 안줏거리가 진열되어 있다.

이른 바 럭셔리 마켓에서의 시장형성과 그를 추종하는 신 소비자만이 아니라 이러한 추세는

인도와 나: 네이버 블로그

▲ 태국산 수입 라면
한국김치 명을 사용한 인도에 수입된 태국라면

새로운 영역에도 적용된다. 도시화가 급속히 이루어지고 젊은 세대로 구성되는 가정으로 이어지는 가운데 가정생활에서 식문화나 자녀교육에 변화가 생기고 있다. 맞벌이 부부가 늘어감에 따라 유아교육원과 보육시스템이 프랜차이즈 비즈니스로 늘어가며 간편한 조리방법의 인스턴트식품에 대한 선택이 늘고 있다. 이런 가운데 인도의 즉석 누들 매기시장(라면 시장)에 한국의 김치 매운맛을 브랜드로 내걸은 태국산 라면(김치 Spicy Noodle)이 인도의 슈퍼마켓에 진열되었다. 버젓이 한글로 김치라고 겉포장에 쓰여있는 태국산 라면이 번들로 슈퍼에 진열된 모습에 알량한 애국심이지만 잠간동안이나마 우울함을 감추지 못하였다. 컵라면과 같은 인스턴트식품이 아이들과 젊은이들을 중심으로 인도인의 식문화를 바꾸어가고 있다. 그 현장에 라면 공화국인 한국제품이 보이지 않은 것에 우울하였던 것이다.

엔터테인먼트시장에 눈을 돌려보자. 늘어가는 현대식 상영관은 그렇잖아도 영화보기를 밥 먹듯이 하는 인도에서 영화 관람객의 발길을 더욱 늘리게 하였다. 출장 중 코치에서 묵었던 호텔 인근에 영화관이 있었는데 마지막 상영이 밤 12시 조금 못 미쳐 끝났고 늦은 시간에 쏟아져 나오는 수백 명의 관람객으로 일대가 한 2~30분간은 소란스러웠다. 그 넓은 주차장에 가득한 차들이 썰물처럼 빠져나가고 오토릭샤를 포함한 택시들은 심야요금 핑계로 바가지요금으로 승객들과 실랑이를 벌이다 보니 일대의 혼잡은 대단하였다. 인도영화가 거의 그렇지만 가족영화 성격이어서 관람객은 어린 아이를 포함한 가족단위가 대부분이고 그 틈에 젊은 커플들도 섞여 있다. 주말도 아닌 평일 심야에 쏟아져 나오는 관람 인파를 보고 인도 영화의 대중성과 엔터테인먼트산업의 흥행을 지켜볼 수 있었다. 이런 일들이 묶고 있는 며칠 동안 내내 반복되었다.

▲ PVR FORUM MALL
벵갈루루 최초 멀티 상영관

이제 인도영화산업은 관람이라는 측면에서 새로운 전기를 맞이하고 있다. 상영관 시설의 고급화를 통한 요금상승과 부대시설 매출을 통한 산업 자체의 부가가치가 커진 것이다. 로컬 힌디 영화일 경우의 최소 50루피에서 100루피 정도 하는 일반영화관 요금보다 최소 4배~10배의 입장료를 받는 50인용 프리미엄 상영관까지 등장한 인도 멀티상영관은 2006년에 약 300여 스크린이 있었고 이후 확장계획이 순조롭게 진행되었다면 아마도 2008년에는 그 이후 7~800 스크린이 더 늘었을 것이다. 우후죽순으로 늘어나는 쇼핑몰에는 랜드마크로 복합상영관이 들어서고 있으니 이러한 증설은 무난히 달성되었으리라 짐작된다. 이런 인도 영화시장에서 한국영화 "괴물"에 이어 "디-워"가 시중 상영관에서 개봉되었다. 흥행이 되기를 바라는 마음이야 같은 국민으로서 하등 다를 바 없으나 인도를 문화콘텐츠 시장으로 공략하려는 마당에서는 시장의 특성과 소비자를 좀 더 깊게 이해하여야 한다. 인도 영화시장에서 인기를 끌고 있는 것은 헐리우드의 대작영화보다는 성룡을 앞세운 코믹액션 영화가 가히 절대적이다. 인도 광고시장에서 유일하게 스카우트되고 있는 외국인이 성룡인 것만 보아도 짐작될 노릇이다. 필자의 경험으로는 "괴물"이나 "디-워"보다는 코믹성을 보강한다면 영화의 예술성과는 별개로 "조폭마누라"나 "마누라 죽이기" 등이 인도시장에서 수익창출에 더 어울릴 것이다. 미국 헐리우드 시장을 예술성과 작품성을 매개로 한다면 인도의 엔터테인먼트 시장은 말 그대로 순전히 오락성이 강조된다는 점을 인식하여야 할 것이다.

기억해두어야 할 것은 여기서 이야기하는 것은 엔터테인먼트시장진출의 수익성이지 한국문화의 전파나 홍보 등에 뜻을 둔 이른바 "한류" 비즈니스와는 별개라는 점이다. 일부에서 말하고 있는 한국적 드라마나 공연예술 등의 문화홍보사업을 직접적으로 시장과 연관시키는 것은 억지 춘향으로 무리가 있다. 인도영화산업에 현대화된 인프라 조성으로 시장이 새로워지고 입장료 상승으로 인한 시장가치도 달라졌음과 동시에 연령층의 하향추세와 신 형태의 관람객, 즉 신 소비자가 출현한 점에서 진출 전략이 분석되어야 한다.

마켓형성과 신 소비자 출현에 대한 분야별 사례별 예시는 끝이 쉬이 나지 않을 만큼 많다. 필자의 시선이 미치지 않은 부분까지 포함하면 더더욱 그렇다. 몇 가지 사례에서 얻고자 하는 것은 인도에 대한 고정된 생각이나 오도된 인식을 떨치고 "변화"에서 오는 시장의 형성을 현장에서 체험으로 분석한다면 신 소비자의 출현에 기업별 맞춤전략이 세워진다는 점이다. 몇 시즌이 지나 번역되는 해외기관분석에 의존한 국내보고서에 의존한 미온적 자세에서 지금의 인도의 "변화"를 구하기란 쉽지 않다. 이 변화는 신시장의 출현이라는 변화를 이야기하지만, 기존 시장에서의 가치변화도 포함하고 있다. 인도의 당뇨환자의 수자가 3,500만 명에 달하고 있다고 한다. 과거에는 당뇨측정기기 자체를 판매하는 영업이었다면 마케팅 목표가치의 변화로, 체계적인 유통조직을 구축되면서 기기는 무상공급에 가깝고 살포하고 이후 테스트 페이퍼의 판매를 통한 수익창출의 방식으로 전환되고 있음을 그 예가 될 것이다. 이런 시장에 한국기업이 측정기기판매에서 얻어지는 수익을 주목적으로 한 시장전략을 고집한다면 기업이 믿었던 "인도 의료기기 시장의 급성장"이라는 보고서는 한갓 허울에 지나지 않을 것이다. 사족: 인도 의료기기 소모품 시장에 한국 기업인들이 인도에서 제품을 생산하고 직접 영업망을 구축하는 등 대단한 노력을 기울이며 시장을 넓히고 있다. 동반과 협력이 원만하다면 이 채널에 편승한 기타 의료 소모품의 인도시장진입도 효과적 전략으로 가능할 것이다.

제**3**부

인도거점과 비즈니스 한국

오직 생활여건으로만 본다면 아프리카처럼 까마득하게 오지로만 여겨졌었던 인도. 그 인도에 이제 된장, 고추장과 라면 등 한국식품을 크게 아쉽지 않게 구입할 수 있는 한국인이 운영하는 소규모의 슈퍼마켓이 델리에도 있고 푸네에도 생겼으며 이는 곳곳에서 늘어날 전망이다. 그뿐이랴? 일정기간이 지나면 주재원 생활을 멀리하고 귀국하는 부모님을 따라 고국으로 돌아가서 대학교와 고등학교를 진학해야 할 학생들에게 입시과목을 가르치는 학원도 있고 명절이나 기념일을 치를 수 있도록 먹거리를 풍부하게 해주는 떡방앗간도 있으며 한국인 미용사의 손길로 여성들이 헤어케어를 받을 수 있는 미용실도 영업 중인 2008년과 그 이후의 인도 2010년, 21세기 인도를 비즈니스 목적으로 찾는 한국인과 한국기업은 누구인가? 그 거점은 어디인가?

왁자지껄. 인도 공항에서 출국할 때 해당 게이트가 어딘지 그리고 변경되지는 않았는지를 확인하려고 무던 애쓸 필요는 없다. 현지 가이드의 안내를 받고 일찌감치 도착하여 게이트 주변을 점령

하고 그간 인도 고행의 공통경험을 각자의 과장된 표현을 곁들여 일차정리 중인 한국의 단체관광객을 일 년 어느 때나 만날 수 있기 때문이다. 청소년 그룹부터 불교순례의 고령의 어르신들까지 인도를 찾는 관광그룹은 아주 다양하다. 1999년부터 2004년까지 누적 집계된 인도를 찾는 한국인의 숫자는 절대다수가 관광이고 그다음이 거의 비슷한 비율로 유학인데 이 두 분류가 차지하는 비중은 75%에 달한다. 이런 인도방문의 성격이 2005년도 이후 상당하게 달리진 것을 알 수가 있다.

2005년 인도를 찾은 한국인의 누적인원은 총 35,678명이었는데 그 중 상용방문이 37%에 달하였다는 한국 출입국관리국의 통계가 있다. 기업으로서 그리고 개개인의 인도 비즈니스 관심사로서의 인도 방문이 최근 들어서서 늘고 있다는 사실을 이렇게 숫자로도 알 수 있다.

한국기업인의 인도방문이 늘고 있다는 사실은 그렇게 출입국 통계를 통해서만 이해되는 것은 아니다. 인도의 주요 도시에서 늘어나고 있는 한국인 상대 서비스업종의 증가에서도 나타나고 있다. 업종의 다양성에서도 그렇고 단일 업종에서의 영업장소의 숫자에서도 많은 증가가 있었다. 지난 1990년대 말부터 2000년 초만 하여도 델리에서 한국 출장자를 대상으로 한 비즈니스게스트하우스60)의 숫자는 한 손으로 꼽을 정도였고 각각의 객실규모는 양손

---

60) 비즈니스게스트하우스: 비즈니스 출장자를 위한 해외에 만들어진 게스트하우스는 일반 여행객 상대와는 달리 다소 고가의 서비스를 제공하고 있다. 숙소는 1인 1실이 기본이며 아침과 저녁을 한식으로 제공하고 경우에 따라서 점심을 도시락으로 제공하기까지 한다. 공항도착에 따른 픽업서비스와 귀국 공항배웅 서비스 그리고 의류의 세탁이 무료로 제공된다. 숙박비용은 인도의 도시별로 다소의 차이가 있

으로도 꼽아도 남음이 있었다. 일반 가정집을 임대하여 자기 가족이 사용하고 남는 방 2~3개를 가지고 하는 이들부터 좀 더 큰 집 전체를 빌려서 여유롭게 하여도 그 규모가 전문 숙박영업점의 형태로 보기엔 합당하지 않았다. 그러던 것이 이제는 전문 숙박업으로 불러도 손색이 없을 정도의 시설과 규모를 갖춘 곳도 세워져 2008년 초 집계된 수가 델리에만 하여도 약 30여 개인데 알려진 것 이외에도 더 많은 수가 있을 것으로 추측된다. 그만큼 비즈니스를 목적으로 한 한국인 인도방문객이, 그중에서도 인도 중장기 체류 한국인이 늘었다는 것이다. 이러한 비즈니스 게스트하우스는 하루 이틀의 초단기 손님을 염두에 둔 영업이라기보다는 최소 주 단위이상의 방문객이 선호되는 손님인데 이들 업소가 늘고 있다는 것은 그런 목적의 인도방문이 늘었다는 이야기이다.

이렇게 인도를 찾는 한국인이 둥지를 내리는 거점은 어디인가?
인도에서의 진출거점은 대도시라는 이유만으로 선택되는 것은 아니다. 주마다 도시마다 삶의 모양이 다르며 사용언어가 틀린 것은 물론이지만, 산업의 형편이 다르고 생산과 소비의 차이가 뚜렷한 넓고 넓은 인도이다. 이런 인도로 가는 진출은 추구하는 바가 인적자원이나 천연자원을 이용한 바이-백을 위한 제조업이던지 인도 직접시장을 겨냥한 마케팅이든지 아니든지 각각의 형편에 따라 첫발을 내딛어야 할 거점이 다르다. 그 옛날 로마로 가면 모든 유럽을 관통하였겠지만 그때나 이때나 모든 길이 하나로 통하지 않는 곳이 인도이다.

는데, 델리의 경우는 2008년 들어 다소 오른 추세로 1인 1일 평균 100달러 수준이고 첸나이의 경우 민박형태로 최저 5~60달러에서 호텔 규모를 갖춘 곳에서는 100~120달러까지 형성되어 있다.

　　진출의 거점이 뭄바이나 델리가 되어야 성공이고 다른 도시로 갈수록 더딘 경우란 없다. 델리가 되어야 할 이유가 있고 푸네가 되어야 할 이유는 달리 있다. 진출을 위한 거점 선정에서 동반자녀를 위한 인터내셔널 스쿨의 유무나 질이 우선기준이 될 수 없다. 한국인의 생활 편의시설의 여부가 진출지역의 선정기준이 더더욱 될 수 없다. 델리에서 생산하여 남부 첸나이 마켓을 운영한다는 것은 어불성설이다. 운송에 해당하는 이야기만이 아니다. 비록 IT 서비스업을 한다 하여도 마찬가지이다.

　　그럼에도 아직도 델리에 오피스를 두고 몸이 머물면서 마켓은 멀리 하이데라바드나 코임바토르에 있다면 그 진출게임은 이미 시작부터가 패한 것이나 다름없다. 제조업에 있어서야 더 말할 나위가 없다. 원부자재의 현지조달 비율에 따라서 소싱 지역이 달라지고 아니면 한국으로부터의 수송이 필연적이라면 이에 따른 편리성을 고려한 입지가 달라진다. 시장의 조성에 따라서도 입지를 고려하여야 한다. 자동차부품이라면 인도 동남부 지역으로는 첸나이 인근이 있을 것이고 서남부라면 푸네 일대가 될 것이고 북부로는 델리 NCT가 고려될 것이다. 시장조성만이 충분한 조건은 아니다. 운송에 큰 영향이 없는 대신에 가격에 민감한 제품이라면 제세 혜택의 여부가 주마다 다른 산업입지의 이해가 거점선정에 우선적으로 영향을 미칠 것이다.

　　또한, 인도는 지역별로 산업의 구조와 소비형태가 다르기 때문에 이에 관계된 인도기업의 역량이 일부 대기업의 조직을 제외하고는 인도 전역을 다루기엔 부족함이 많다. 그렇다면, 마켓의 평가와 진출 전략은 좀 더 세분화시키어 구체적으로 다루어야 한다. 인도 전체를 대상으로 시장전략을 마련하기에 한국의 중소기업역량이 현실적으로도 미치지 못하기에 목표거점을 위주로 단계별 전략을 마련하여야 할 것이다. 그런 관점에서 기존 한국기업의 진출이 이루어진 주요 거점도시를 대상으로 성격파악과 함께 이에 진출한 한국기업과 한국인의 현황을 살펴본다.

이제는 뉴델리가 아니고 델리 NCT입니다

몇 년 전 이야기다. 지금은 인천공항 출입국에 한국인으로서는 출입국 카드작성이 필요하지 않았지만, 당시엔 의무적으로 기재하였었다. 출국카드 목적지에 도시를 무심결에 New Delhi라 하던 것이 그만 New York으로 쓴 것을 모르고 제출하였더니 "뉴욕 가세요? 탑승권은 New Delhi인데…?"하며 의아해하는 관계자의 눈초리를 받았었다. 이젠 New로 시작하지 않고 그냥 Delhi이니 무심결에 뉴욕으로 기재하는 실수는 없다.

델리의 지도에는 Old Delhi라는 표시가 없다. 그렇게 불렀을 뿐이다. 구태여 구분하여 본다면 South Delhi나 North Delhi로 구분하여 비교적 개발된 지역으로 남부 델리와 아직도 낙후된 지역이 많은 북부 델리지역으로 나눌 뿐이다. 뉴델리라 함도 맞지 않지만 2000년 이후의 경제관점에서의 호칭은 델리로 말함에도 부족함이 많다. 델리는 연방 직할지[61] 중 하나이면서 또 다른 행정구역인 하리야나 주 영역에 속한 구르가온과 UP주의 노이다를 기본으로 한 Delhi NCT(NCR)로 불리는 것이 이즈음 보편적인

---

61) Union Territory: 연방 직할지는 7개 지역으로 Delhi, Andaman & Nicobar Islands, Chandigarh, Daman &Diu, Dadra &Nagar Haveli, Lakshadweep, Pondicherry 가 있다.

호칭이 되었다. 최근에 이르러서는 이들 지역 이외에 Faridabad 와 Ghaziabad를 포함한 더욱 확장된 개념으로 불리곤 한다. 이들 지역은 델리를 둘러싸고 있는 도시로 비록 행정체제는 다르나 동일한 경제권으로 취급되면서 이렇게 불리는 것이다.

아직도 델리의 오크라 지구에 일부 공장이 있기는 하지만 이마저도 부동산 가격의 차익 실현으로 조만간 외곽으로 이전되고 그 자리에 보다 높은 부가가치의 업종이 들어서는 현실처럼 델리의 산업은 주변지역과 성장과정을 나누면서 상호관계를 맺고 있다. 델리의 지하철이 배후 주거단지의 역할을 겸하고 있는 구르가온까지 연결되는 등 지역동향은 하나의 경제활동으로 묶여 움직이고 있다.

델리 NCT로 향하는 외부에서의 물류접근 항공루트 이외로는 아직은 매우 어려운 형편이다. 뭄바이에서 1,407Km, 첸나이에서 2,095Km의 거리는 아직도 낙후된 인도의 도로와 철도망으로는 고통스러운 운송거리이다. 그나마 현재의 공항은 늘어나는 운항편 수로 거의 시스템다운 직전의 혼잡을 겪고 있다고 하여도 과언이 아니다. 공항증축공사가 완료될 예정인 2010년까지는 편안한 공항 이용을 꿈꾸기란 불가능하다. 최근에 한 번이라도 이곳을 이용하여본 적이 있는 이들은 이런 아수라장에서 항공기가 출 도착한다는 사실 자체가 신기할 뿐이다. 화물처리에 대해서도 그리 사정은 다를 바 없다. 지역 외부로부터의 원부자재의 공급을 의존하여야 하는 제조업은 심각한 고민을 하지 않을 수 없다.

델리 NCT의 경제적 고려에서의 특징은 외부로부터의 접근성의 어려움에도 정치행정의 중심지로서 뭄바이와 더불어 많은 인도기업 활동의 주 무대이며 우수한 노동력과 소비력을 갖춘 인구 그리고 시장이라는 점에서 찾을 수 있다.

이런 델리를 찾는 일시 방문객을 제외한 최소 1회에 수개월 단위이상의 장기체류를 목적으로 한국인의 숫자가 3,000여 명 내지는 3,500여 명이라는 것이 델리에 있는 한국 공공기관들의 공통된 의견이다. 이 숫자는 한국인들이 머물고 있는 인도의 주요 도시 중에서 가장 많은 수의 체류인원이다. 현대자동차인디아 법인의 영향으로 백 수십 개의 한국기업이 진출한 첸나이가 델리 다음 규모로 약 2,000명에 가깝다고 한다. 이는 지난 2~3년 전 1200여 명으로 집계한 이후 급증한 규모이다.

델리의 3,500여 명 상주인원은 2004년에 약 1,500여 명으로 집계하던 것에 비하여 급증한 것이고 이 숫자는 인도에서의 상주 한국인 통계가 나온 이후 최대 인원이다. 이는 중국이나 최근의 베트남 등을 찾는 한국인에 비하여 크게 낮은 숫자이지만 지리적으로나 심리적으로 중국이나 베트남과 대비하여 척박하다고 느껴지는 인도로 향하는 기업인의 발걸음이 지난 수년 동안에 많이 늘었다는 것을 보여주는 사례가 된다. 지리적으로 주변의 파키스탄과 아프가니스탄이라는 세계의 분쟁지역을 국경으로 접하고 있는 나라인 탓에 테러나 국지전 무력충돌이 드물지 않아 외신의 초점의 중심에 서 있는 나라가 인도이다.

오죽하면 지난 시절 9.11 사태 이후 한 번의 한국 대통령의 인도 국빈방문이 이를 핑계로 취소된 소동이 있었을까? 이런 불안감 때문에 국제회의에서 주제발표를 약속한 한국의 기업단체장이 출국 당일 비행기를 타지 않는 해프닝이 발생하였을까? 그 시기 독일이나 기타 유럽의 여러 국가의 국정 책임자들은 인도와의 경제 협력을 위한 회담에 참석하기 위해서 서슴없이 델리에 도착하는 상황임에도 우리나라에서는 적지 않은 심리적인 불안감을 주는 나라가 인도였기에 이런 있을 수 없는 해프닝이 아닌 대단한 결례를 하고야 말았었다.

　오죽했으면 TV드라마에서 "인도" 더럽고 가난한 나라에 왜 가느냐는 대사가 방영되어 이에 인도대사관이 항의하는 소동이 있었겠는가? 그뿐인가? 노선을 취항하는 항공사가 몇몇에 지나지 않고 또 운항편수가 다른 목적지에 비해서 상대적으로 적어서 비행기 좌석확보도 여의치도 않고 유럽이나 미국을 가는 노선요금보다 비싸면 비싸지 결코 싸지 않은 나라가 인도이다. 한국인 국적으로 비자를 받지 않고도 갈 수 있는 나라가 많지만, 꼭 지정된 대행기관을 거쳐야 비자를 발급받아야 입국할 수 있는 나라가 또 인도이다. 그때와 분위기가 크게 달라진 것이 없는 이런 인도에도 이제 한국기업인의 발걸음이 분주해졌다.

　델리에 진출한 한국의 공공기관과 기업에 대해선 주인도 한국대사관과 대한무역진흥공사(KOTRA) 델리 무역관에서 비교적 소상히 보유하고 있어 필요할 경우 이곳에 조회하면 될 것이다. 그런데 널리 알려진 대기업이나 정부관련 기관이 아니라면 자료획득이 생각보단 쉽지 않을 것이다. 불순한 의도나 구차스런 용도에 사용되는 것을 방지하기 위한 조치라 여겨지는데 결국은 자료란 온전히 기밀사항으로 취급되지 않고 어느 그룹에게든 공개된 이상 그 이후는 누구에 의해서건 공공연히 유포되기 마련이다. 정작 사리에 맞게 그리고 합당한 이유로 필요하지만 정보원과 특정한 배경이 없는 기업인들만 이를 열람하는데 어려움을 겪을 뿐이다. 자세한 인적사항이 아니라 회사의 명단과 규모 그리고 사업영역에 대해서는 타산지석의 정보로 삼거나 협력을 원하는 한국기업인들에게 공유될 수 있는 실시간 정보로 적극 제공하려는 공공기관의 자세를 기대한다. 광대하게 세계국가에 진출한 한국기업리스트라는 제목으로 업데이트되지 않은 DB를 근거로 두꺼운 책자를 만들어 판매하는 것보다 해당하는 국가별 실시간 정보를 성실히 제공하는 것이 더 옳은 처사이다.

델리에는 이십여 명의 외교 인력이 근무하는 적지 않은 규모의 주인도 한국대사관이 있으며 코트라 델리 무역관, 중소기업진흥공단의 델리 비즈니스인큐베이터, 수출입은행 뉴델리 사무소와 수출보험공사 그리고 한국관광공사 등이 자리하고 있다. 또 진출한 금융기관으로는 앞서 열거한 수출입은행 델리사무소 외 신한은행이 영업점을 두고 있으며 하나은행, 국민은행, 우리은행, SC제일, 산업은행 등 대부분 국내금융기관이 영업점 개설을 위한 현지사무소를 포진하고 있다. 언론사로는 연합뉴스가 주재원을 두고 있으며 조선일보는 2007년까지 두었으나 2008년 4월 현재 아직 후임자 주재가 이루어지고 있지 않고 한국방송공사는 주재원을 두고 있다.

중소기업진흥공단에서 중소기업의 인도 진출을 지원하기 위하여 설치한 수출인큐베이터는 어려운 환경을 헤치고 초기 부임소장의 노력으로 2006년10월에 개소하였다. 편리한 공용 사무지원공간을 갖추었으며 15개 기업을 입주시킬 공간을 가지고 있어, 델리에서 중소기업으로서는 단독으로 사무실을 확보하기가 워낙 어려운 까닭에 입주를 희망하는 기업이 적지 않아 이제는 순번을 기다려야 할 정도로 인기를 끌고 있다. 말 그대로 인큐베이터이기에 아직 눈에 띌 만큼의 수출실적이 발표되고 있지는 않지만, 곧 가시적 효과를 보여주리라고 중소기업진흥공단에선 적잖은 기대를 하고 있다.

2008년 현재 입주기업 중에서 주목받는 기업으로서는 타타스카이에 STB를 납품하게 된 중견기업인 가온미디어가 있는데 이 회사는 제품을 보다 저렴하게 납품하기 위하여 델리 북부에 있는 우타란찰(지금은 Uttarkand)주의 산업단지에서 인도제휴사와 함께 조립라인을 구축하여 제품공급을 진행하고 있다. 그런데 신정부에서 2008년5월 중소기업진흥공단의 해외마케팅 지원체제를 코트라로 이관한다는 구조조정이 발표되어 이러한 긍정적인 조직이 향후 어떻게 되어갈지에 대해 많은 적지 않은 우려가 있다. 기존의 코트라의 업무방식으로 흡수된다면 어렵게 자리 잡아가는 인큐베이터 기능에 우려되는 바가 적지 않다.

주목되는 바는 PwC삼일회계법인과 삼정회계법인, 안진회계법인 등 세무에 관련한 회계법인의 인도 진출이다. 그만큼 회계법인의 전문 컨설팅이 필요한 고객대상이 인도에 늘었거나 늘 전망이라는 추측이 가능하다. 민간 기업으로는 이름이 공공연한 대기업은 대부분 그룹의 모기업이 되었던 관계사가 되었던 델리에 뿌리를 내리고 있다. 예를 든다면, LG전자, LG상사, LG생명과학 등을 비롯하여 LG그룹에 관련 기업군들은 거의 모든 업종이 진출하였다고 보아도 무방할 것이다. 이 점은 삼성그룹에도 비슷하게 적용된다. 이렇게 엘지와 삼성의 그룹회사가 현지 제조업으로 진출하면 스타리온과 인코텍 등 부분품 공급과 관련된 벤더들의 진출 역시 많이 있다.

최근에 와서는 상사기능의 기업들이 인도에서의 투자진출을 기획하고 있다. 그 적용범위는 그룹의 성격에 따라 다양한데 심지어는 기존 중소벤더들이 공급하던 부품제조업까지 손을 뻗치고 있다. 시장진입 초기의 난관을 헤친 중소벤더의 영역을 해외투자라는 명목으로 그 성과를 손쉽게 가로채는 얕은 계산이 아닐지 염려스러운 대목이기도 하다. KT인도지사가 1인 주재원 지사로 있으며 진출업종으로는 삼성물산 등 무역기능의 상사는 물론 두산, 쌍룡, GS건설 등 건설업종이 있고 기업진출과 제일기획과 같이 그룹사와 동반한 광고홍보회사가 있다. 대한항공과 아시아나 항공의 승객과 화물 수송 모두 진출하였고 다양한 크기의 물류회사들이 있다.

뒤늦은 바는 있지만 롯데그룹으로 롯데 백화점과 롯데마트가 각각 나와 있으며 지원성격의 롯데건설도 있다. 2004년 첸나이에 본사를 둔 인도 제과기업인 페리스를 인수함으로써 인도 진출을 성사시킨 롯데그룹은 그룹의 성격으로 보아서 델리의 롯데법인 모두 인도유통산업에의 진입을 모색함에 있다. 페리스제과의 인수에는 인도 소매유통망을 확보하는 전략도 우선 있지만 무엇보다도 높은 평가를 받은 것은 페리스가 보유한 첸나이를 비롯한 인도의 부동산에 있었다. 교두보를 확보한 이후 그룹의 유통업진출은 현지 규정과 입지 부족과 치솟는 부동산 가격 등 현실적인 제약 때문에 아직 가시적인 성과를 보여주지 못하고 있다.

그러나 롯데의 노력에 따라 그리고 인도의 소매업 완전 개방이 실현되는 전제에서 한국의 유통산업이 인도에 깃발을 올린다면 이는 인도 시장진출에 어려움을 겪는 다양한 소비재 제품을 생산하는 한국중소기업들의 진출교두보가 될 것이라고 기대할 수 있다. 들리는 이야기에는 델리 시내와 기타 지역 후보지 서너 곳을 선정한 상태에서 구체화된 논의가 있다고 하니 2010년 이전에 한국브랜드 쇼핑몰이 볼 기대이다. 그 형태가 외국인 단독투자가 허용된 상태에서이든 아님 페리스나 기타 현지기업과의 관계로 추진되던지 적합한 솔루션이 마련될 전망이다.

대기업과 상관없이 인도 내수시장을 목표로 진출한 중소제조기업으로 돋보이는 곳이 에스디 인도법인이다. 진단시약 관련원료를 판매제품으로 2006년2월 법인을 설립하고 하리야나 주 Manesar 공단에 생산시설을 설립한 에스디는 여타 한국의 시약회사들이 수출을 통한 간접진출이 일반적인 것과는 달리 성장성 높은 인도의 진단시약 시장을 직접공략하고 있다.

그 외에 적지않은 수의 비즈니스 게스트 하우스나 요식업 등을 제외하고라도 많은 수의 학생들을 위한 학원업종과 미용실, 떡 방앗간, 사무실 및 영업장 인테리어 공사, 여행사 등 약 40여 개의 개인기업 수준의 다양한 비즈니스 형태가 있는데 공공기관에서 집계한 델리를 중심으로 연방수도권 주변의 한국관련 기업과 단체 리스트에 근거한다면 기업단위 숫자로 그 전체가 200여 개로 추산된다.

그 밖에도 한국선교교회와 불당이 오래전부터 활동 중이고 2007년 이후 한국인 신부가 부임한 이후 델리의 성당에선 한국어 미사가 집전 되고 있다.

3~4,000여 명의 상주인구가 있는 델리에는 역시 많은 수의 유동인구가 있다. 쉼 없이 들어오는 출장인원들이 그렇다, 그러나 인도의 대도시 전체가 그렇지만 델리의 숙박사정은 중국이나 베트

남 그리고 여느 동남아와 다르게 그렇게 호락호락하지 않다. 호텔이라고 해봐야 그야말로 특급호텔을 제외하고는 옳게 시설을 제대로 갖춘 곳이 많지 않고 호텔 숙박비는 인도 물가수준과 비교하여 벌어진 입을 다물지 못하게 할 정도로 매우 높다. 2007년 말에 델리의 시내 중심에 있는 특급호텔에서 1박에 340달러를 주고 묶어야 하는 어쩔 수 없는 경우를 겪었다. 인도는 공공기관이나 기업의 출장지 분류에서 2급지 이하로 취급되어 허용된 출장 예산은 현실에 훨씬 미치지 못하여 빈한한 출장자의 주머니를 털어내게 하곤 한다. 게다가 이런 호텔 숙박비에도 불구하고 원하는 방을 원하는 만큼 원하는 위치에 구하는 것도 여의치 않다. 인도와 인도 호텔 숙박비에 대한 문의와 의구심이 오죽 많으면 주인도 한국대사관 홈페이지에 아예 공시한 적이 있었겠는가?

호사스런 호텔 숙박비 타령이 길었는데 까닭이 있다. 이는 델리 NCT 지역에 약 30여 개 이상이 영업 중인 위에서 언급한 비즈니스 게스트하우스라는 업종이 생겨난 배경을 설명하고자 함이다. 인도의 낯선 음식에 부대끼며 장기간 체류하여야 하는 이들을 위하여 배려된 아침과 저녁 끼니의 한국음식과 잠자리 제공에 따른 숙박비는 호텔비용에 비하여 훨씬 저렴하다는 이점이 있어 이를 이용하는 한국 기업인이 대단히 많아 이제는 비즈니스 출장자의 대부분이 이러한 시설을 이용한다. 시설을 이용하는 유동인구가 늘어남에 따라 비즈니스 게스트하우스는 꾸준히 늘어나 지금은 30여 개를 상회하고 있다. 인도 숙박환경에서 해당 도시의 비즈니스 게스트하우스의 존재 여부와 숫자는 그 지역에서의 한국기업의 활동 정도를 짐작하는 척도가 됨에 부족하지 않다.

이렇게 타지역에 비하여 많은 이들로 넘치는 델리에는 역시 주목받는 한국인이 적지 않다. 네루대학교에서 박사학위를 취득한 후 지난 1996년 이후 델리대학교에서 한국관련 강의를 맡고 있는 김도영 교수와 지난 2007년 7월부터 네루대학교에서 한국경제론과 경제 변천사를 강의하고 있는 전임 매일경제신문 순회특파원 기자출신의 오 화석교수 그리고 역시 같은 네루대학교에서 박사학위 취득한 이후 2006년부터 객원 교수로 한국어 강의를 맡고 있는 김종민 교수가 인도와 한국을 이어주는 가교역할을 수고하고 있다.

인도인에게 한국을 가르치는 분들이 있는 반면에 또한 많은 유학생이 인도를 배우고 있다. 어려운 여건, 40여 도를 넘어서는 것이 다반사인 여름 날씨에도 불구하고 인도 관련 학문을 배우는 이들부터 일반 인문학과 사회학 그리고 엔지니어링에 이르기까지 분야는 다양하다.

신 진영. 그는 네루대학교 School of Social Systems 학과에서 인도인 근로자와 관리자의 관계 그리고 인도에서의 기업문화에 논제로 박사학위를 밟고 있는 여학생이다. 경북대학교 대학원 사회학과에서 특이하게 "이주 노동자의 직업 환경"이라는 대학원 논문으로 석사학위를 취득한 이후 2006년7월 인도로 유학 온 그녀는 한국기업의 인도 진출이 늘어남에 따른 사회적 니즈에 대응하기 위한 전공을 택하였다. 날로 늘어나는 진출 한국기업들이 인도 근로자와의 문화적 갈등을 극복하고 상생의 기업문화로서 체계적 대응할 수 있도록 관련 사례와 방법론을 제공하기 위하여 연구과제를 택하였다고 포부를 밝힌 그녀는 2009년 5월 동 관련 박사학위를 마칠 계획으로 한 달에 2,000루피밖에 하지 않는 열악한 환경의 대학 기숙사에서 머물면서 힘든 공부를 이어가고 있다.

일반인들에게는 에어컨 없는 인도생활이란 상상하기 어렵지만, 그녀는 그런 열악한 대학 기숙사 환경에서도 한국과 인도와의 관계에 한 몫을 감당하기 위한 열정으로 인도에 대한 이해, 인도인에 대한 이해 나아가 인도 근로문화에 대한 이해를 체계적으로 마련하는 연구에 매진하고 있다. 그녀의 그런 모습에서 한국이 필요로 하는 가까운 장래의 인도 전문가로서의 열정을 엿볼 수 있다. 수년 전부터 한국노동연구원에서도 인도 노무관리에 대해 관심을 갖고 인도와의 교류를 시작한 적이 있다. 신진영 씨는 본 연구원의 인도 통신원으로 관련분야의 자료수집에도 많은 공을 들이고 있어 이러한 체계적 연구가 곧 진출 한국기업의 인도 노무관리에 많은 도움이 될 것이다.

인도성장을 이야기할 때는 늘 중국과 비교하여 중요성을 강조하지만, 막상 인도에서 공부하던 중 그 강조이상 인도의 성장 가능성과 한국과의 교역의 중요성을 느끼게 되었다는 그녀는 인도의 경제사회현상에 대한 체계적 접근으로 인도 근로제도와 기업문화 연구에 매진할 각오를 거듭 내보였다. 한국에서 인도에 대한 각종 세미나를 할 적마다 지적되는 것은 인도를 전담하여 24x 7[62]로 연구하는 인도전문가가 부족하다는 이야기가 나오고 있는데 그에 대한 해결책은 이러한 젊은 인재들의 노력에 격려를 아끼지 않고 또한 실질적인 지원이 마련해주는 것이 최우선일 것이다.

---

62) 24x 7 : 24 hours a day, 7 days a week, 하루 24시간 일주일 7일간 즉, 오로지 주어진 과제에만 전념하여 일을 하거나 서비스를 제공한다는 의미이다.

뭄바이 인도식 중국식당의 한국메뉴

　　뭄바이에는 약 50세대의 가정이 있고 몇몇 소수의 유학생이 머무르고 있다. 이 또한 늘어난 숫자이지만 다른 도시에 비하여 아직도 이렇게 적은 수의 한국인이 있는 것은 교역거점으로서의 저평가 때문이 아니라 단지 이곳 뭄바이 물가가 살인적인 수준에 달하여 도저히 체재비용이 감당할 수 없는 기업으로서는 진출이 여의치 않기 때문이다. 부동산 임대료 수준이 언론발표로만 보아도 세계 4위인 곳이 뭄바이이지만 체감하는 정도로는 세계 최고수준의 사무실 임대료와 주택임대료가 횡행하는 곳이 뭄바이이다. 그런 까닭에 비즈니스 중요성에 비하여 아직도 진출기업이 30~35여 개 정도로 상대적으로 숫자가 적은 곳이 이곳이니 한국인 체류인원도 인도 대도시 중에서 가장 적은 수를 보이고 있다.

　　대한민국 뭄바이총영사관이 있으며 대한무역진흥공사(KOTRA)의 뭄바이 무역관이 아라비아*海*를 바라보는 전망 좋은 나리만 포인트의 요지에 자리하고 있다. 지방자치단체로서 인도 전체로 보아 유일하게 경기도에서 설립한 공공법인인 경기중소기업지원센터의 뭄바이 무역전시관이 2008년 현재 월드트레이드센터빌딩에서 인도인 현지직원 위주로 운영되고 있는데 코트라와 유사하게 주로 경기도 지자체의 인도시장개척단 행사를 도맡고 있다.

　　주목받는 진출기업으로 미래에셋이 뭄바이에서 현지영업허가를 2007년 12월 취득하여 23개 도시 인도 주요거점에 판매망을 구축하고 본격적인 활동에 나섰고 그 외의 금융기관으론 신한은행이 있다. 삼성물산이 주재하고 인도에 제조공장을 두고 있는 삼성전자 가전 사업부와 휴대폰 사업부가 별개로 운영되고 엘지전자, 현대자동차 뭄바이 오피스가 있으며 현대 중공업, 삼성중공업, 두산 중공업, 두산 프로젝트 인디아 법인, LG전자, LG 폴리머 등과 같이 뭄바이 지역거점과 유관한 사업인 조선 및 플랜트 관계 사업체가 현지 법인 또는 지사가 이곳에 진출하였다.

항만과 밀접한 해운 운송관련 기업으로는 OCI, 현대상선, 흥아해운 그리고 STX 지사가 있고 드릴공구류 공장을 뭄바이 외곽인 Thane지구에 세운 YG-1와 STB사업의 휴맥스 등 중견기업진출로 눈에 띈다. 그 밖에 뭄바이에는 대한항공 인도지사도 있는데 뭄바이에는 여객기와 화물기 모두를 취항하고 있으며 델리와 첸나이에 화물기만을 취항하고 있다. 그 밖에 상사기능으로 삼성과 SK네트웍스가 있으며 신규사업 진출탐색으로 2008년 뭄바이 연락사무소를 개설한 SKC와 개인기업 수준의 무역업 종사자도 몇몇 있다. 이처럼 한국인 직원이 직접 파견되어 세워진 기업진출이 있는 가 하며 또 다른 형태로는 인도현지인을 활용한 우회진출도 있다.

경기도에 있는 Stenter라는 섬유가공기계를 수출하는 한 중소기업의 뭄바이 지사는 뭄바이 지역이 세일즈요충지임에는 분명하나 중소기업으로서 감당하기 어려운 비용문제 때문에 고민하고 있는 중소기업이 귀담아들을 사례이다.

필자로부터 일반적인 인도시장 섬유기계관련 설명을 처음 접한 후 인도시장을 개척하기로 결정하고 이어 고객맞춤 컨설팅 단계로 해당기계제품의 인도시장조사를 하였었다. 시장조사를 통하여 시장수요와 고객층 그리고 경쟁관계 등을 파악하기로 하였으며 이후 조사내용을 근거로 타깃 고객을 설정하고 이를 인도에서의 첫 세일즈 레퍼런스로 만들기로 하여 필자와 함께 직접 1:1 고객맞춤제안을 실시하였다. 이를 통해 당해연도에 30여만 달러상당의 설비 수출계약을 처음으로 체결하였다. 이후 지속적인 마케팅 사후관리를 위하여 첫 선적과 함께 뭄바이에 인도 직원을 상주시키는 연락사무소를 개설하였다. 연락사무소에 상주시키게 된 인도 직원은 컨설팅 단계에서 실시한 시장보고서를 접한 이후 본 중소기업은 인도시장에 대한 가능성을 확신하고 이에 대한 접근전략으로 필자의 의견을 받아들여서 인도 세일즈엔지니어를 발굴하여 반월에 있는 동 중소기업에서 약 6개월간의 연수과정을 밟도록 하였다.

전기공학을 전공한 인도인력은 연수과정 중에 기업현장에서 설비의 생산과 설치를 익힘과 동시에 그동안 제대로 갖추어지지 않았던 컨설팅 단계에서 영문매뉴얼을 완성시키어 인도 이외 지역의 수출영업에서도 유익하게 사용되도록 하였다. 그동안 엔지니어링을 제대로 알지 못하는 영문번역 업체가 만든 매뉴얼은 외국인이 보기에 난해한 점이 한둘이 아니었지만 어찌할 방법이 없어 미흡하게 사용되었던 것을 영어 쓰기에 능통하고 또한 엔지니어링을 전공한 인도인력이 연수기간 중에 이를 완벽하게 해결하였다.

6개월에 걸친 연수를 마치고 인도로 귀환할 즈음 기업의 세일즈 담당과 그간 발굴된 고객들과의 직접방문상담 투어를 실시하여 본 산업계에서 인맥을 쌓았다. 투어 이후 뭄바이에 여느 한국기업과는 다르게 인도기업처럼 뭄바이 외곽에 저렴한 사무실을 구하고 상근 업무에 들어간 인도인력은 한국인이 주재하는 뭄바이지사의 역할을 충분히 소화함은 물론 그 이상의 활동력을 보여주었다. 이러한 인적구성을 가지고 시작한 뭄바이 연락사무소 유지비용은 한국인 주재하며 연락사무소를 운영하는 형태와 비교하여 볼 때, 저렴한 사무실 임대료와 인건비 그리고 업무활동비 등에서 20%도

채 들지 않았다. 단순히 살펴보아도 우선 수백만 원에 달하는 주택임차료가 안 들고 승용차 구입과 유지비가 없으며 학비보조 등의 업무 외적 비용이 전혀 필요치 않다는 것이다. 출장 등 업무비용에서도 주재 한국인에 비하여 훨씬 저렴하다. 이러한 사례는 뭄바이 등 대도시에서 필요한 연락사무소운영에 있어 역량이 부족한 중소기업으로서는 진지하게 검토할 수 있는 대안이 될 수 있다.

이러한 형태의 진출은 사전준비를 철저히 거친다면 직접 인력을 인도로 파견할 여력이 부족하고 또한 한국인 직원의 인도 파견에 따른 고비용을 부담하기 어려운 중소기업 입장에서는 적극적으로 고려해봄 직한 방법이 아닐 수 없다. 다만, 이는 어느 날 갑자기 기업이 하고자 하여서 할 수 있는 일이 아니라 반드시 해당 마켓과 HR에 능통한 전문가의 도움을 받아 최소 1년간 단계적으로 진행하여야 소정의 효과를 얻을 수 있는 전략이다. 한국기업에서 연수과정 중 기업과 유대감을 형성한 인도 인력은 해당 분야의 특수성으로 인하여 다른 회사로의 전직을 생각하기도 어렵고 그보다도 한국에서 6개월간의 회사 생활하면서 이 기간에 회사구성원과 인간적 유대감을 나누게 되어 이후로도 인도에서 성실한 근무태도를 보여주고 있다. 이 사례는 중소기업으로서 택할 수 있는 저비용 고효율의 해외 연락사무소 운영전략의 성공담이다.

뭄바이에 진출한 서비스업종으로는 뭄바이 하나여행사와 비즈니스 게스트하우스 두 곳이 영업 중이다. 부산외국어대학교 2년 수료 이후 교토 외국어대학교를 졸업하고 1986년 인도인 남편과 결혼하여 뭄바이에 이주하여 생활하고 있는 하나여행사의 박정희대표는 영어와 일본어는 물론 힌디, 구자라티 등 현지 언어에도 능숙하여 통역관계일로 뭄바이 지역을 찾는 한국기업인에게 많은 도움을 주고 있다.

이 밖에도 "락앤락"으로 알려진 생활용기를 판매하는 하나코비와 비철금속 소재를 수출하거나 노래방 기기를 판매하는 기업의 인도 연락사무소가 있는 등 모두 약 35개 정도의 기업 진출이 있다. 개별기업의 내용에 대해서는 필자도 파악하고 있으나 이곳에 나열하기엔 적당하지 않으니 필요에 따라 비교적 소상하게 정보를 보유하고 있는 대한민국 뭄바이영사관에 문의할 수 있다. 기업인 이외로는 한 손에 꼽힐 정도의 소수의 유학생과 한인교회가 뭄바이에도 있다. 이런 현황으로 볼 때 이는 뭄바이의 중요성에 비하여 현저하게 낮은 한국기업의 진출임을 알 수 있다. 이는 앞서 언급된 바와 같이 거주비용을 감안한 현지 여건이 매우 비싼 까닭에 대안이 없는 한 큰 변화가 없을 것이다. 오죽하면 여행객들조차 뭄바이는 입국하거나 출국하는 통로로 이용될 뿐이지 머물거나 관광을 할 대상으로 정하지 않는다고 하겠는가?

이런 사정을 감안하여 2007년에는 무역협회가 해외비즈니스센터 건립을 계획하면서 뭄바이와 베트남 호치민을 대상으로 검토한 바가 있었다. 그 결과는 뭄바이를 제외시키고 호치민에 비즈니스 타워를 천억 원의 예산을 들여 건립하기로 2007년 2월 지난 정부의 주도로 국무총리실·산업자원부 등 관계부처가 공동으로 수립한 "기업의 해외진출 지원방안" 중 하나로 확정하여 발표한 적이 있다. 물론 이 계획이 지금도 유효하여 예산마련 등 후속조치가 진행되고 있는지 아니면 계획으로 표류 중인지는 알려지지 않아 확인된 바 없지만 입지자료조사과정에서 뭄바이지역에 대한 정보를 제공한 바 있는 필자로서는 무역협회의 지역선정 절차에 납득할 수 없었다.

뭄바이 시내 중심부에 무역협회 건물을 신축할 수 있는 부지가 쉽게 확인될 수 없는 상황에서 정부종합대책용 자료마련에 며칠이란 짧은 기간 동안 검토한 결과를 가지고 이러한 장대한 계획을 결정하겠다는 의중을 가지고 뭄바이와 호치민의 입지의 비교검토가 이루어졌다는 것에 의문이 있다. 한국기업의 해외진출에 베트남이 중요한지 아니면 인도가 중요한지에 대한 편 가르기가 아니라 적어도 이러한 대규모 프로젝트가 성립되려면 전후 사정에 밝은 전문가들의 의견이 취합되어 현실적인 추진방안을 두고 공개적으로 평가되어야 할 것이다. 인도 뭄바이의 조건에서 정보수집이 어렵다는 이유로, 그리고 인도정부 측으로부터 협조가 없다는 이유로, 그저 베트남에 대한 접근이 손쉽다는 이유로 결정된 사항이라면 이는 대단히 위험한 정책과정이 아닐 수 없고 이런 점이 인도를 대하는 한국의 정부기관의 수준을 잘 나타내는 것이다. 계획을 입안하는 이에게 업무상 편리한 곳이 우선지역이고 유망지역이라고 하는 단초적인 판단이 국가나 기관의 정책에 여과됨 없이 반영되는 우리의 현실이 크게 우려된다. 인도벤치마킹의 필요성에도 불구하고 기관의 주요 공무원이나 기업의 중역들의 인도 발걸음이 더딘 데에는 인도에서는 음주 가무를 비롯한 여가의 즐거움이 없다는 점이 큰 이유라고 하니 걱정되는 바가 실로 크다.

조금이라도 인도를 이해하는 이라면 수긍하는 점은, 결코 어느 면에서도 인도가 우리에게 자발적으로 우호적이지 않다는 사실이다. 한국정부관련 기관이 뭄바이에 대규모 업무시설 개발에 나선다고 한들 인도 중앙정부나 뭄바이 지방정부에서 발 벗고 나서는 창구가 없을 것이라는 점은 인도강의 10분만 들어도 알 노릇이다. 지원은커녕 관련 부동산 존재 여부나 지가시세, 건축비용 등 제반 정보에 대한 수집조차도 협조를 받을 수 없는 형편이다. 또한, 이에 대한 한국 건설기업의 경험조차도 아주 전무한 형편이니 당장 자료 수집조차 곤란을 느낄 것은 자명한 일이다. 그런 까닭에 정부안에서나 기업에서조차 인도관계 정책이나 사업안은 늘 찬밥 신세를 면하지 못하고 이를 담당하기를 대부분 기피하기 마련이다. 이런 상황에서 본래의 의미나 중요성과는 상관없이 인도에 대한 결정은 늘 뒷전이고 차차 순위로 밀리기 마련이다.

비즈니스 출장자와 상담이나 전시회 등 진출관계로 붐비는 정도로도 인도에서도 최우선 지역인 뭄바이에 한국 비즈니스센터가 필요하다는 것을 한국의 어느 기업이 부정하겠는가? 1인 주재 사무실을 위해 임대료만 월 수백만 원을 부담하여야 하고 그조차도 옳게 구할 수 없어 많은 시간을 허비하여야 하는 형편이 뭄바이인데 비즈니스센터 필요성이 세계 어느 지역보다 더하면 더하였지 덜 할 이유는 없다. 양팔 벌려 환영하고 편의를 제공하는 등 호의적인 곳에서 득의양양할 것이 아니라 비록 환영받지는 못하더라도 유망한 시장거점에서 모자라는 힘까지 보태어 추진해야 하는 과제가 곧 해외진출 지원정책이다. 해외비즈니스센터 입지와 같은 중대한 사안에 있어 관계 전문기구와의 공개된 논의조차 없이 이루어진 무사안일과 보신 위주의 결정은 인도에 대한 정확한 사실을 호도한 사례로 그리고 근거 없이 저평가하여 인도를 뒷전으로 물린 잘못된 사례가 아닐 수 없다.

무덥고 습한 날씨, 전 세계 어디에서도 찾아보기 힘든 최악의 교통난, 머리를 설레설레 흔들게 하는 천정부지의 부동산 사용료와 호텔비 등 고물가와 캄캄하도록 감추어진 정보 부재의 뭄바이는 이렇게 어렵다 보니 인도 어느 지역에서도 만날 수 있는 오랫동안 상주해온 자칭 인도통 한국인을 만나기가 어렵다. 또, 5대 인도 대도시 중에서 유일하게 한국식당이 없다 보니 아쉽게나마 단골 인도식당에 한국식 맛깔이 나오도록 메뉴를 개발시켜야 하는 곳이 뭄바이이다.

어렵게 비치는 이곳 뭄바이이지만 그럼에도 이곳을 거치어야 하는 비즈니스는 어느 하나 빠질 것이 없다. 인도 기업의 본사분포에서 제1위 지역인 뭄바이에는 다양한 산업에서 중요한 위치를 갖고 있다. 섬유에서부터 IT와 유통업, 조선, 플랜트 그리고 금융업에 이르기까지 뭄바이의 중요성을 아무리 강조하여도 넘치지 않는다. 그러기에 년 중 어느 때에서이든 전시회와 컨퍼런스가 끊이지 않는 곳이고 세계 각국의 기업들이 웅지를 틀고 있는 곳이기도 하다. 쇄도하는 오피스 공간에 대한 수요와 트랙픽 증가로 뭄바이에선 제2 국제공항이 나비뭄바이에 계획되어 있어 곧 이 지역을 중심으로 한 업무권역이 들어설 것이다. 이 지역에서 이를 대비하여 서구권은 물론 아시아에서도 일본은 물론 싱가포르나 말레이시아, 대만에서도 업무공간을 사전에 확보해 두고 있어 이런 준비에 등한히 하고 있는 한국기업으로서는 뭄바이에서의 비즈니스 활동이 경쟁국가에 비하여 더욱 위축될 것이다. 이 때를 대비하여서라도 지금이라도 인도 최대 상권밀집 거점인 뭄바이나 나비 뭄바이에 한국기업을 위한 해외비즈니스센터가 마련된다면 중소기업은 물론 대기업에 이르기까지 이를 효과적으로 이용할 것이다.

뭄바이의 상징처럼 여겨지는 명소로 인디아 게이트가 있다. 인도로 들어가는 문, 인디아 게이트가 아라비아 해를 바라보면서 서 있는 뭄바이는 여행객에게도 낯설고 힘든 곳이지만 비즈니스 한국기업에게도 여전히 어렵고 먼 도시로 여겨지고 있다. 그렇지만 이 곳을 통하여 인도로 들어섰던 영국인처럼 보편적인 인도상권에 접근하기 위해 거쳐야 하는 뭄바이에서 중소기업을 포함하여 보다 많은 한국기업이 활동할 수 있도록 배려하는 것이 시장개척단을 뭄바이에서 해마다 10회 개최하는 것보다 더 효과적이다. 이 센터가 생기면 그 첫해부터, 현재 35개 정도에 지나지 않는 기업 활동이 최소 2배 이상 늘어날 것이다.

뭄바이 위성도시라 부르기엔 너무도 커진 푸네

2001년 즈음으로 기억하는데 개통한 지 얼마 되지 않은 푸네와 뭄바이 구간 4번 내셔날 하이웨이에서 통행하는 차량을 탈취하여 금품을 뺏는 빈번한 노상강도출몰에 대한 보도를 신문에서 보았다. 그 이후 혼자 다니는 뭄바이발 푸네향 출장길에선 2006년까지는 내내 탑승수속의 번거로움에도 불구하고 떴다 하면 내리는 거리인 160Km 짧은 구간을 비행기를 타고 다녔다. 그 일도 잊을 만하고 또 차량 통행이 예전과는 달리 정체를 빚을 만큼 많아진 지금 노상강도가 출몰할 턱이 없어 이제는 불편한 항공노선을 대신하여 차량을 이용한다.

푸네는 지난 6~7년 전까지만 하여도 뭄바이에 가려진 위성도시였고 불리는 닉네임은 그저 교육도시였다. 당시만 하여도 푸네를 지칭하여 IT거점도시니 자동차산업의 허브이니 하는 이야긴 그리 흔치 않았다. 2001년 인구센서스에서 불과 인구 2백5십여만 명의 푸네는 이후 IT산업과 자동차 산업 등 제조업의 급격한 성장이 이루어지면서 외부로부터의 유입되는 인구로 인하여 2006년엔 3백2

십만 명에 달하고 이내 2008년에는 5백만 명을 넘어설 정도로 급
증하였다. 2005년 한 해에만 무려 170여 개의 IT회사가 설립된
것으로 보고되는 IT산업과 타타와 마힌드라를 필두로 하는 자동차
공업 및 바자즈 오토바이 제조산업 그리고 인도 최대의 케이블제
조기업 피노렉스, 필립스 전기기구, 로레알 화장품 그리고 한국의
LG인디아 제2공장 등 다양한 제조업을 바탕으로 이 도시는 급성
장하여 이제는 인도경제의 1Tier 거점반열에 올라섰다. 이러한 푸
네의 산업 성장에는 2000년 이후 뭄바이가 산업 과부하를 밀어내
는 가운데 주변 위성도시 중에서 국도와 NH-4번 하이웨이 그리
고 BOT[63]라는 민자개발방식으로 지어져 2002년4월 완전히 개통
한 Expressway 등 3개 도로망으로 가장 접근성이 좋다는 것과
또한 47여 개의 엔지니어링 칼리지를 비롯한 유수한 대학교육 기
관을 통하여 배출되는 전문 인력이 풍부하다는 점이 크게 뒷받침
되었다.

밀려드는 기업체를 수용하기 위하여 IT산업 경제특구를 비롯하
여 LG전자의 인도 제2공장으로 인지도가 높은 란잔가온(Ranjangaon),
GM자동차와 POSCO 코일 센터가 있는 Talegaon 등과 같은 마하라
스트라 주 정부 개발공사(MIDC)[64]가 추진하는 12개 지구의 산업
단지가 푸네에 세워졌으나 이것마저도 부족하여 산업단지가 새로
이 외곽지역으로 더욱 확대되고 있는 추세가 푸네의 성장을 역설
하고 있다. 그뿐이 아니라 밀려드는 인구를 수용하기 위한 주택개

---

63) BOT: Built, Operation and Transfer 개발사업자가 자기자본으로
　　개발한 이후 사용료 등을 일정기간 징수하며 수익을 창출하고 기간
　　이 만료되면 이를 정부기관으로 소유 권리와 운영권 일체를 양도하
　　는 인프라에 대한 민자개발방식 중 하나이다.
64) MIDC: Maharashtra Industrial Development Corporation in
　　Mumbai

발이 폭발적으로 늘었으나 계속 부족사태를 빚자 주 정부는 급기야 푸네 시내의 택지 유휴지에 건축을 하지 않으면 공한지세를 물리겠다고 법령개정안을 공포하는 등 주택공급에 팔을 걷어붙이고 나설 정도로 도시가 팽창하고 있다. 산업단지에 인접한 지역에 신공항이 추진되고 있으며 불과 6~7년 전만 하여도 호텔 밖에는 변변히 식사할 만한 곳이 없어서 내내 호텔 식당만을 전전할 정도로 빈한하였던 도시는 밀려든 많은 외식업체들은 물론 대형 쇼핑몰과 푸드 코트 그리고 한국식당으로 선택의 폭이 한층 넓어질 정도로 모든 것이 성장 일색으로 변하였다. 산업발달이 이루어지고 대단위 아파트먼트 타운과 같은 주택과 대형 쇼핑몰의 상가공급을 위한 부동산 개발이 뒤따르고 이에 인구유입에 발맞춘 서비스와 소비시장이 생성되고 다시 확대로 이어지는 인도경제성장의 전형적 도시팽창 모델을 보여주는 곳이 바로 푸네이다.

그런 푸네를 대표하는 산업이 무엇인지를 딱 잘라서 말하기가 어렵다. 이는 다방면의 산업이 고르게 성장하고 있다는 것을 의미한다. 성장 동력산업으로 IT산업을 말할 수도 있고 자동차 산업이라고도 할 수 있으며 또한 전자산업도 빼놓을 수 없다. 그런가 하면 의약과 바이오산업도 홀대할 수 없으며 금속제련 등 중공업도 적지 않다. 이러한 가운데 한국기업과의 상관에서 주목할 바는 자동차산업에 관계된 부품제조 산업이며 기타 소비재 제조 산업이다. 푸네를 인도 굴지의 IT산업의 한 축으로 설명하면서도 한국과의 관계에서 IT산업분야를 우선하여 거론하지 않는 이유는 단순하다. 이미 한국 IT기업이 푸네 IT베이스를 이용하고 시장거점으로 삼기엔 너무 늦었다는 것이 그 이유이다. IT 엔지니어링 분야에서 인도 어느 지역보다 인건비가 비싸면 비쌌지 저렴하지 않은 것은 물론이고 더 덩치가 큰 글로벌 IT기업들과 극심한 인력쟁탈전을 벌여야 하는 이곳은 이미 한국 IT산업이 터전으로 삼기엔 늦은 감이 없지 않다. 그보다도 이곳은 한국 기업이 제조를 위한 인도 진출의 베이스로 활용할 수 있다는 점을 고려함이 옳다.

뭄바이와 푸네 그리고 떠오르고 있는 인근의 나식과 아우랑가바드 등 마하라스트라 주의 거점도시들과 인근 서남부 주는 한국의 제조 기업에는 소비시장으로 인도에서 가장 큰 규모를 가지고 있다. 뭄바이에 세일즈 포스트를 세운 Lock&Lock 생활용기제조의 하나코비가 인도제조거점을 뭄바이 일대에서 고려한다면 현실적으로 이는 푸네를 중심으로 한 인근 산업단지 중에서 찾는 것이 유리할 것이다. 그런 까닭에 최근 푸네를 중심으로 마하라스트라 주에서 인도 생산입지를 세우려는 기업들의 발걸음이 잦다. 그러나 이 종종걸음도 그리 오랫동안 푸네로 향할 수는 없을 것이다. 이유인즉 급속하게 소진되는 산업입지와 게다가 천정 모르고 오르는 부동산 비용 때문이다. 2006년7월과 2007년11월에 각각 동일한 지역의 산업 필지를 두고 비교한 푸네 사유지 매매가격은 무려 2배에서 3배 가까이 치솟았던 것을 필자가 직접 경험하였기 때문이다. 불과 1년4개월 만이다. 매우 조심스런 언급이 될 수밖에 없겠지만 이런 상승조차도 이후 한동안은 계속될 것이라는 전망이 현지 인도인들에게서 나오고 있다. 이유인즉 단순하다. 산업인지로 요건을 갖춘 필지 공급이 늘어나는 수요를 감당하지 못하기 때문이다. 즉, 수요가 늘 공급을 초과하기 때문이다.

푸네 지역의 산업입지에 대한 이야기를 좀 더 하기로 한다. 이는 최근에 이 일대를 중심으로 일고 있는 한국중소기업들의 주된 관심이기도 하며 첸나이와 같은 인도의 주요 산업클러스터에서도 비슷하게 적용되는 중요한 사례이기 때문이다. 산업입지에 대한 성격과 형성에 대해서는 앞서 1부의 부동산개발 산업과 마켓에서 다루어졌고 여기에서는 입지선정과정을 언급하고자 한다.

공장입지를 찾으려는 한국기업의 행보는 잰걸음으로 너무 조급하게 움직인다. 진출을 작정한 지 1년 이내에 심지어는 6개월 정도의 시한으로 공장완공을 염두에 두고 나서는 경우가 비일비재하니 늘 시간이 부족하여 충분한 현지조사를 하지 못한다. 인도에서는 부지매입이나 임대계약을 할 수 있는 법률적 지위를 갖기 위해서는 법인이나 지사, 연락사무소 또는 프로젝트 오피스 등 목적에 적합한 형식으로 제 절차에 따라 등록하여야 한다. 이에 필요한 등록절차를 처리하는 데에는 시작부터 최소 3개월 이상의 시일이 소요된다. 계약이라는 전제가 마련되지 않은 사전조사는 나날이 달라지는 임대조건이나 계약조건을 붙잡아 두기에 어려움이 크다. 진출에 대한 대체적인 방향이 있다면 큰 비용이 소요되지 않는 지사와 같은 현지법인 설립절차에 즉시로 착수하여야 한다. 이러한 사전절차가 준비되어야 비로써 MIDC가 시행하는 부지분양에도 참여할 수 있는 자격이 성립되는 것이기 때문에 더욱 필요한 조치이다. 이러한 부지분양은 대부분 비교적 짧은 시간에 모집되고 마감되기 때문에 공고를 알게 된 이후 준비하여 참여하기엔 거의 불가능하다. 사유지에 비하여 입지조건이나 혜택 그리고 가격 등 제반조건이 훨씬 좋은 MIDC단지에 들어가고자 하여도 이러한 사전지위가 마련되지 않고는 그림의 떡이 될 공산이 크다. MIDC 부지에 대한 선호도가 워낙 높은 관계로 경쟁이 치열하기 때문에 모집이나 입찰은 공고이전 사전예약이나 또는 공고 직후 선착순으로 조기에 종료되기 때문이다.

현지기업으로서의 법적 지위를 확보하면서 동시에 현지조사를 하게 되는데 조사를 한국기업과 밀접한 관계를 갖고 있는 현지브로커에게 일방적으로 의지하지 말아야 한다. 비슷한 여건으로 찾는 한국기업 사이에 경쟁을 부추기고 이에 과도한 프리미엄이 형성되는 경우가 많다. 이점은 MIDC 푸네 지사의 경우도 마찬가지이다. 잦은 한국기업의 방문으로 심드렁해진 탓에 정보제공이 미온적이며 당초 기업이 찾고자 하는 산업단지에 대해 안내를 하기보다는 잘 팔리지 않는 멀리 있는 부지를 안내하거나 경우에 따라선 이런 문의정보를 결탁한 현지 브로커에게 흘려서 프리미엄이 붙은 뒷거래를 하게끔 유도하기도 한다. 얼마나 이런 경우가 많은지 해당 브로커 사무실에는 한국어를 능숙하게 하는 인도인이 영업이사로 고용되어 있을 정도이다. 이런 인도인들은 수년의 한국 체류 경험이 있어 현지실정에 어두운 한국인에게 입안의 혀 노릇으로 현혹한다. 대기업 이름을 들먹이며 은근히 중소기업의 자존심 경쟁을 부추기는 것 하며 어느 하나 한국의 떴다방 행태와 다를 바 없다. 의사소통의 능력만 된다면 현지로컬에서 부딪치는 중개인이 훨씬 백배 나을 것이다. 따라서 현지에 대한 정보를 입수하여 세부정보를 이해한 다음 이를 근거로 MIDC 푸네 지사에 보다 자세한 내용을 요구함으로 현지사정에 무지하지 않다는 것을 나타내어야 제대로 된 정보 접근이 가능하다.

사유지의 임대에서도 유의하여야 할 점이 적지 않다. 지목에 대한 변경책임과 기간 그리고 비용에 대한 귀속 유무가 우선이고 진입도로에 대한 소유권 문제도 소홀히 할 수 없으며 지하수개발가능성과 인입전력공사에 대한 비용부담과 허가문제 그리고 공해조정위원회의 공장설립 예비인가 등의 절차를 전제조건으로 한 계약 문안작성 등이 가장 현실적인 문제이다. 이런 점에서 본다면 강조하는 것은 MIDC가 공급하는 입지가 단연코 최우선 선택이라는 것이다. 그러나 이를 얻기 위해서는 한발 앞선 걸음이 필요하다. 경우에 따라서 사유지 매입 이후 부지가격 상승으로 인한 경제적 이득이 적지 않지만, 공장가동이 주목적이고 부동산 단기매매에 의한 투기가 목적이 아닌 이상 이러한 조건에 집착할 이유가 없다.

여기서 중요한 것은 대부분 중소기업으로서는 필요한 부지가 그리 넓지 않기 때문에 수평적 관계나 수직공급관계를 갖는 한국기업들끼리의 공조가 필요하다는 점이다. 경제거점으로서의 푸네에 진출하는 기업들이 공동으로 부지를 확보하고 이를 공동으로 사용함으로써 그렇잖아도 부족한 인력을 이러한 사전절차에 투입시키는 고충을 해소하고 또 필요한 비용을 낮출 수 있는 이점이 있을 뿐 아니라 사후관리에 있어서도 효율적이다. 산업입지는 대부분 주거지역과 거리가 있으므로 필요 인력의 출퇴근에 공동배차를 하거나 복지시설의 마련에도 공동대처함으로 비용절감을 가져올 수 있다. 진출기업에 대한 동향과 정보에 대해서는 벤더진출을 있게끔 하는 모기업이 제공하거나 한국자동차공업협동조합, 지역 자동차부품제조협회 또는 중소기업진흥공단 등과 같은 관계기관에서 이를 주선할 필요가 있다. 각각 개별기업이 저마다 부지확보에 나섬으로 한 두건의 수요가 현지에서는 이런저런 입소문으로 수십건의 수요로 과장되어 가격상승을 부르는 부작용이 있음을 잊지 말아야 한다.

한국인의 저조한 뭄바이 진출과는 달리 뭄바이에서 약 160여 Km 떨어진 푸네에는 기업인은 물론이고 초·중·고등학생으로부터 대학교육과정을 목적으로 한 유학생이 다수 있는 관계로 약 800여 명의 많은 한국인이 있다. 2007년 말 기준으로 500여 명에 가까운 학생층이 있고 장기 출장자를 포함한 200여 명의 기업인이 있는 것으로 추정되고 있다.

학생층이 500여 명으로 추산되는 것은 2~3년 전 거의 천여 명을 상회할 것으로 예상하던 숫자에 비하여서는 크게 낮아진 것인데, 이는 인도유학이 생각보다 쉽지 않다는 것을 보여주는 증거이다. 단순히 인도를 여타 지역보다 수월하게 여기어 쉽게 덤벼드는 어학연수를 포함한 유학과정에 있어서 학습효과가 기대만큼 나오지 않는다는 것과 생활환경에의 적응이 쉽지 않다는 것을 보여주는 사례가 아닐 수 없다. 무조건 닥치고 해보자는 식의 도피성 유학은 재고되어야 한다. 이즈음 인도가 학비가 싸거나 생활비가 저렴하다는 것은 사실과 맞지 않다. 외국인, 특히 한국유학생 쇄도에 인도국제학교에서 만행하는 일방적 수업료 인상과 특정 유학알선대행업자와의 유착관계에서 오는 부당한 수속절차와 비용발생 그리고 현지 생활물가의 급증은 저렴한 비용의 인도유학이라는 소문을 무색하게 한다. 이러한 현상은 푸네보다 앞서 학생들이 집중적으로 몰렸던 벵갈루루 지역에도 이와 유사한 현상이 발생하였다. 당초에 생각하였던 생활비나 학비인상 등 현지사정 변화에만 인도유학의 문제점이 있는 것은 아니다.

나름의 장점을 갖고 있는 인도 교육시스템이나 교과과정, 영어로 진행되는 수업으로 인한 영어능력 향상의 기회, 인도에서 수업을 이수한 후 해외대학으로 진학하는 것이 용이하다는 점 이런 장점 등등이 인도유학에 있는 것도 분명한 사실이다. 그러나 모든 것이 그렇지만 좋다고 생각할 수 있는 하나하나의 요건들의 진위나 평가는 이를 직접 마주쳐야 하는 학생 본인 스스로 어떻게 하는가에 결정적으로 좌우되다. 이곳 인도라고 하여도 예외는 아니다. 수업만 피동적으로 참석한다고 하여서 저절로 늘어나는 영어도 아니고 이른바 서바이벌 잉글리시로 만족하는 수준에 머물러 있다면 진학학년마다 승급 여부에 애를 먹어야 할 것이고 대학과정의 경우에서도 어학원과정에서 벗어나지 못한 채 허송세월을 지내게 된다.

생활환경과 기후환경이 공부를 열심히 할 수 있는 여건은 아니다. 무더운 날씨와 잦은 정전, 그리고 비 오는 몬순이면 교통마비로 심지어 통학이 불가능하고 뭐 그렇게도 이름도 알 수 없는 기념일과 축제일을 핑계로 한 휴교가 빈번한 인도에서 더구나 가족과 함께 생활하지 않는 학생들만의 인도유학은 그저 아슬아슬하기만 하다. 먹을거리의 위생문제도 소홀히 할 수 없는 형편이다. 기숙사 생활에선 더욱 그렇다. 지역에 따라서 홈스테이라고 하여 현지 거주 한국인 가정에 초·중·고등학생의 경우에는 몇몇이나 아니면 십여 명씩 단체로 기숙하는 형태의 영업장이 있어 이를 이용하는 사례도 있어 열악한 기숙사를 대신하기도 한다. 그러나 성장기의 학생들에 대한 부모의 관심을 일일이 대신하여 주기엔 역부족일 것이다. 수업진도와 성취에 따른 보충이 제때에 이루어지지 않거나 현지 인도학생들과의 은근한 마찰이 심성에 미치는 영향들로 적지 않은 고충을 어린 학생들 스스로가 짊어지고 가는 형편이다.

영어실력 미비에서 오는 불완전한 의사소통으로 한국학생이 적은 곳에서는 인도인들에게 따돌림을 당하거나 하고 역으로 이로 인해 한국학생이 많은 곳에서는 한국인 끼리끼리의 무리지음의 부작용이 있다.

모든 것에는 당초부터 유학에 대한 학생 본인의 자질과 마음가짐 그리고 현지에 정통한 사실에 근거한 올바른 학교선택이 매우 중요하다. 한국에서 부족한 영어를 인도에서 제대로 배우기 위해 인도환경의 장점을 잘 살려서 빠르고 효과적으로 익히고 사전에 충분한 사실을 수집하여 제대로 갖추어진 시스템이 있는 학교를 선택하여 확실한 목표의식을 가지고 임하여야 할 유학생활은 인도라 하여서 굳이 다른 나라와 다를 바는 없으니 혹여 "인도"라는 단어가 주는 "그 까짓것 만만하다"라는 잘못된 연상 이미지로 무턱대고 덤벼들 일이 아니라는 것이다. 학교선택만 하여도 그렇다. 외진 한적한 곳을 지나도 그저 가건물처럼 지어진 허름한 교사만 덩그러니 있는 곳도 인터내셔널 무엇이고 무엇 엔지니어링 칼리지이다. 유명대학 이름을 앞에 붙힌 커리큘럼 제휴 대학이 어디 한 두 군데인가? 멀쩡히 작년까지만 하여도 일 년 학비가 내국인의 2배 정도에 족하던 것이 유학알선의 중개로 인하여 한국학생이 좀 몰리다 싶으면 여지없이 해마다 학비는 치솟는다. 유학알선을 전문으로 이 도시에서 장사가 되었다 싶으면 또 이 도시에서 저 도시로 "유명" 학교를 만들어 옮겨 다니는 철새장사꾼이 있다는 사실도 잊지 말아야 한다. 이러다 보면 운동장 등 기본 체육시설도 갖추지 못한 평범하였던 인도 사립학교가 어느새 유명 "국제학교"가 되어 있다. 관심을 조금만 가지고 보면 푸네나 벵갈루루 그리고 하이데라바드, 데라둔 등등에 보면 사방에 "인터내셔널" 간판을 달고 있는 학교를 볼 수 있다. 한국에서 그렇게 목말라하던 국제학교와는 단지 간판만 똑같고 그 내용은 천차만별로 다르다는 것을 알고 선택하여야 할 것이다. 그러나 이렇게 만만하지 않고 여러 변수가 많은 인도유학이지만 일면 철저한 준비한 성실한 노력으로 좋은 결과를 만들어 내는 경우도 적지 않다는 사실이다. 저절로 입으로 떨어지는 "감나무"는 인도에 결코 없으나 노력 여하에 따라 주어지는 보상은 선진국 어느 나라 못지않다.

인도에서 고등학교를 졸업하고 치과대학을 진학한 학생이 있다. 학생의 부모 역시 인도에서 사업 하는 사람으로서 자녀가 진학할 인도의 치과대학에 대해 정확히 알아보기 위해 동분서주하다가 결국은 최종선택을 위해 열흘 동안 수천 킬로미터를 운전하면서 일일이 방문하여 학교 내용과 시설 그리고 부속병원 유무와 규모 그리고 평판을 확인하였다. 인터넷으로 나온 내용과 그 지역이 아닌 다른 지역에 살고 있는 주변 사람들이 말하는 것으로만 정확한 사실을 판단하기에는 인도라는 나라는 워낙 넓고 다양하고 제 안의 속도 모를 요지경의 구석이 적지 않다. 부속병원도 없어서 의과대학을 졸업하여도 스스로 돈을 들여서 인턴자리를 찾아가야 하는 경우가 비일비재하다. 결국, 학생은 부모의 각고의 노력으로 분석한 사실에 근거하여 찾아낸, 마니팔 병원을 운영하는 재단이 설립한 망갈로르에 있는 치과대학에 진학하여 만족스럽게 학업에 정진 중이다. 벵갈루루에 있는 마니팔 종합병원은 인도 언론이 선정한 베스트 중의 베스트 종합병원으로 선정된 곳이다.

푸네의 경우를 들어서 이렇게 장황한 유학이야기를 할애함은 비단 푸네에서의 한국인 숫자뿐만 아니라 첸나이와 뭄바이를 제외한 대부분 도시 거주 한국인의 절대다수가 학생이라는 현실에 현황정리의 필요성이 있기 때문이다. 인도 유학에서 소수의 성공사례를 일반적으로 생각하여서는 곤란하다. 그 소수의 사례는 참으로 갖은 노력으로 찾은 정보를 바탕으로 자신이 준비된 자세로 임한 각고의 세월에 대한 보답이지 학교선택으로부터 일상의 생활에 이르기까지 하나하나의 과정이 저절로 얻어지거나 제3자의 일괄 서비스제공으로 주어질 것이 아니기 때문이다. 좋은 대학 좋은 학과에 들어가기 위해서 인도학생들 스스로도 극심한 경쟁을 치르고서야 입학하는 마당에 우리로서야 어디 차려진 밥상을 넙죽 받을 수 있겠는가?

　인도 국가범죄기록청(NCRB)의 발표에 따르면, 인도에선 약 8분마다 1명꼴의 자살자가 있다고 하는데 그중에서도 학업의 중압감에 못 이겨 스스로 목숨을 끊는 경우가 적지 않다. 델리 북쪽 방면에 있는 럭나우라는 UP주의 수도인 이곳엔 인근 지역에서 보다 나은 교육의 기회를 주려고 많은 부모들이 이곳으로 학생들을 보내지만 정작 학생들은 진로와 학업문제로 자살하는 경우가 해마다 늘고 있다고 한다. 이곳뿐이 아니고 각 지역의 중심도시에선 같은 상황이 벌어지고 있다. 인도 역시 우리와 정도의 차이가 있을지언정 학업에 대한 경쟁과 심리적 중압감은 다를 바 없으니 교육해방이라는 점은 산업화한 사회와 경쟁사회에선 찾을 길이 없는 것인지도 모른다.

　군 복무를 마치고 인도에서 영어 어학과정을 6개월간 마치고 이후 인도 칼리지를 졸업한 이후 처음부터 목적으로 한 영국의 경영대학원으로 장학금을 받고서 떠난 학생이나, 한국 시스템으로 중학교 3학년인 여학생이 중학교 1학년인 남동생을 데리고 인도인이 운영하는 다국적 게스트하우스에서 국제 외교관의 꿈을 목표로 국제학교라는 타이틀도 없지만 평판 좋은 저렴한 학비의 인도 공립학교에서 인도인들과 씩씩하게 지내는 모습에는 그저 박수를 보내고 싶다. 사실 공부라는 것이 몰려다니면서 할 수 있는 일은 아니다. 외국유학이란 더욱 그렇다.

　다시 이야기가 돌아가 푸네 지역에 진출한 그 외 200여 명의 내용을 살펴보면, 델리 NCT지역인 노이다에 제1공장을 두고 있는 LG전자인디아의 제2공장이 푸네 외곽 란잔가온에 있고 그 외 스타리온 등 7~8개 부품공급업체가 가장 대표적인 진출이다. 포스코 코일센터(POSCO PROCESSING CENTER)가 있으며 굴삭기 등 건설 중장비 제조라인과 자동차설비 엔지니어링의 현대중공업, GM대우와 타타 자동차에 관련한 부품기업에서 진출하거나 준비 중에 있다. 이 외에도 알루미늄 주물 생산의 중견기업과 오래전부터 활동 중인 e-북 인디아가 있으며 무역업관계 개인기업과 7개 정도의 비즈니스 게스트하우스 업종, 학생들을 위한 6~7개의 홈스테이 등으로 거주 한국인의 면면이 파악된다.

당초 푸네에는 대우상용차를 인수한 타타 자동차 및 GM대우와 관련하여 한국의 부품산업이 다수 진출할 것으로 예상되었으나 아직 몇몇 기업만이 진출하거나 할 예정이다. 그나마 핵심 부품생산으로 안정적 사업을 운영할 수 있는 기업은 그다지 많이 포함되지 않은 것으로 조사되어 기술과 가격에 있어서 경쟁력을 가졌다고 자부한 한국 자동차부품산업의 자존심에 적지 않은 손상을 입혔다. 이렇게 된 이유에는 부품공급 등록업체 선발과정에서 의사소통에서 문제점이 발생하였다고 한다. 첸나이의 현대자동차와 관련된 부품산업의 동반진출이 한국경영진과 한국 기업인의 거래였다면 이곳 푸네에서는 한국인이 상대가 아닌 다국적으로 구성된 운영진을 보유하고 있는 GM, 폭스바겐, 마힌드라, 타타 등과 거래를 하여야 하는데 이들과의 의사소통에 문제점이 있다는 것은 곧 기업경쟁력 상실과 연결된다.

그 틈을 비집고 한국기업들보다는 같은 국적의 운영진의 적극적인 지원을 받은 중국(대만)이나 인도기업이 공급처로 선정되어 작작지 않은 충격을 안겨주었다. 한국 자동차부품제조기업의 글로벌 경쟁력에 대해 고민케 하는 대목이 아닐 수 없다. 물론 GM대우

하나만을 놓고 보았을 때에는 시장의 크기가 만족스럽지 않을 수도 있어 소극적 대응을 한 탓도 있었을 것이나 최근 부품공급기업의 동향이 복수거래에 대해 부정적이라기보다는 긍정적인 시각이 많으니 이런 변화에 적극 대응할 필요가 있다. 만일 단일 기업으로서 이러한 대응에 역량이 부친다면 해외진출을 위한 컨소시엄 결성을 고려함도 바람직하다. 같은 서부 라인에 있는 인도 서남부 코치지역에 반도체 관련 산업단지에 대만의 공급업체들이 조합단위로 진출을 모색하는 사례에서 시사되는 바가 적지 않다. 우리의 중소기업도 뭉치면 산다는 단순한 진리를 실천할 때이다.

GM대우의 경우에 많은 기업이 희망하였음에도 불구하고 겨우 5개 기업만이 M300 모델의 부품공급업체로 선정되어 진출을 준비 중에 있다. 이 과정에서도 적지 않은 어려움이 예상된다. 날로 치솟는 현지 부동산 가격상승은 그렇잖아도 척박하게 느껴지는 인도의 사업 환경에서 사업성 여부가 불안한 마당에 비용증가라는 변수까지 더해지는 형편이다. 따라서 첫 단계부터 이들 기업들의 협력이 이루어진다면 좀 더 효율적인 진출토대가 마련될 수 있을 것이다. 이를 기초로 향후 더욱 확장될 여지도 있을 것이다. 정부의 수출지원시스템은 이를 뒷받침할 제도적 지원에도 관심을 가져야 한다.

푸네는 한국의 대기업에 동반 진출하는 앞서 열거한 협력기업뿐만 아니라 이미 제조 산업을 수용할 수 없는 뭄바이를 대신하여 대안으로 진출거점을 찾는 제조업 관련 기업들에 매우 선호되는 지역이다. 그런 까닭에 인도 서부 시장을 겨냥한 플랜트 엔지니어링 설비 회사나 금속관련 가공기업들이 빈번하게 푸네를 방문하며 진출여건을 모색 중에 있다. 반복되는 이야기이지만 그 중의 최대

관건은 역시 산업용 부동산확보 문제이다. 한국토지개발공사의 인도 거점으로 푸네 지역에 한국기업 산업단지조성 등을 통하여 이런 고비를 잘 넘긴다면 곧 다양한 업종의 제조 기업인들이 진출할 수 있을 것이다.

뭄바이에서 년 중 행사로 빈번하게 열리고 있는 한국기업의 다양한 비즈니스 행사에 푸네에 있는 유학생이 통역원으로 선택되고 있다. 아무리 찾아보아도 몇몇에 지나지 않는 유학생이나 개인 비즈니스를 하는 이들이 적은 뭄바이에는 통역을 도와줄 인적자원이 거의 전무한 실정이다. 그런 까닭에 160여 킬로미터 떨어진 푸네에서 뭄바이로 원정지원에 나설 수밖에 없고 이런 점은 빈한한 주머니 사정인 유학생들에게는 적지 않은 수입을 가져다주곤 한다. 몬순 우기를 제외하고는 년 중 한 달이면 한두 차례는 꼭 있는 시장개척단이나 각종 전시회에서의 통역지원으로 용돈 사정이 넉넉한 유학생이 있기도 하다. 여기서 통역이라 말함은 인도 비즈니스 언어인 영어 통역을 말하지 현지어 통역을 가리키는 것이 아니다. 사실 현지어, 뭄바이지역에선 현지어라고 함은 힌디보다는 마라티라는 지방 공용어를 말하는데 이를 구사할 수 있는 인원은 극소수에 지나지 않는다. 이따금 희망하는 이들이 있는데, 뭄바이 지역에서 한국어를 할 줄 아는 인도인을 통역으로 채용할 가능성은 영 퍼센트에 가깝다. 그렇다면, 100%로 영어에 의존하여 비즈니스 상담을 하여야 하는데, 통역원의 지원을 받는 것에서도 매우 신중하여야 할 것이다. 지역이나 기관을 통하여 단체로 참가한 시장개척단의 경우나 전시회의 경우 일반적으로 통역을 주관 단체에서 지원하는 형식이기에 비용부담이 없다는 생각에 이에 쉽게 통역을 요청하는 경우가 있다. 그러나 할 수 있다면 비록 유창하지 않은 영어라 할지라도 제품 상담에 있어서는 기업인 스스로가 나서는 것이 더 옳다.

　이즈음의 기업의 제품과 서비스는 보다 전문화되고 복잡화되면서 기술적 용어가 많이 포함된 설명이 뒤따라야 한다. 이를 행사 얼마 전에 통역원이 지명되어 해당 통역원이 단 하루의 통역을 위해 제품내용을 사전 숙지한다는 것은 무리이다. 웹상으로나 우편 전달받은 카탈로그만으로 충분한 이해를 할 수 있다고 생각한다는 것은 무리이다. 아직 유학 중인 학생인 관계로 비즈니스 전문용어에 대한 이해도 깊지 않다는 것 역시 지적되는 바이다. 그럴 바에야 기업 스스로가 준비된 인적 자원으로 해외상담에 나서는 것이 맞다. 러시아나 중국 그리고 베트남 등과 같이 해당 지역 특수 언어로 비즈니스가 이루어지는 경우에야 어쩔 수 없다고 하지만 보편성을 갖고 있는 영어로 상담이 이루어지는 인도에서는 기업 스스로가 나서는 것이 최선의 방법이다. 인도인들의 입장에서 자국어 힌디나 지방어 등 특수 언어가 아닌 보통 언어인 영어로 의사소통함에 있어서도 비즈니스 전문가가 아닌 학생 통역원이 나서는 상담에 대해서 매우 의아하게 생각한다. 이점은 곧 기업의 신뢰와 향후 관계의 지속성에 대한 의구심으로 이어지게 마련이다. 이점은 인도 시장개척단이나 전시회 상담을 기획하는 기관들이 다시 되새겨봐야 할 점이다. 부족한 영어라 할지라도 전문용어가 포함된 성의를 다하는 본인의 영어가 상담전문인이 아닌 학생통역보다는 더 설득력이 있고 신뢰성이 있다.

　우리가 인도기업인을 믿지 못한다고 한다. 허나 역으로 인도기업인들이 한국의 중소기업에 대한 신뢰도가 얼마나 되는지에 대해서 생각해 본 적이 있는가? 해외업무추진 능력과 지속적인 제품생산능력에 대해 그리고 A/S에 대한 신뢰도에 있어서 한국과의 경험이 있으면 있을수록 그 수치가 낮다는 사실이다. 이를 생각한다면 의사소통에 있어서도 손쉽게 비전문가인 학생통역에 의존하고 있는 상담관행은 상담의 신뢰도 문제에 있어서 재고되어야 할 것이다.

Welcome to Hometown of Hyundai Car

내륙도시에서 첸나이로 상공에서 접근할 때는 일단 항공기가 벵갈만 바다로 나가 선회를 하면서 활주로 방면으로 기수를 잡아 착륙하게 마련이다. 랜딩하면서 활주로 주행 중 창문 밖으로 얼핏 대한항공 비행기가 보였다. 첸나이, 대한항공이 아직 여객기는 취항을 하지 못하지만, 화물기는 이곳을 왕복한다. 그만큼 우리 산업과의 밀접한 관계임을 상징이라도 하는 듯, 낯선 첸나이 공항에서 태극마크의 국적 항공기를 볼 수 있다. 그뿐 아니라 공항청사를 들어서면 바로 만나는 입간판에는 한국인의 시선에는 보기 좋도록 현대자동차의 고향 첸나이에 온 것을 환영한다는 문구가 시원스럽게 걸려 있다.

인도는 남북 종단 길이가 3,219Km인데 북단을 머리 정수리로 보면 아마도 첸나이는 왼 무릎 정도로 남쪽으로 내려와 있는 인도 3대 항구도시 중 하나로 동남부 경제의 중심지이다.

타밀나두 주의 수도로 첸나이는 개방화 이후의 산업과 이전의 산업으로 확연히 구분되는, 경제개방과 성장의 혜택을 한몸에 받아들인 도시이다. IT산업의 발기와 성장과정에서 첸나이에서 교육받은 우수한 인적자원이 인근 벵갈루루로 직업을 찾아 떠나는 것

을 바라봐야 했던 2000년 초까지의 양상과는 크게 달라진 IT도시
의 위상을 최근 갖추어 가고 있다. 뭄바이나 벵갈루루 등 다른 거
점도시와는 달리 사회의 분위기가 다소 보수적 성향을 갖고 있는
타밀나두의 첸나이이지만 성장과정에서 해외 기업과 외국인의 이
주가 본격화되면서 변화의 물결에 휩쓸리는 것은 어쩔 수 없다.
변화를 거부할 수도 있는 보수적 계층의 반발도 일단은 성장에 대
한 암묵적 동의를 감추지 않는다. 과거 마드라스로 불리던 타밀나
두의 중심인 첸나이는 1991년 인도 개방경제 이후 최고조로 높아
지는 성장 파도에 올라타고 있다. 이를 보여주는 상징적인 해프닝
이 최근에 있었다.

타밀나두 주 수도인 첸나이에서 지난 2008년 4월4일에야 겨우
이 지역에서 맥도날드 체인점 1호가 문을 열었다. 인도의 많은 도
시에서, 구자라트에만 하여도 8개의 점포를 포함하여 인도 전체
총 132여 개의 프랜차이즈를 운영 중인 맥도날드가[65) 첸나이에
이제야 겨우 1호점을 내었다는 것은 이 도시가 지녔던 색채에 대
해서 시사하고 있는 바가 적지 않다. 그런 과거에 대해 무언의 항
의를 하는 듯이 첸나이 1호점이 개업을 하는 날에 무려 하루 햄버
거 매상이 4Lakh(천만 원)이나 올렸단다. 매장이나 엄청 크면 모
를까 겨우 한국의 아이스크림 전문점만 한 크기에서 하루 매출이
천만 원이 나올 정도로 햄버거를 사려는 이들의 줄이 구불구불 겹
치어 연장길이 백여 미터나 길게 늘어섰단다. 이 변화의 물결엔
현대자동차로 대표되는 한국기업의 일조도 적지 않다.

이제껏 현대시티로 불리던 첸나이, 그곳에 이젠 롯데와 삼성도
들어섰다. 그렇지만, 아직도 첸나이를 이야기할 때에 그냥 첸나이

---

65) www.mcdonaldsindia.net

가 아니라 현대의 첸나이로 표현함이 한국과 첸나이와의 관계설명에서 빠른 이해를 줄 수 있는 표현이다. 그러나 곧 활발하게 생산활동을 가동시킬 삼성전자 공장을 비롯한 기타 기업군의 진출로 이 표현도 머지않아 수정이 되어야 할 것 같다. 불과 1~2년 전만 하여도 첸나이 체류 한국인이 천여 명에 이른다고 집계하였던 것이 이제 약 2,000여 명에 이른다고 수정하여 언급할 정도로 사정은 급격히 달라졌다.

현대계열의 진출이 주종을 이룬다는 사실에는 아직도 크게 변함이 없지만, 일부 달라진 모습은 삼성전자의 제2공장 준공이 지난 2007년 11월에 노이다 공장에 이어 첸나이에서 있으므로 한국과 관련하여 첸나이는 새로운 시기를 맞이하게 되었다. 과거 현대자동차의 경우에서 보았듯이 이곳 삼성 제2 가전공장의 준공으로 1차 벤더를 비롯하여 유관산업이 추가로 진출하고 있다. 2008년 초 현재 약 6~7개 정도의 기업으로 아직 많은 숫자는 아니지만 삼성전자인디아의 현지 생산제품의 확장 여부와 로컬화 요구수준에 따라 증가할 것이다. 현재로서는 제한적으로 노이다 공장에서 이곳까지 공급하겠지만 이후 점자 본격적인 생산이 이어지면서 물류시간과 비용에 대한 부담 때문에 벤더들로 하여금 첸나이에 인도 제2공장을 갖도록 할 것이다. 이에 인도 북부 델리가 엘지와 삼성의 양대 기업의 전개로 한국기업의 진출터전이 마련되었다면 이곳 첸나이는 이제 현대와 삼성의 제조근거지가 그러한 붐을 조성할 것이라 여겨진다. 벌써 일부에서는 삼성의 가전부문을 겨냥하고 동시에 인도 내수시장을 타깃으로 한 대규모 핵심 부품공장이 한국으로부터 투자될 계획이 들려오고 있다.

현대자동차와 관련하여 진출한 기업의 생산품 종류를 크게 나누

▲ SIPCOT 산업단지
첸나이 산업단지: 한국 자동차 부품기업입주

어 살펴보면 현황에 대한 이해가 더욱 구체적일 것이다. 차체 사시와 보디를 생산하는 화신인디아, 열처리 설비를 맡은 두원공조, 금속가공유와 세정유의 범우화학, 시너와 에폭시 종류를 공급하는 서일케미컬, 다기능 스위치를 생산하는 성원메카트로닉스, 내외장 플라스틱부품의 세양을 비롯하여 특수 유리연마제, 에어컨, 범퍼, 와어어링 하네스, 브레이크, 자동차용 고무제품, 램프, 점화플러그, 필터류, 자동차용케이블, 플라스틱 도장업 등이 직접적인 벤더의 진출이고 간접적인 것으로는 발전소 운전 및 정비를 맡은 한전KPS, 물류의 글로비스와 대한항공, 건설의 암코인디아와 해동건설, IT운영 오토에버시스템즈 그리고 보험관계의 현대해상까지 진출의 유형과 분야는 매우 다양하다. 이런 추세를 반영하듯이 신한은행은 뭄바이를 출발하여 델리 그리고 이제는 첸나이로 영업점(2008년 현재 허가 신청 중)을 이어가면서 인도를 삼각형으로 연결하는 서비스망을 구축하였다. 진출 기업의 대부분이 마케팅오피스 기능보다는 제조업을 전제로 하는 까닭에 한국기업과 관련하여 이곳을 공장건설시장으로 판단한 종합 및 전문건설업의 진출이 있고 샌드위치 패널과 같은 건축자재 생산도 이곳에 등장하였다.

인도의 여타 도시와 달리 첸나이에는 유학 중인 한국인이 드문 곳으로 대부분이 약 120여 개에 달하는 한국 회사66)의 임직원인데 이 중에서도 양대 기업 현대자동차와 삼성전자와 관계없는 업종으로 진출한 이들은 1995년 진출하여 지역에서 가장 오래된 기업으로 손꼽히는 루틸과 활석 파우더를 생산하는 Daibeck India Materials (P) Ltd, 양식새우 사료영업으로 CJ Feed India Pvt, 섬유 및 가죽무역업, 금형제조업 등이 있다. 그 외 첸나이에는 8,000명을 고용하고 2006년3월 생산이 개시된 이후 2008년 3월까지 지난 2년 동안 약 1억 2천5만대를 생산한 노키아 휴대전화기공장이 첸나이 시내에서 현대자동차로 이어지는 벵갈루루-첸나이 National Highway 노선에 있어 이에 연관을 맺은 몇몇 국내 중소기업의 진출이 준비 중에 있다. 아직까지 직접 진출한 사례는 없지만, 시도를 위한 탐색은 연이어지고 있다.

크고 작은 규모의 한국 관련기업이 진출된 첸나이에는 이들 기업 사이에 현지정착에 필요한 정보를 나누고 협력 사업을 진행하기 위하여 기업협의회가 구성되어 있다. 2003년 지상사협의회라는 이름으로 조직되었으며 지금은 3대 회장으로 현대자동차 벤더이면서 동시에 마루띠 스즈끼, 타타 등 인도의 여러

▲ NOKIA INDIA
노키아 첸나이 공장

---

66) 이에 대한 대부분의 자료는 첸나이 한인회 웹사이트 www.kchennai.org 에서 참조할 수 있다.

자동차 완성공장에 부품을 공급하는 자동차 종합 부품메이커인 다국적 기업인 비스테온 인디아의 MD[67])인 최태권 씨이다. 약 120여개 의 기업 대표자를 중심으로 조직된 협의회는 기존 진출기업의 현지 업무관리 능력을 제고시키는 데에 이해를 같이하며 관련 정보를 공유하는 긍정적인 활동을 전개하고 이를 신규 진출기업에까지 확대할 방안마련에도 노력하고 있다. 협의회 기업들을 통하여 기존 진출기업의 활동범위에 대해 신규진출기업으로서는 선의의 벤치마킹이 될 수 있을 것이고 현지 원부자재 아웃소싱관계에서도 필요에 따라 거래를 주고받을 수 있는 상호이익의 관계로 발전시킬 수 있는 여지가 충분하다.

그러한 노력의 목적으로 지난 2008년 4월3일에는 첸나이에서 지상사협의회의 주관으로 "인도노동법 요약" 주제 발표를 100여명의 기업관계자들의 깊은 관심 가운데에 5시간여 동안 개최하였다. 이러한 노력이 연장되어 보다 발전한다면, 실질적인 현장경험과 사례를 후발 진출 한국기업에 공유시키는 기회를 마련함으로써 진출 기업이 불필요한 비용손실이나 시간낭비를 줄일 수 있는 것은 물론이고 효과적인 진출프로세스 마련에 큰 도움을 얻을 것이 자명하다. 시장개척단도 중요하지만 이제 관심을 두어야 할 것은 진출확정기업이나 이를 염두에 두고 있는 기업의 대표자들이 인도 연수과정으로 이러한 워크숍을 지·상사협의회의 도움으로 현지에서 갖는 것도 바람직한 방법이 될 것이다. 워크숍의 내용으로는 해당 분야의 인도의 사업성과 전망에서부터 건물 토지 그리고 건축비용이나 인도환경에 적합한 건축구조 등 기업 인프라의 구체적 이용방법과 비용에 대한 안내, 인도 현지 경쟁사 관계와 기업 활

---

67) MD: Managing Director 인도에서의 MD는 영어사전에서 해석하는 상무이사가 아닌 대표이사를 지칭한다. 영국식 표현이다.

동과 연관된 조세제도, 노동법규 그리고 물류 루트 안내 등이 포함될 수 있다.

다만, 이러한 어려운 노력이 협의회 운영진들의 개인적 희생과 노력에 의해서만 이루어진다는 점이 한계이고 어려움이다. 활동의 지속성과 내실을 통해 단순히 회원기업들의 친목에 그치지 말고 다수 회원기업인이 인도 진출에서 얻고자 하는 경제적 이익을 실현시킬 수 있는 정보를 공유하는 등의 현실적인 유익함을 쌓아가는 협의회로 성장한다면 이는 참여한 기업들이나 후발 한국기업에 큰 힘이 될 것이다. 격려와 지지를 보태는 바이다.

그러나 이 점에서 분명하게 강조할 점이 하나 있다. 인도에 있는 다양한 기업관련 조직이나 현지에 뿌리를 두고 있는 기업 활동 그리고 그에 속한 개개인의 인도 활동을 소개하는 내용을 일부 개인이나 브로커 기업들이 자신의 이권에 치우친 사업의 지렛대로 오용하게 된다면 이후 이러한 정보의 공유는 의미를 잃고 더 이상의 업그레이드는 이루어지지 않을 것이라는 점이다. 해당 기업에서 불편을 느낄 수 있는 청탁성 영업이나 취업을 부탁하려는 접근이 있어서도 안 될 것이고, 구체적인 정보의 내용에 대해선 여기에 나타난 것을 바탕으로 개별적인 노력이나 비용을 들여서 보다 전문적인 루트를 통하여야 할 것이지 관계된 분들에게 그저 입 부탁 하나로 손쉽게 해결해보려는 몰염치한 접근도 있어서는 안 될 것이다. 메일이나 전화 한 통 던지고서 그 결과에 대해 친절하다니 친절하지 않다니 등 미주알고주알 하는 낯부끄러운 일은 삼가야 마땅하다. 더구나 이런저런 이유로 작으나 크나 비용이 발생하는 일임에도 불구하고 이에 대해 일언반구 언급함 없이 부탁일변도인 경우는 근절되어야 한다.

대부분의 그런 경우는 인도 진출사례로 언급된 분들이 성품이 온순하고 너그러워 이런 몰염치한 부탁임에도 불구하고 호의로 추가적인 정보나 조치를 하여주었는데도 이후로는 가타부타 고맙다는 회신도 없거나 또는 만약에 제공한 내용에 터럭만 한 오류가 있다면 이를 꼬투리 삼아 비아냥거리는 추태가 없지 않다는 우려에서 하는 당부이다. 어느 하나라도 이런 경우가 없기를 간곡한 마음으로 바란다. 정보공유도 문화이며 이에 지켜야 할 예의와 규칙이 있다. 공유로 주어지는 정보에 대해 제공자에게 감사하는 표현을 잊지 말아야 하며 그리고 자신에게 직접적인 이익을 가져다줄 내용을 추가로 자세히 얻고자 할 경우에는 이에 마땅히 필요한 비용이나 정당한 사례를 치러야 한다는 것을 원칙으로 하여야 한다. 전화 한 통화라도 수고를 끼치는 상대에겐 시간적 손실이고 비용이다.

현대와 삼성의 큰 나무 아래 가리어 잘 주목받지 못하지만, 여전히 이곳 첸나이에서도 소수에 지나지 않지만 인도 미래에 뜻을 둔 개별 기업의 진출이 활발히 이루어지고 있다. 2005년 플랜트협회의 인도 시장조사 프로젝트를 껴안고 처음 진출하여 서울과 첸나이에 법인을 둔 세명에버에너지(대표 전형진)가 있다. 비즈니스의 분명한 목적이 있는 한 인도 내에서 누구든지 만날 수 있다는 자신감을 가진 전형진 대표는 현대전자에서 근무하였던 경력으로 인도에서 2차전지제조시장과 통신장비시장을 겨냥하고 있다. 트리반드럼에 있는 인도우주항공연구소(ISRO)를 고객으로 리튬전지 분야의 제조장비 프로젝트 중 1차로 R&D용 장비를 판매하였고 이를 레퍼런스로 동 분야를 개척하고 있으며 BSNL 등 주요통신사를 대상으로 통신장비를 개척하고 있다. 첸나이 시내에 40여 평 남짓한 마케팅 사무실을 운영하는 그는 한국중소기업이 인도시장개척에 좀 더 진지해지기를 당부하였다. 견본 하나만 넘겨주면 할 일 다 했다는 식으로 막연하게, 되면 좋고 아니면 말고 식이 아닌 인도시장의 진가를 최고경영자부터 철저히 인식하고 진지하게 매진하는 자세를 주문하였다. 인도시장이 한국기업에 순순히 빗장을 열어 줄 무주공산 열린 시장이 아니라는 것이다. 시장의 가치가 큰 만큼 경쟁 또한 치열하기에 임하는 기업의 부단한 노력이 필요하다고 강조하였다.

까다로운 인도고객의 요구를 일일이 부응하기가 수월하지 않은 것도 사실이지만 모든 것을 일단 써보면 안다는 막무가내로는 인도시장을 공유하기란 불가능하다. 전 대표도 강조하였듯이 인도시장은 아무도 찾지 않고 방치해둔 무주공산이 아니라 가능한 모든 플레이어가 들어와서 경쟁하는 전쟁터이다. 당장에 내 손에 주어진 오더 수량이 미미하다고 하여 시장의 파트너를 무시하는 자세로 한 발 뒤로하는 소극적 자세로는 시장의 주 플레이어로 등장하기란 불가능하다. 수면위로 오른 현재의 시장은 빙산의 일각일 뿐 가까운 미래의 시장은 거대하다는 그의 강조는 한국의 중소기업이 귀담아들어야 할 것이다.

전형진 대표는 지난 6개월간 집중하여 제품을 소개하면서 공급과 A/S에 대한 신뢰를 쌓은 결과 2008년4월 인도교도소로부터 휴대전화 차단장치에 대해 현장테스트에 초대되었고 여기서 이스라엘 제품과 당당이 경쟁하여 이를 물리치고 우선협상권을 걸머지었다.

인도시장개척에 긴 뜻을 세운 그는 비단 비즈니스뿐만 아니라 2007년1월 타밀나두 정부로부터 기독교 선교가 아닌 NGO 단체로서 Agape Welfare Trust라는 이름으로 복지재단 인가받아 첸나이 지역사회에서 한국인으로서 인도 우호관계를 돈독히 하고 있다. 이 복지재단은 첸나이에 단독건물을 세내어 "동방의 빛"이란 고아원과 빈민아동을 위한 급식과 주말학교를 운영하고 있다.

이렇듯 인도를 시장으로 직접 겨냥한 진출이 있고 다른 면으로는 인도의 인적자원을 활용한 인도시장 및 제3국 시장을 동시 진출하는 비즈니스 모델이 이곳 첸나이에 있다. 그는 인도 PC방 체인망에 대한 과금(Billing) 서비스와 게임배급사에 대한 고객서비스의 아웃소싱을 영업품목으로 한 Terriex Pvt Ltd를 2008년 창업한 이주민 대표이다. 창업은 2008년이지만 이주민대표가 첸나이에 첫발을 디딘 것은 2004년이다.

선두주자로서 인도 온라인게임 시장의 석권을 위해 모색 중이던 나스닥 상장기업인 인도 Sify Corp 람라지 회장에게 스카우트되어 온라인게임본부장으로 인연을 맺고 Sify의 본사가 있는 첸나이에 2004년10월 들어온 이주민 대표는 이후 최초로 인도에서 한국의 온라인게임 A3의 시장배포를 지휘하였다. 2년 계약으로 그룹의 온라인게임 사업을 총괄하던 그는 2006년 계약연장으로 동 사업을 괘도에 올리고 확대 전개하던 중 2007년 Sify 람라지 회장 등 경영진이 회사지분을 NRI계인 미국의 VC운영진에게 매각함으로써 새로운 전기를 맞이하게 되었다. 인도 온라인 게임시장에서 Sify가 소유한 인도 최대 PC방 체인망인 iWay의 전략에 대해 새 경영진과 견해 차이를 보인 끝에 이주민 대표는 평소 복안을 세웠던 인도를 베이스로 게임 산업에 관련된 마케팅전문 서비스회사를 위하여 Terriex를 설립하고 독립을 하게 된다.

알려진 바대로 (주)엔트웰의 마케팅 담당이사 겸 주주로 현업을 가진 그는 첸나이에 있는 인도법인 Terriex를 직접 운영하고 있다. 인도 게임시장의 장단점과 전망에 대해 인도인보다도 더 풍부하고 깊은 이해를 갖고있는 그는 인도의 장점을 살린 비즈니스모델로 인도 PC방에 과금 서비스를 제공하면서 이에 대한 온라인 광고권을 수익으로 삼는 BM과 On-Line Game Global Service Provider를 대상으로 Platform (GSPP)서비스, 즉 고객관리서비스를 아웃소싱해주는 영업종목을 기업목표로 내세우고 있다. 15~20만에 달하는 인도 전체 PC방 가운데 시장가치가 충분히 있는 10만여 곳의 인도 PC방에 대한 DB보유를 바탕으로 인도내부 시장 공략을 삼고 인도의 인적자원을 활용한 GSPP 사업으로 이미 온라인게임 산업이 활성화된 제3시장 글로벌 마켓에 대한 진출을 목표로 하고 있는 것이다.

이러한 모델은 온라인게임 산업에서 누구보다도 선행경험이 풍부한 한국의 기업인이 이를 무기로 인도 내수시장을 겨냥하고 동시에 인도의 글로벌인적자원을 베이스로 다시금 글로벌 제3시장 공략을 목표로 하는 매우 바람직한 인도활용 비즈니스모델을 사업으로 구현한 것이다. 제품의 전문지식에서나 글로벌 사업역량에서 부족함이 없는 한국의 기업인으로서 한국이 보유한 인적자원이나 사업 환경이 글로벌 진출에 부족하다고 하여 이에 굴하지 않고 외부로 나가 이를 극복하는 방안을 찾아냈다는 것에서 시사되는 바가 크다. 그 외부활용 방안을 세우는 것에 Terriex는 인도의 장점을 찾아내 접목시킨 창업모델이다.

첸나이 진출 개인서비스업종으로는 2008년 현재 10여 군데의 비즈니스게스트하우스와 대여섯 곳의 식당이 대부분이고 몇몇 선교 교회가 활동 중이다.

한국인의 진출활동이 활발하지 않은 벵갈루루

남부 중앙에 위치한 카르나타카 주의 수도인 벵갈루루에는 700
여 명이 넘는 현지직원이 근무하는 LG소프트인디아와 300명 정
도의 LGCNS, 1,500여 명 이상의 삼성전자 소프트웨어 인디아
그리고 삼성SDS 등 대기업 IT R&D 관련 현지법인이 있으며 하
이닉스반도체, 로템철도차량제조창 인도사무소가 있으며 이너버스
와 같은 중소기업 단위의 인도연구소 등이 있다. 그 밖에 모바일
게임 기업과 DB관련 중견기업의 인도법인이 있었다. 그 외로 최
근 두산인프라코어의 인도제조공장 대상지로 벵갈루루와 타밀나두
가 접하는 외곽지역인 호수르 산업지구를 검토하고 있다고 한다.
여느 대도시와 마찬가지로 일반무역중계, 소프트웨어개발중계 등
의 업으로 활동 중인 개인이 소수 있다.

벵갈루루는 IT산업의 허브이며 BT와 제약 등의 연구기능과 전자
산업의 남부 요충지라는 도시의 성격임에도 한국 관련기업의 진출
이 그다지 활발하지 않은 것에는 다소 의문이 있을 수 있다. IT기
업의 진출시도가 전혀 없었던 것은 아니다. 진출 시도와 철수가 반
복되었다. 주로 R&D와 장기적으로는 인도시장 진출이라는 목표를
가지고 추진된 사업은 인도에 대한 사전 이해와 그에 걸맞게 프로
세스를 갖추어야 함에도 중국이나 기타 해외에서의 사업경험만을
토대로 밀고 나간 것이 결국 실패로 결론되어 많은 손해에도 불구
하고 사업철수결정이 빚어졌다고 판단된다. 인도IT인력을 활용하는
방안에서나 인도에서의 법인조직의 운영은 다른 나라에서 경험하지

못한 인력의 특성과 법인 운영체제의 차이점이 있는 것은 자명한 사실이다. 따라서 이에 부합된 이해를 갖추거나 아니면 그에 따르는 외부의 지원을 받아야 함에도 "그 까짓것 내가 중국에서도 해봤는데…"라는 안이한 자

▲ 벵갈루루 IBM
벵갈루루에 진출한 다국적 기업 IBM건물

세로 인도에 대한 이해도 없이 우격다짐에 가깝게 해결해보려 하였다는 것은 인도환경에서는 다소 무모한 전략이라 할 것이다.

잦은 이직에 대한 대처방안, 근무인원의 무수한 휴가사유, 불분명한 과제에 대한 피드백 없는 업무태만, 포괄적인 업무지시에 대해 진취적이지 못한 피드백 등등 인도 인력이 갖고 있는 부정적 요소에 대한 사전 이해함 없이 이들을 관리한다는 것은 매우 어려운 일이다. 이 점에선 선행경험이 필요하고 경험을 바탕으로 회사마다 특성에 적합하게 현지화시킨 관리코드를 준비하여야 한다. 인도와 익숙한 서구사회와는 달리 한국기업문화에서 인도인의 행동양식은 전혀 낯설거나 잘못 그 자체이다. 그러나 이제 이들을 활용할 필요는 우리에게 있으므로 대책도 우리에게서 나와야 한다.

회사의 운영은 또 어떤가? 인도에서의 법인관리에 필요한 내용 하나하나가 낯설지 않을 수 없고 때론 황당하기까지 하다. 순리에 따라 저절로 이루어져야 할 것이 모두 매뉴얼로 작업을 하여야 비

▲ IBM과 MS
인도 벵갈루루에 진출한 IBM과MS

로써 조치가 되는 비효율로 가득한 행정이 어디 한두 군데일까? 그러나 관리방법을 사전에 숙지하고 그에 따라 대비하였으면 인도만큼 완벽하게 관리될 수 있는 곳도 드물다. 인도는 근본적으로 규정에 의한 행정이므로 이를 이용한다면 사실 회계부정이나 부당한 행정으로부터의 침해를 방어하기가 쉽다. 이점은 늘 임의적 해석으로 이현령비현령(耳懸鈴鼻懸鈴) 좌우되는 중국과 대비되는 점이다.

몇몇 IT기업의 인도 진출의 중단 또는 포기는 결국 이를 지켜보는 다른 기업들의 인도 진출을 주저하게 하는 첫째 이유가 된다. 동종 업계에서의 주목을 받은 첫 시도가 만족할 결과를 내지 못한 상황에서 언제나 그 실패의 이유는 인도 탓으로 돌리게 마련이다. 해당 기업의 잘잘못 이전에 인도가 지닌 원론적 문제에 더 큰 비중을 두고 여타 기업들의 인도 전략은 보류되거나 중단되고 만다. 필자로서는 몇몇 기업의 이러한 과정을 지켜보면서 안타까움을 금할 수 없다. 선 경험을 바탕으로 한 고언임에도 불구하고 인도를 여느 해외국가와 다를 바 없는 상대의 하나로 사안을 가볍게 대하는 회사에도 적지 않은 문제가 있다. 어디 현지출장 1~2회로 인도가 파악되고 관리된다면 이제까지의 인도논란은 무슨 필요가 있겠는가? 그럼에도 불구하고 한번 출장을 다녀온 이후의 추가적인 자문의뢰는 거의 전무한 형편이다. 이제 알 건 다 알았다는 설익은 판단이다. 어쩌면 출장을 다녀온 본인은 그렇지 않을 수 있으나 회사의 조직이 이를 강요할 수 있다. "다녀오고서도 모르느냐?"

사족이지만, 이제껏 해당 분야에 대한 연구배경이 전혀 없다가도 현지 인도인과 접촉만 있었어도 당사자는 인도 전문가가 되고, 평소엔 중국이나 기타 동남아 관련전문가였지만 업무관계로 인도 현지에서 인도관련회의 한두 번만 참석하여 해당 출장보고서만 내어도 그 분야 전문가로 불리는 풍조이니 출장 1~2회로 어느덧 자신감을 갖는 것을 굳이 탓할 바가 아니라는 자조어린 독백이다.

노출된 기업의 활동이 부진하여서인지 이곳에 체류 중인 한국인의 숫자 역시 불분명하게 단순 추산으로 약 7~800명으로 추산하고 있다. 아직 한인회가 활성화되지 않은 까닭이기도 하지만 한국인 절대다수가 학생층이기 때문에 더욱 노출된 통계가 없기 때문이다. 학생층은 초등학교부터 대학과 대학원 과정에 이르기까지 다양한 성격은 뭄바이 인근 푸네 지역과 대동소이하며 그 중에서도 특징적인 것은 성공회대학교의 인도연수과정이 지난 2001년 이후 매년 실시되었고 최근에는 이와 유사하게 명지대학교의 IT연수가 앱텍이라는 인도 IT전문기업의 벵갈루루 인터내셔널 교육센터에서 실시되고 있다는 점이다. 대학생활 중 해외, 특히 인도경험이 줄 수 있는 학생들의 장래에 있어 도움이 될 여건은 점점 더 나아질 것이고 그러기 위해서는 인도 진출 한국기업들이 이들 연수생을 기업의 사회적 책임이라는 명분으로라도 적극적으로 인턴 채용에 나서야 할 것이다. 이들 중 잠재적인 인도전문가 재원이 있기 때문이다. 기업이 우수한 인재가 없다고 탓하기보다는 우수한 인재가 배출될 수 있는 토양을 사회에 제공하는 것도 사회적 기업으로서 지녀야 할 의무의 하나이다.

벵갈루루는 알려진 IT산업 이외에도 과거 전통으로 섬유관련 산업의 요충지이기 하다. 이에 오래전부터 이곳 벵갈루루를 중심으로 인도 남부의 섬유거점인 코임바토르와 티루프르를 아우르는 모양새로 기계류 플랜트와 섬유관련 원부자재 오퍼상을 하고 있는 몇몇 한국기업인이 있다. 또한, 인도 섬유업체에서 제조하는 완제품을 소싱하는 비즈니스를 비롯하여 중계무역을 하고 있는 개인기업도 있다. 이 가운데 인도섬유제품 소싱 서비스를 규모를 갖추고 하는 기업으로는 과거 미국계 수입유통상 캐피탈 머큐리의 인도 지사를 맡았던 한국인이 지사폐쇄 이후 독립하여 세운 Kenneth 어패럴이란 인도법인이 그 사례이다.

2001년 말부터 벵갈루루에 이주한 Kenneth어패럴 박기택 대표는 (주)대우에 입사하여 1984년에 방글라데시로 부임한 이래 한 해도 거르지 않고 케냐, 인도네시아, 파키스탄 등 해외 곳곳에서 섬유제품의 해외생산을 총괄한 흔치 않은 이력을 갖고 있다. 본격적으로 인도에 정착한 것은 2002년이지만, 훨씬 그 이전부터 인도에서 마드라스체크와 같은 섬유원자재 소싱을 관여하면서 인연을 쌓은 그는 인도 섬유산업의 저변을 꽤 뚫고 있는 많지 않은 인도섬유전문가 중 한 사람이다. 캐피탈 머큐리와 직원관계를 청산하고 독립된 회사를 운영하면서 이 회사뿐만 아니라 최근에는 한국제품회사와도 계약업무를 하고 있다. 물량으로 비교하면 한국기업의 인도 섬유제품의 소싱이 아직 본격화된 것은 아니지만 알려진 바로는 제일모직이나 이랜드 그리고 최근에는 구호라는 고가 한정 브랜드에서조차 인도에 눈길을 돌리고 있다고 한다. 이런 비즈니스 흐름에서 인도를 생산 공급처로 한 Kenneth어패럴의 사업운영방향은 향후 주목받을 수 있는 위치에 있다.

그러나 Kenneth어패럴 대표의 주장에서도 나오는 바와 같이 인도를 그저 값싼 제품을 생산해내는 저임금 생산국으로만 여기어 접근하는 것은 큰 착오일 것이다. 보다 구분된 제품, 즉 섬유제품이라는 일반적인 생각보다는 패션산업이라는 기준에서 제품 소싱을 찾아야 인도와 궁합이 맞을 것이라는 그의 지적은 옳다. 또 최근에 있어서 관심을 받는 유럽시장에서 각광받는 환경친화적 제품, 유기농 면제품 등이 그런 범주에 속할 수 있다. 이 점에서 한국기업은 한국내수시장도 그렇지만 해외시장에서의 경쟁력 향상에서도 인도 소싱은 결코 놓쳐서는 안 될 것이다. 아이러니하게도 IT허브 도시로 알려진 벵갈루루가 섬유산업의 소싱 베이스가 되고 있다는 점이다. 벵갈루루와 인근지역에는 IT파크만 있는 것이 아니라 텍스타일 어패럴 파크가 중점 육성되고 있다는 점이 이채롭다. Kenneth어패럴은 벵갈루루에 본사를 두고 있으며 제품 생산이 주로 이루어지는 코임바토르 인근 면공업 주산지인 티루프르엔 지역사무소를 두고 있다.

벵갈루루에는 한국으로부터 주목받는 인도IT기업이 다수 있다. 그중에서 돋보이는 것은 L&T Infotech이다. L&T인포텍은 인도 IT기업매출 순위에서 상위 15위 이내로 들어가는 기업으로 한국과의 인연은 한국인 전임 부사장으로부터 시작된다. 그는 삼성전자 근무시절 L&T와의 인연으로 인하여 그룹회장으로부터 스카우트되어 통신과 임베디드 부문의 부사장으로 2000년 이후 지난 신정부의 대통령직인수위에 합류하기까지 재직하는 동안 해당기업과 삼성전자와의 개발 아웃소싱을 영업하였다. 이후 그의 기획으로 벵갈루루 현지에서 IT교육연수를 마친 다수의 한국의 젊은이들이 이 회사에 취업을 하였는데, 이들 가운데에는 일찍이 인도 IT교육연수를 실시한 성공회대학교 졸업생들이 많은 비중을 차지하였다.

오래 근무한 현지채용 한국인 직원이 2002년부터 2008년으로 6년차가 되었으니 그동안 적잖은 이들이 이곳을 지나갔고 2008년 현재는 4~5명이 근무하고 있다. 이들을 주목하는 바는, 비록 인도IT기업에서의 취업이 당장의 고수입을 보장하는 것이 아니지만, 수년 이후의 미래의 자신의 진로를 위하여 규모를 갖춘 해외IT기업에서 다국적 비즈니스 문화를 체득하는 도전이 값지다는 생각에서다. 당장의 작은 손익계산보다는 젊은 시절의 이러한 과감한 도전이 글로벌 인재로서 나아가는 지름길이 될 것이고 장차 한국 IT기업의 인도 진출에 주춧돌이 될 것이라는 믿음에서 기분 좋은 사례가 아닐 수 없다. 도전하는 젊은 인재에 대한 한국기업의 주목이 한층 요구된다.

비록 이제는 이러한 사례의 출발점이 된 전임 부사장의 퇴직으로 다소 변화가 있을 수 있겠지만, 한국의 젊은이들이 앞서 사례에서처럼 해외에서 능력을 펼치고 경험을 쌓음으로 한국이라는 한계에서 벗어나 활동영역을 넓혀나가는 것은 분명히 개인적으로도 그리고 국가로서도 큰 이득이 될 것이 분명하기에 크게 환영할 만하다. 앞으로도 성공회대학교뿐만 아니라 다른 대학을 통하여 인도연수를 마친 졸업생들이 비록 인도라는 환경에서 급여에 관한 초기의 불이익을 극복하고 이를 진취적으로 받아들여 인도에 있는 업그레이드된 다국적 기업이나 인도의 IT대기업에 진출함으로써 장차 한국IT산업에 그리고 무엇보다도 자신의 도약에 힘이 되기를 바라는 마음이다.

L&T그룹의 설립자가 인도인이 아니다. 네덜란드에서 온 두 사람의 합작기업이 인도에서 뿌리를 내려 거대한 그룹으로 성장한 것처럼 한국 젊은이들의 이러한 도전이 인도에서 하나의 기업으로 꽃피우지 말라는 법은 결코 없다. 이들 한 사람 한 사람 모두의 건승을 바란다. 이런 준비된 인적자원이 한국IT기업의 인도 진출에 디딤돌이 될 수 있도록 널리 홍보되고 평가되어야 할 것이다. 한국에서 대학졸업 이후 미취업자들이 기업 인턴취업에 정부의 지원을 받듯이 이들처럼 해외에서 인턴과 같은 취업을 하는 것에도 적절한 지원이 따르면 급여차이에서 오는 어려움을 다소나마 해결할 수 있을 텐데 이에 대한 배려가 아쉽다.

이외에는 몇몇 비즈니스게스트하우스와 2~3곳의 한인식당과 저학년의 학생들을 돌보아 주는 가디언 역할이나 홈스테이 등 서비스 업종이 벵갈루루에서 운영되고 있다. 벵갈루루가 인도산업의 중요성에 비하여 한국공공기관의 관심이나 기업의 진출이 상대적으로 매우 약한 지역인 이유에 대해서는 많은 고민이 뒤따라야 할 것이다. 한국IT벤처기업의 활성화 과제로 지난 4~5년 전부터 이곳에 인큐베이터나 공동 R&D센터 설립이 관련 협회나 기관에서 검토된 바는 있었으나 잦은 담당기구의 교체가 있으면서 사업연구의 진적이 없다가 결국 2008년 신정부가 들어서면서 그나마 추진모체가 되는 정보통신부 자체가 폐지되는 지경에 이르렀다. 이명박 신정부의 출범 이후 이러한 점이 어떻게 검토될지는 모르는 노릇이나 2007년 4월, 이명박 대통령이 자연인으로 벵갈루루 방문하였고 인도의 지식기반 기술산업에 대한 소회를 피력하였던바 이와 연관된 조치가 신정부내에서 재론되지 않을까 기대하는 바가 크다.

벵갈루루가 갖고 있는 IT산업으로서의 지명도 때문에 한국의 여러 지방자치단체에서 이곳과의 교류협약에 대해 관심을 가지고 접근한 사례가 적지 않다. 그러나 대부분의 경우 이에 대한 관심은 그 당시 재임하는 지자체 단체장의 인도방문에 즈음한 진지성 행사의 일환으로 고려한 것일 뿐 이를 체계적으로 그리고 장기적으로 이어나갈 아젠다를 마련하지 않은 것이 대부분이어서 실질적인 논의조차 제대로 이루어지지 못하고 있다. 이런 내용으로 얼마나 자주 문의와 부탁이 있었던지 주인도 한국대사관 창구에서 고민한 흔적이 역력하여 이에 대한 절차와 취할 당부를 아예 대사관 홈페이지에 공지하고 있는 실정이다.

MOU를 포함한 모든 주 정부의 해외협약체결은 전적으로 연방정부의 승인이 있어야 가능하고 이것도 제한 없이 맺어질 수는 없는 까닭에 상당히 절차가 까다롭고 그 내용에 대한 심의가 분란하다. 이를 그저 한국의 경우처럼 자치단체의 즉흥적 발상에 의해 손쉽게 맺어지는 교류 양해각서라 생각하면 큰 오산이다. 어쩌면 인도의 지방도시정부쯤이야 하는 경솔한 판단도 이러한 무모한 시도에 한 몫하고 있을지도 모른다. 벵갈루루가 속한 카르나타카 주 정부의 대외협력관은 과거 한국의 지방자치단체 어디어디에서 이러한 제의가 있어, 이러한 내용검토에는 최소 6개월에서 1년을 소요된다는 설명을 하였더니 그 지방단체에서 그 후로는 아무런 연락이 없었다는 이야기에 필자로서는 낯이 뜨거웠다. 가능성 여부를 검토하는 데에 그만한 시간이 필요하다는 것이지 이것도 꼭 성사된다는 보장은 없는 것이다. 이 마당에 뚜렷한 소신도 없었던 어느 지자체의 책임자가 이를 추진하겠는가? 그러면 방문지조차도 인도 벵갈루루에서 보다 손쉽게 다닐 수 있는 다른 나라 다른 도시로 변경되기 십상이다. 방문 자체가 취소되기도 한다. 그렇다면, 당초의 방문목적은 무엇이란 말인가? 처음부터 단체장의 과시형 외유임이 틀림없다는 것을 짐작하게 한다. 이래저래 세금낭비이고 국가체면을 깎아내는 형태이다.

한국 매체에 실리는 벵갈루루 탐방기는 이곳을 직접 다녀오지 않고도 작성이 되는 실정인 만큼 한국에서의 인지도는 겉으로는 높아도 실질적인 기업진출이 더디고 미미한 데에는 아직 이곳에 대한 진출의 목적의식과 효용성에 대한 진지한 확신이 없는 까닭이다. 이러한 이제까지의 벵갈루루 인식이 실제에 바탕을 두고 새로워지지 않는 한 앞으로도 많은 한국기업인의 벵갈루루 진출을 기대할 수는 어려울 것이다. 벵갈루루에서 한국 IT기업이 들어오기를 지난 8년간을 기다리며 지켜본 필자의 판단이다. 이제 2008년5월 벵갈루루 신국제공항도 개장을 한 마당에 좀 더 넓혀진 관문으로 얼마나 많은 한국기업이 들어올지 지켜볼 노릇이다.

항상 새로운 일이 벌어지는 도시 하이데라바드의 혁신

2005년에 광주광역시 정보문화산업진흥원과 전남대학교 한국콜센터연구소와 함께 하이데라바드를 방문하였을 때 이 지역을 안내하고 방문 일행에게 일상 통역을 지원할 현지 거주 한국인을 찾으려고

▲ 안드라프라데시 주 게놈밸리
게놈밸리 개발지역 SP Biotech Park 본부건물

적잖은 애를 먹었었다. 그럴 정도로 한국인이 드물었던 이곳은 한국인에게는 그다지 친숙한 도시가 아니었다. 그러나 불과 2~3년 만에 약 200여 명의 한국인이 거주하고 있으며 향후 지속적으로 늘어날 것으로 예측되는 도시가 하이데라바드이다.

하이데라바드는 안드라프라데시라는 인도 남부 중앙에 위치한 주의 수도이며 세컨데라바드와 함께 통칭하여 사이데라바드(Cyderabad)라는 별칭으로도 불린다. 한국과의 인연이 별로 있을 것 같지 않은 이 도시에 콜카타와 같은 대도시보다 더 많은 수의 한국인이 거주하는 이유는 푸네와 벵갈루루와 같은 선호지역에서 한국유학생이 수업료나 생활비용이 급증한 것을 피하여 새로운 초중고등학교 학생의 유학 목적지로 개척되기 때문이고 또 하이데라바드의 산업 거점으로서의 성격을 파악하고 이에 진출하려는 기업이 점차 늘고 있기 때문이다.

하이데라바드는 인도에서도 IT산업은 물론 바이오와 제약 산업의 전략적 요충지로 부상하였고 이에 수반되는 다양한 제조업이 정책적으로 육성되는 도시이다. 한국기업의 진출도 이러한 성격에 맞게끔 이루어지고 있다. 2008년 현재로서는 연구인원 500여 명 규모의 현대자동차 연구소의 건립으로 현

▲ 하이데라바드 하이텍시티
확장 중인 하이텍 시티 공사현장(IT Park)

대자동차와 오토넷이 들어와 있고 연구소 건축을 위한 공사관계자의 장기체류가 있다. 제약 산업으로는 대웅제약이 2006년 8월 Branch 오피스로 하이데라바드의 중심지인 반자르 힐에 닻을 내리고 가장 먼저 자리를 잡고 있으며 그 후 2008년 4월 CJ그룹이 진출하였다. 그 외에도 다수의 국내 제약 관련기업에서 이곳을 방문하여 진출여건을 탐색하고 있는 과정이거나 이미 진출을 염두에 두고 관련 인원의 국내연수를 진행 중인 곳도 있어 한국제약과 바이오산업과의 연관성은 더욱 긴밀해질 것이다.

한국 제약기업의 인도 진출의 효시로 알려지기는 1984년 유한양행이 구자라트 주에 인도기업과 합작형태의 진출을 시도하였으나 결과를 거두지 못한 채, 이후 이곳 하이데라바드에서 한국 제약업이 다시 진입을 시도하는 중에 있다. 한국 제약산업이 원료부문에서 상당한 비중을 의존하고 있는 인도임에도 불구하고 아직은 이를 활용하여 누구도 현지생산 공장에 대한 구체적 조치를 취하고 있지는 않다. 그러나 조만간 현지생산으로 경쟁력확보와 해외시장 개척이라는 두 마리 토끼를 잡을 수 있는 묘안들이 대웅제약이나 CJ제일제당 그리고 진출을 앞두고 있는 몇 기업들 가운데에서 곧 나올 것을 기대한다. 그러나 한국 제약산업이 인도 제조공장을 목적으로 진출을 희망한다 하여도 현실적으로는 이곳 하이데라바드가 적합한 지역이 될 수 있을지에 대해선 의문이다. 이유는 하이데바라드의 공해조정위원회(Pollution Control Board)에서 공장설립 허가가 나올 수 있느냐의 여부인데 이 점에 있어서 앞서 이야기된 산업과 마켓에서의 설명을 다시금 참조하여야 할 것이다. 물론 연구시설과 실험실 규모인 경우에는 문제 될 바 없겠지만, 대량생산 공장입지 결정에 앞서 상당한 심사숙고가 필요하다.

향후 하이데라바드의 한국과 관계는 일차적으로는 제약 다음으로는 IT산업과 유관한 진출 여부에 따라 좌우될 것이다. 델리, 뭄바이, 벵갈루루나 푸네 등 IT 1차 거점에서는 이미 선점 효과를 낼 수 있는 제반 기회를 상실한 한국 IT기업의 입장으로서는 제1거점보다는 하이데라바드나 첸나이와 같은 제1.5거점이나 코치와 같은 제2거점으로 방향을 선회하여 진출을 고려할 필요가 있는데, 현재까지는 그 대상지로서 하이데라바드가 충분히 고려될 수 있다. 하이텍 시티와 같이 이미 갖추어진 인프라 시설에 입주를 하거나 독립된 단지구성을 단독 또는 샤티암과 같은 기존 인도 IT기업과의 제휴로 필요한 R&D 진출을 할 수 있을 것이다. 한 때 전남 광주광역시의 IT관련 기관에서 하이데라바드 지역의 애니메이션 산업의 선두기업인 컬러칩스와 협력관계를 구축하려고 주 정부 관계 장관을 배석한 자리에서 MOU를 체결한 바가 있었으나 매양 한국의 기관들의 해외사업이 그렇듯이 후속조치 미비로 상호이익 관계로 발전시킬 수 있는 좋은 기회를 무산시킨 경우가 있었다. 구체적인 후속 아젠다가 준비되지 않은 1회성 실적위주의 해외 접근은 당사자에 대한 불신은 물론 이후 국가 전체에 대한 이미지손상이 된다는 것을 유의하여야 할 노릇이다. 페이퍼 만능의 인도인에게서조차 "한국인들은 MOU를 참 좋아해"라는 조소가 담긴 냉담한 반응을 언제까지 들을지 걱정되는 바이다.

수년 전 어느 한국 IT관련협회 임직원들이 인도 NASSCOM 뭄바이 지부를 방문하여 회담을 한 그 자리에서 MOU 체결 여부를 놓고 잠시 입씨름이 벌어진 해프닝이 있었다. 방문일정에 대해 소싱업무를 위탁받은 이가 이를 사전에 조율하지 못한 탓도 있었지만, 델리 본사도 아닌 지부를 방문한 그 자리에서 회담증거용으로 MoU를 작성하려는 시도는 한국 기관들의 행사실적보고용 해외업무의 단면을 보여주는 안타까운 일이 아닐 수 없다.

인도 여러 도시에서 그리고 많은 경제 관련 단체에서 이와 유사한 불미스런 일들이 반복되는 것은 아직도 인도에 대한 정확한 이해와 실천 전략을 준비함 없이 일과성 위주의 접근이 많다는 것을 말한다. 그런 까닭에 1회 정도 인도를 방문한 경험이 있는 공무원이나 기관임직원은 많아도 이후의 조치를 위해 지속적인 방문을 하거나 업무를 추진하는 이들이 매우 드물다. 이는 기업에서도 비슷한 양상을 보이고 있다. 하이데라바드를 찾는, 찾았던 한국기업인은 역시 다른 지역과 마찬가지로 적지 않다. 그러나 그 결과가 언제 나타날지는 사실 미지수이다. 어쩌면 출장방문 그 자체가 이미 컴퓨터 파일 깊숙이 저장되어 있는 것에 불과한 "잠들어 깨어날 줄 모르는 인도프로젝트"가 되었을는지도 모른다.

이 가운데 하이데라바드에 주목되는 기업이 있다. 오이스터 메디세프라는 일회용 주사기와 압박붕대 등 의료용 소모품을 제조하는 기업이 있는데, 이 회사는 한국과 인도 NRI[68]를 중심으로 한 합작형태로 설립되어 있으며 지금도 생산제품의 종류나 생산시설 규모를 확충하는 중에 있다. 한국에서 들여온 사출기를 비롯한 현대식 생산설비로 한국적인 공장운영시스템을 갖추고 있는 오이스터 메디세프는 궁극적으로는 거대한 인도 내수 의료용 소모품시장과 선진국 브랜드시장의 OEM 생산을 목표로 하고 있다. 인도에서는 소득증가로 양질의 서비스를 요구하는 시장수요에 맞추어 민간병원시설이 나날이 증가하고 있고 아울러 정부의 민간 사회복지제도의 확충과 맞물려 늘어나고 있는 공공 의료시설은 관련 의료기기 산업은 물론 소모품 제조 산업에 매우 긍정적인 영향을 끼치

---

68) NRI: Non Residence Indian 인도에 거주하지 않은 재외 인도인

고 있다. 이러한 시장의 성장지향적인 분위기를 겨냥한 관련제조업의 인도 진출은 매우 시의적절한 접근이다. 이후로도 이 기업이 한국의 제품개발능력과 제조기술 그리고 인도의 자본 및 영업이 어우러지는 합리적인 모델로 정착된다면 합작관계인의 공동이익 실현을 위한 한·인도 합작의 성공사례 표본이 될 수 있을 것이다. 비상장기업의 내용인지라 일반에게 공지된 내용이 없어 기업의 합작구조에 대한 자료가 없으니, 운영의 비중이 어디에 속한 것인지는 알 수 없다. 그러나, 오이스터 메디세프에서 한국인의 기술과 설비(자금)로 인도 내수시장 공략을 위한 제품생산이 이루어지고 있다는 점은 한국대기업에의 납품을 전제로 현지생산을 하고 있는 벤더관계를 제외한다면 한국인에 의한 인도 내수시장 공략의 흔치 않은 비즈니스 모델로 기록되어도 무방하다.

오이스터 메디세프에는 대외적으로 회사를 대표하고 영업을 관장하는 이와 전체 생상라인을 책임지고 있는 의료소모품 생산전문가 이렇게 두 사람의 한국인이 실질적으로 공장운영과 영업을 각각으로 나누어 경영 전면에 나선 형태의 한·인도 합작모델로 알려져 있어 바람직한 성공정착에 격려로서 많은 관심이 쏠리고 있다. 그러나, 여기서 인도인이라고 하지만 오이스터의 설명에 따르면 인도 현지에 거주하는 인도인이 아니고 해외에 거주하는 인도인 NRI으로 일반적으로 생각할 수 있는 한·인도 합작의 모델과는 달리 구분할 필요는 있다. 어쩌면 인도에서 인도인이 아닌 NRI와의 합작모델이 실재 거주 인도인과의 합작모델보다 더 진취적인 결합이 될 수 있을 것이다.

의료소모품 제조공장으로써 하이데라바드를 선택한 이유에 대해서는 오이스터 메디세프의 한국 공동투자자들은 하이데라바드가 인도의 여느 대도시 중에서 가장 현대화가 뒤처진 곳으로 공장운영에 필요한 인프라 비용이 상대적으로 저렴하고 안드라프라데시의 노동인구의 성향이 비교적 온순하고 부드럽다는 점에서 그리고 주 정부의 산업화 정책이 적극적이었다는 이유를 들어 이곳에 정착하였다고 한다.

수년에 걸쳐 합작관계를 정립하기 위하여 하이데라바드에서 준비하는 가운데 드디어 2007년11월에 생산시설을 완비하고 제품양산에 들어간 2008년 초부터 인도매출이 발생한 오이스터 메디세프는 하이데라바드 외곽에 부지면적 12에이커[69]에 12만 SFT의 공장건물을 가지고 있다. 의료소모품 중에는 아직도 모든 생산 공정을 자동화할 수 없는 제품이 많이 있어 이를 인건비가 저렴한 곳에서 기술력을 뒷받침하여 생산함으로써 시장경쟁력을 갖추는 것이 오이스터의 인도생산모델이다. 또한, 앞서 언급된 바와 같이 확대일로의 인도 내수시장이 뒷받침되고 있어 최적의 입지로 인도를 정한 것인데 이러한 모델의 성공 여부는 현대식 생산설비를 갖춤으로 제품의 생산성을 높이는 동시에 공정관리를 안정화시킴으로써 품질에 대한 시장의 신뢰성을 확보함에 달려 있다고 본다. 물론 이 과정에서 인도제조업을 한국의 경영진들이 원만히 이끌어 가기엔 판매망 확대와 인사노무관리 등에 있어서 적지 않은 고충이 있을 것이나 이는 비즈니스모델의 성공을 위해 반듯이 극복되어야 할 과제이기도 하다.

기독교 관련 선교사 진출이 인도 내에서도 콜카타, 벵갈루루, 푸네 그리고 하이데라바드에 많이 있는 것도 특징이며 유학에서는 대학과정보다는 초·중·고등학교 관련이 대부분인 것도 하이데라

---

69) 1에이커는 1224평에 해당한다.

바드는 남다르다. 초·중·고등학생의 유학은 인도로 올 수밖에 없는 부모의 직업관계로 부득이한 경우나 학생 자의적인 선택으로 온 경우를 막론하고 인도에서의 유학의 장단점을 배우는 학생 스스로가 생각하여야 할 점이 적지 않다. 단순히 영어만이라도 건지겠다는 소극적인 자세로 임하기보다는 보다 적극적으로 목표를 세워 이곳에서의 중고등학교 과정을 거쳐 미국이나 기타 선진국으로의 대학입학 자격취득을 겨냥한다면 이는 한국에서의 학업보다 더 좋은 결과를 기대할 수 있을 것이다. 비록 선진국으로 대학유학을 가지 않고 인도대학을 목표로 한다 하여도 소신을 갖고 평판있는 인도 대학에 인도특성을 제대로 살린 전공을 택한다면 글로벌 인재를 요구하는 한국사회에 있어서 자신을 내세울 좋은 기회를 머지않아 얻을 것이다.

그러나 분명히 언급하는 것은 인도에 진출하는 한국기업이 늘어난다고는 하나 이들 기업이 단지 인도에서 공부하였다는 이유만으로 인도유학생에게 다른 경쟁자에 비하여 높은 점수를 주지는 않는다는 것이다. 베트남에서나 러시아에서는 해당 로컬 언어에 대한 습득 여부가 매우 중요한 변수가 되나 인도에서는 영어라는 수단이 있는 관계로 비즈니스분야에서는 단순히 인도에서의 졸업 여부가 다른 것에 최우선으로 고려될 사항은 아니라는 점이다. 인도 전문인력이 글로벌에서 각광받는 이유를 생각한다면 완벽한 영어는 물론 당연히 갖추어야 하고 또한 전공지식에 대한 깊이를 인도를 무대로 하였던 글로벌 경험이라는 그릇에 담아내어 다른 경쟁자들과 차별성을 만드는 것이 중요하다. 예를 든다면, 한국에서는 미국, 인도 등 여러 나라와의 자유무역협정 체결이 이루어지면서 이로 인한 의료업의 해외개방이 뒤따를 것이다. 이에 병원사업에 해외자본이 들어와 해외 영리 의료법인이 세워질 것이다. 또 많은 수의 외국인이 국내에 체류하게 되면서 이러한 의료서비스분야에서는 외국어 구사능력이 완벽한 전문 의료인의 수요가 늘 것이다. 일부러 인도를 찾을 것을 권하는 것은 결코 아니지만, 기왕에 사정이 있어 인도에서 공부를 하게 된 학생이 단순히 영어습득만을 목적으로 두지 말고 예를 든다면, 인도에서 잘 갖추어진 의과대학에서 공부를 하고 인턴과 레지던트 등의 과정을 통하여 인도인을 포함한 외국인을 대상으로 한 케이스를 익힌다면 향후 이렇게 개방될 한국 의료산업에서 글로벌 인재로서 한몫을 해낼 것이다. 영종도 국제병원에서 한국의사들은 전혀 없는 가운데 인도의 의사와 간호사들이 한국방문 외국인을 진료한다는 것을 상상해 본다면 여간 씁쓸하지가 않다. 그런데 이런 상상이 그저 상상만이 아니라 곧 현실이 될 수 있는 가정이라는 것에 심각성이 있다. 한국과 인도 사이에서 진행되고 있는 CEPA[70)]에서 인도정부의 주장이 전문인력의 자유이동과 활동에 많은 무게가 실려 있다는 현실을 무시할 수 없다.

최대 관심 집중 지역 부바네스와르, 오릿사

필자는 부바네스와르를 가보지 않았다. 아니 더 정확히는 가 볼 수 없었다. 표면적으로 한국인에 관련하여 드러난 사정은 지금은 누구도 현지에 대해 조사를 하거나 섣부른 접촉을 하여선 안 되는 지역이다. 그 이유는 단순하다. 포스코의 인도 제철소 건립이라는 거대한 프로젝트가 움직이는 곳, 파라딥을 들어가는 관문인 오릿

---

70) CEPA: Comprehensive Economic Partnership Agreement. 상품 뿐만 아니라 서비스와 인적자원의 자유교역을 포함한 확대된 개념의 자유무역협정

사의 수도 부바네스와르는 우리에게는 전혀 생소한 인도의 지명이 었으나 2005년 이후 한국 언론의 조명을 받으면서 델리에 버금가는 인지도로 알려진 곳이 되었다. 당시 인도로 유입되는 외국인직접투자 역사상 최대의 해외자본의 투자사업으로 언론의 헤드라인을 장식하면서 출범한 이 사업은 만 3년이 지난 지금, 내부적인 판단이야 어쨌든 지금까지 구체적으로 드러난 사업성과를 보이지 못하고 정체된 상황이다. 포스코의 제철소 진출에 대한 경제적 이해와 정치적 이해를 달리하는 현지집단의 조정에 의한 주민의 반대에 부딪혀 포스코 프로젝트 오피스 직원에 대한 감금사태와 현지 주민들 사이의 유혈충돌조차 빚어지고 있는 상황이 계속되어 사업진척에 대한 보도보다는 갈등상황에 대한 이야기가 뉴스를 장식하고 있는 것이 2008년 초 지금의 모습이다. 그런 까닭에, 아직 이 프로젝트에 대한 청사진을 드높이고 있는 포스코의 자체적인 주도면밀한 현지 해결이 필요한 때에 포스코의 준비된 안내를 받는 경우가 아니라면 그저 지나는 한국인의 일반여행조차도 조심하여야 할 시기이다.

이 거점에 대한 필자의 언급은 이곳을 방문하지 않고 인도에서 접할 수 있는 자료조사와 함께 이에 직간접으로 관계를 맺고 있는 부바네스와르 현지 인도인과 한국 관계자의 이야기를 종합하여 서술하는 것이다. 이제까지의 거점과 산업에 대한 서술은 필자 스스로가 직접 경험하고 판단한 것을 바탕으로 한 것인 데 비하여 오릿사와 부바네스와르의 이야기엔 이 점이 부족하였음을 밝힌다. 그러나 포스코 프로젝트가 시작될 2005년부터 필자에게 자문을 구하려던 많은 포스코 관계회사는 물론 직간접으로 이해관계를 갖는 이들과 상당한 교감이 있었던 관계로 현지경험부분에 대한 취약점 이외에는 나름 상당한 이해를 갖고 있음도 분명히 한다.

신공항 계획이 완료되기 이전까지는 국제공항 기능조차 미비한 오릿사 주의 수도인 부바네스와르는 현대 산업의 기반이 매우 취약한 지역 중의 하나이다. 전통적인 산업의 구조에서도 인도에서도 낙후된 지역으로 손꼽히고 있다. 이런 주임에도 불구하고 외부의 주목을 받게 된 것은 오릿사가 가지고 있는 광물자원에 대해 자본기업들의 관심이 쏠리면서 시작되었다. 철광석, 석탄, 크롬 그리고 보크사이트 등의 광물자원에 대한 경제적 가치가 부각되면서 이를 사용하려는 기업들의 발걸음이 잦아진 지역이다. 그 가운데 우리에게 포스코로 인하여 이슈로 떠오른 것이 철광석이다. 단순히 원자재 수출로만은 응할 수 없다는 오릿사 주 정부의 확고한 정책에 따라 현지에서의 부가가치생산을 설비하려는 포스코의 오퍼가 주 정부와의 기본원칙에서 의견일치를 이룬 것이 지난 2005년이다. 이러한 협정이 맺어지기 이전에는 오릿사를 오고가는 인도인과 한국인들 사이에 광물채굴권을 놓고 실현될 수 없는 뒷거래 제안들이 있었던 것도 사실이나 모든 것은 해프닝으로 끝났었다. 철광석을 놓고 벌이는 기업의 투자진출은 당연하겠지만, 여기엔 포스코만 유일한 것은 결코 아니다. 타타와 Essar와 같은 인도기업은 물론 태생이 인도인이 오너의 영향으로 인도기업처럼 느껴지지만, 사실은 다국적기업인 미탈 그리고 포스코가 있다.

광물자원에 버금가는 오릿사의 자원은 인도의 여타 지역과 마찬가지로 인적자원이다. 인적자원에 대한 교육투자를 통하여 배출되는 두뇌 인력을 자원으로 기업들의 진출을 독려하는 주 정부의 정책과 제1,2 거점에서의 임금상승 등으로 새로운 거점개척의 필요성을 가진 기업들의 이해가 맞물려 부바네스와를 중심으로 IT산업을 중심으로 한 지식기반산업들이 꿈틀대고 있는 것도 이 지역에 대한 이해에서 빼놓을 수 없는 내용이다. 제철산업이 가동되는 시점에 즈음하여 연관 산업, 즉 금속공업과 연관제조 산업 등이 항만을 배경으로 이루어지기를 기대하고 있는 것이 주 정부의 속생각이다. 이러한 일련의 정책전개과정에서 만들어진 한국과의 이슈로는 첫째가 포스코의 120억 달러 투자이고 다음으로 포스코 사업전개에 따라 파생되는 직간접 부가산업에 대한 기타 한국기업의 현지진출인 점이다.

그런데 이렇게 희망차게 시작되어 3년이 지난 지금에 이르러서는 무엇이 되었던지 외형적으로 진출된 모습을 보였어야 할 포스코 프로젝트가 지연되고 있는 상황에 봉착한 것이다. 내부적으로야 제철소에 관련된 제반 엔지니어링 설계와 현지 조사 등 필요한 조치가 계획에 따라 이루어지고 있었겠지만 그럼에도 불구하고 이와 병행될 계획부지 주민의 이주 대책합의와 동반진출 기업과의 협의 등 외부로 드러날 사안에서의 조치가 유보되어 있는 지금까지의 잘못된 흐름에는 분명히 원인이 있을 것이다. 그 원인에 대한 분석이 마련되지 않는다면 잘못은 되풀이될 수도 있다는 점에서 우려가 적지 않다.

정치세력의 이해관계와 제철사업자들의 암중모색에서 빚어진 근본적인 원인은 물론 안이하였던 포스코의 초기 현지지역사회접근 등등의 근본적인 원인이 있겠지만, 이 외에도 프로젝트 주관사의 무신경한 업무진행이 지금의 잘못된 상황에 적지 않은 빌미를 제공하였다. 프로젝트에 관계된 기업들에 주관사로서 포스코가 이 지역에 대한 필요한 정보를 제공하여야 함에도 불구하고 이를 각자가 알아서 해결하도록 함으로써 저마다 또는 용역을 받은 대리인들이 무분별하게 현지에 접근하고 배회함으로써 지역에서는 혼잡스런 양상이 빚어졌었다. 심지어 이러한 움직임에 편승한 게스트하우스, 식당 등등 서비스업종 투자자들이 대거로 몰려가 제철소의 정문 위치를 두고 설왕설래하며 지역주민과의 접촉으로 들썩거렸으니 조용하던 지방도시가 소란스러워진 것은 당연하였다. 게다가 여기에는, 이제는 다른 지역으로 이전하였지만, 당시 현지에서 활동 중이던 종교 활동에 연관된 한국인까지 이러한 과정에서 방문 기업들에 현지안내를 나서는 등 편의를 제공하는 과정에서 현지인과 오해로 인한 종교적인 마찰의 위험성이 발생하곤 하였다. 선교는 인도인에게 개종을 의미하고 개종을 전제로 한 선교활동은 결국 반 인도문화의 침투로 오인할 소지가 다분한 것으로 해외자본의 진출이 산업현대화뿐만 아니라 인도 토착사회에 대한 외세 진출로 악의적으로 해석될 가능성이 없지 않았다.

이러한 해프닝들은 현지정보를 총괄하고 이에 대해 사전조율을 하여야 할 포스코 프로젝트가 각 기업이나 개인비즈니스 이해 관계자들이 자율적 판단에 따라 움직이도록 함으로써 발생하였다. 관계된 이들이 필요 정보를 얻으려고 중복된 과정을 겹치면서 현지에서 우왕좌왕하는 모습을 지난 수년 동안 보인 것은 사실이다. 입찰 견적자료를 구하기 위하여 한 차례라도 부바네스와르를 다녀온 기업인들의 수가 적지 않았고 이 과정에서 노출되기 쉬운 외국인, 한국인의 움직임으로 인해 현지 주민과의 불필요한 접촉에서 불필요한 오해가 빚어지지 않았겠는가? 심지어 외지인의 빈번한 움직임에 현지의 폭력조직까지 이러한 동향에 촉각을 세우고 이를 자신의 이익에 부합시키려고 변호사나 회계사 등을 앞세워 이권에 개입하고 있다고 하니 우려가 크지 않을 수 없다.

현재로서는 어떤 결과로도 예측이 싶지 않은 복잡한 사정으로 포스코의 제철소 프로젝트가 조심스럽게 진행될 수밖에 없는 곳이 이곳 오릿사이다. 실제로 2008년에 들어서서는 그동안 붐비었던 한국인들의 왕래는 매우 뜸해지고 제철소 부지가 들어서는 파라딥 일대와 배후도시이며 오릿사의 주 수도인 부바네스와르에는 2008년 추산으로 50여 명의 포스코 임직원을 중심으로 유동인구를 감안하여 약 6~70여 명의 한국인만이 있는 것으로 추정된다. 선교사 가정 이외에 포스코와 직접 관련된 일을 제외하고는 아직 이렇다고 할 기업은 없는 이곳의 상황이지만 이후 전개될 제철소 프로젝트의 결과 여부에 따라 엄청난 변화가 예상될 수 있는 곳이다. 2005년 6월 체결된 투자양해각서에 따라 원만한 진행이 이루어졌다면 여느 도시보다 더 활발한 한국기업의 진출이 있었을 이곳은 아직까지는 정중동(靜中動) 그대로이다. 설계 엔지니어링 등의 내부 작업 이외엔 드러난 외부의 활동이 최대로 억제된 상태에서 지역내부의 갈등 해소 그리고 주 정부 및 연방정부와의 법률판단 그리고 행정적 조치 등이 이루어지기를 조심스럽게 지켜보는 중에 있다.

2008년3월 아시아경제의 보도에 따르면 포스코 현지관계자는 현지에서의 부지경계확정작업이 완료되었고 보상에 대한 내용과 절차를 주 정부와 함께 마련 중이라고 하며 이젠 모든 것이 순조로워 이전대상 부락의 주민 중 몇몇이 "환영 포스코"라는 플래카드를 내걸었다고 한다. 계약 당초부터 제철소부지 확보와 양도의 책임을 지고 있는 오릿사 주가 소극적 자세에서 적극성을 띄게 되고, 또한 포스코 본사에 있던 프로젝트 추진반이 부바네스와르 현지로 이동하고 이후 다행스럽게도 모든 것이 순조롭다면 1차 양해각서의 5년 시효가 만료되는 2010년5월 이전에 본격적인 건설공사 개시와 함께 많은 관계기업의 진출이 이루어질 것으로 조심스럽게 예측할 수 있다. 그리된다면 부바네스와르는 이제 서부지역에서 첸나이에 버금가는 한국인의 인도거점으로 주목될 것이다.

그동안의 갈등이나 손실 비용에 대해서도 다행히 천운으로, 치솟는 국제원자재 가격으로 말미암아 포스코의 입장에서는 손해 볼 것도 없으며 어쩌면 더 큰 이득이 얻게 되었을는지도 모른다. 철광석 6억 톤의 매장량 채굴권을 쥐고 있는 포스코로서는 MOU 체결 이후 몇 년 동안 오른 원자재 가격을 톤당 수십 달러로 최소한으로 추산하여도 원자재확보에 따른 추가이익은 이미 투자예상비용을 넘어선 것이 아니냐는 주먹구구 계산도 할 수 있는 것이다. 물론 그 기간 동안의 기회비용상실과 추가 공사비 등이 엄연한 별도의 손실이라는 점을 감안한다면 이익계산은 다소 조정되어야 할 것이고 또한 더 중요한 것은 이러한 원자재 가격폭등으로 인한 추가 이익발생에 대해 오릿사의 입장에서도 벌써 나름대로의 계산법이 서 있을 수 있는 변수이기도 하다. 구체적인 사항은 협정시효 만료 이전인 1년 전부터 연장협상에 들어가는 것이 통상적인 절차인바, 아무리 지연된다고 하여도 인도총선이 완료된 2009년 상반기 중에 추가 협상내용으로 명확해 질 것이다.

정치적이며 복잡 미묘한 기업의 거래내용에서는 이해당사자가 아닌 제3자의 판단은 불필요한 것이다. 다만, 그 이후의 진행과정에서 견해를 밝히자면 이와 같다는 것이다. 따라서 이제까지의 진행에서 교훈을 삼는다면, 이후의 진행에 있어서는 정보수집채널을 집중시키고 정보가 필요한 관련 기업인들에게는 절차에 따라 해당 정보를 공유시킴으로 불필요한 개별행동을 최소한으로 억제시키어 앞서의 시행착오가 되풀이되어서는 안 될 것이다. 우려되는 바는 대기업의 인사시스템 규정으로 인하여 초기 인도프로젝트팀의 참여자 가운데 단 몇몇 인원만이 아직까지 남아있는 점이 아쉽다.

인적구성에 있어서도 일관성을 가진 팀의 진행이 인도인들과의 인맥구축과 기관과의 협상에 더욱 도움이 될 것이라는 생각은 아주 상식이다. 이 점은 중요한 프로젝트에 있어서 장기간을 전담인원이 뚝심을 가지고 진행하는 독일의 인도 프로젝트진행과는 비교가 된다.

오릿사와 연관하여 생각할 수 있는 배후지역으로 웨스트 벵갈의 콜카타를 지나칠 수는 없다. 이제까지 필자에게는 한국인이 운영하는 콜카타 유일의 한국음식이기도 한 솔트레이크의 양념치킨이 연상되는 콜카타도 웨스트 벵갈 주 정부의 개방경제의 적극적 정책으로 서서히 한국기업인들과의 연관이 확대될 것이고 오릿사의 포스코 프로젝트가 실현되어감에 따라서 배후도시로서의 역할이 중요시될 것이다. 오릿사에선 필요한 원부자재 소싱이 어려운 관계로 그리고 일정기간은 필요한 물류의 출입이 콜카타를 통하여 이루어질 경우가 많은 관계로 부바네스와르에서 440Km 떨어진 콜카타는 프로젝트 배후도시로서 역할이 부각될 것이다. 웨스트 벵갈 주 자체는 인도 동북부의 중심으로 1억에 가까운 인구나 4번째로 큰 면적 규모로 여타 주에 비하여 월등히 큰 축에 들어간다. 그럼에도 불구하고 웨스트 벵갈이 과거 개방화 이전의 경제규모보다 더 침체된 상황은 다른 주에서는 개방 정책을 통하여 해외자본과 인도기업의 투자가 활발히 유치하였으나 이곳은 그동안 공산당 지배정부가 취한 배타적 정책으로 인하여 개발속도가 매우 더디었기 때문이다.

콜카타를 중심으로 경제특구를 설치하고 갖은 혜택을 부여하는 등, 수년 전부터 취한 개방 정책으로의 전환은 이후 점진적으로 많은 부문에서 외관상으로도 변화의 결실이 나타나고 있다. 그러나 여전히 현지 밑바닥 분위기는 해외자본의 활동에 대해 친숙하지 못하다. 공산당 지배 주 정부로는 같은 입장에 있는 케랄라가 있지만, 그와 비교하여도 케랄라는 5년마다 선거를 통하여 지배구조가 교체되는 등 웨스트 벵갈에 비하여 훨씬 부드러웠던 반면에 이곳 콜카타의 분위기는 그렇지 못하였다. 사회분위기도 케랄라는 웨스트 벵갈보다 기독교를 통하여 접한 해외문물에 익숙해 있음에 비하여 웨스트 벵갈은 다분히 배타적으로 이러한 면모의 쇄신에 상당한 시간이 걸릴 것이라는 점이 일반적인 의견이다.

그러한 가운데에서도 일부 특징적인 변모는 IT산업단지 유치로 어느 정도 가시적인 성과를 거두고 있는 면에서 찾아볼 수 있다. 콜카타 공항 인근에 전자단지를 비롯한 솔트레이크 특정지구를 경제특구로 구축하여 24/7, IBM, Red Hat 등 50여 개의 IT기업을 유치한 것이다. 이에 해당 기업들이 번듯한 R&D 건물들을 세우고 입주를 하면서 지역의 랜드마크를 구축하고 있다.

기업들로서도 델리나 벵갈루루, 푸네 등 인도의 제1 IT중심도시와 달리 저렴한 인건비로 많은 인력을 확보하기 위한 전략으로 대체지역을 찾던 중에 주 정부의 유치에 흔쾌히 응하게 된 것이다. 콜카타의 개발은 주로 솔트레이크라는 신도시를 중심으로 상가와 현대식 주거문화를 갖춘 아파트먼트가 지어지고 있다. 이 지역은 콜카타의 여타 지역에 비하여 비싼 가격으로 부동산이 거래되기는 하나 여전히 다른 대도시에 비하여서는 낮은 가격이고 대도시임에도 불구하고 인건비 등에서도 차이가 크다는 점에서 장차로는 이러한 점을 활용한 기업들의 진출이 이어질 것으로 기대된다. 그 한 예가 타타 그룹의 투자이다. 물론 타타 그룹의 인도 내에서의 신규투자는 이곳만이 아니라 우타란찰 등 여느 주에서도 이루어지는 것이기도 하지만 웨스트 벵갈에 대한 자동차 산업의 선점투자로 주목받고 있다.

동방의 등불 그리고 마더 테레사로 연상되는 시티어브조이의 콜카타는 여타 거점 대도시에 비하여 한국인의 진출이 더딘 곳이다. 거주한국인 숫자는 선교사 진출을 중심으로 전체적으로 약 200명으로 추산하고 있는데 특이하게도 이 중에서 아동의 수가 60%이상을 차지하고 있다. 젊은 세대의 선교진출이 많은 것이 그 이유이다. 벵갈루루와 마찬가지로 조기 유학을 나온 학생들을 돌보아주는 일종의 가디언과 홈스테이도 이들 평신도 신분의 이른바 비즈니스 선교사들의 생업이기도 하다.

삼성전자와 LG전자 그리고 현대자동차의 주재원이 기업신분으로는 유일하며 그 외 제조공장이나 연구소 단위 등의 사례는 아직 없다. 그래서인지 이곳에는 다른 도시에서 활발한 개인서비스업종인 비즈니스게스트하우스가 단 한 곳뿐이며 양념통닭 전문점 이외 전문 한국식당도 아직 없다. 다만, 이곳은 앞서서도 언급된 바와 같이 향후 오릿사에서 갖은 고초 끝에 진행 중인 포스코 제철소 프로젝트의 진행결과와 속도에 따라 이곳이 배후산업도시로 지목되어 많은 한국기업의 진출이 있을 것으로 예상된다.

이 외에 프로젝트 단위의 진출이기는 하지만 특이한 것으로는 현대중공업의 타타 자동차의 초저가 승용차 "나노" 모델의 생산시설에 대한 엔지니어링 진출이 있다. 이러한 가운데 이곳에서도 한인회[71]가 구성되어 있어 표면적인 한국인의 진출동향을 파악할 수 있는 창구가 되고 있다. 현재로서는 기업인의 진출이 많지는 않지

---

71) www.kolkatahanin.com

만, 이 지역도 인도경제성장에 따라 잦은 방문이 이어지고 있고 정수기 관련 한국기업의 합작 사업이 현지에서 논의되는 등 동북부 진출거점으로서의 중요성이 결코 무시될 수 없는 곳이다. 그러나 주 정부 지배층의 독려에도 불구하고 개발과정에서 빚어지는 노조파업이나 산업단지 조성지역 주민의 조직적 반발과 공무원의 부패 등 여전히 기업 활동여건에 대해서는 짚어야 할 점이 한둘이 아닌 것도 소홀히 할 수 없는 현실이다. 당연한 포스코 관계 이외에는, 기타 기업으로서 콜카타가 필요하다면 택하여야겠지만 과연 인도 진출창구로 당장에 이곳을 선택하는 것이 최선의 선택인지는 다시 검토하여도 부족하지 않다.

두바이가 노리는 인도 서남부 요충지 코치

토마스 꾸띠, 나이 51세의 그는 불룩한 뱃살을 자랑하는 전형적인 인도인과는 다른 남부에서 만날 수 있는 까만 피부의 가냘픈 체격을 가진 께랄라 주 정부파견 공무원으로 KSIDC[72]의 코치 지사 책임자이다. 그가 설명하는 케랄라 그리고 코치의 산업개발 현황 가운데에는 핵심적인 두 가지 단어가 곳곳에서 나온다. 하나는 NRI[73]이며 또 다른 하나는 두바이이다.

NRI란 인도인이면서 인도 이외 지역. 미국이나 중동, 유럽 그

---

72) KSIDC: Kerala State Industrial Development Corporation Ltd 께랄라산업개발공사이며 본사는 트리반드럼에 있으며 코치에는 지역 오피스가 있다.

73) NRI: Non-resident Indian 해외에 이주한 인도인으로 공식적으로 인도정부는 1년에 183일 이상 해외에 체류한 사람을 NRI로 분류한다. NRI숫자에 대해서 포스코경영연구소 연구원이 모니카사말은 기고문에서 약 2,926만 명으로 추산하고 있다.

리고 아시아 중에서는 싱가포르 등지에서 사는 이들을 말하는 용어로 때론 번역하여 화교와 대칭되는 표현으로 인교(印僑)라고도 한다. 전 세계적으로 약 3,500만여 명에 달한다고 보는 NRI는 인도 외화수입의 큰 보고이다. 해외 선진국에서 이들이 사업체를 운영하는 것부터 전문직에 이르기까지 그 사회의 경제 집단에서 적지 않은 영향력을 발휘하고 또한 많은 수입을 얻어 이를 본국의 가족에게 송금하거나 산업에 투자를 함으로써 유입되는 외화가 2005~6년 230억 달러에[74] 달하여 인도 경제발전에 또 다른 지지대가 되고 있다. 이는 외국인 직접투자액이 2006~7년에 157억 달러였던 것에 비하여서도 엄청난 금액이 아닐 수 없다.

　께랄라 전체 인구는 약 3천만 명이며 면적은 38,000 평방킬로미터이고 여기서 중점으로 보고 있는 코치와 코치 인근에는 2백만 명의 인구가 있다. 이 인구는 지난 15년 전에 비하여 배로 증가한 것인데 그 증가분의 대부분은 지난 10년 이내에 일어난 것이다. 께랄라 주 전체 인구의 증가는 인도인구 평균 증가율보다 낮은 것으로 증가 폭이 주춤하나 코치를 중심으로 한 도시화 집중이 일어나면서 도시인구의 증가가 주 전체 인구증가를 훨씬 앞지르고 있는 현상이 주목된다. 도시인구의 증가는 각 지역에서의 노동인구가 코치에서의 산업화 성장을 따라 인구이동을 한 것으로 이 추세는 당분간 계속될 전망이다.

　코치가 속한 께랄라의 전체적인 특징 가운데 경제적 측면에서 주목할 바는, 인구 구성에서 20% 이상이 크리스천이라는 점과 절대 빈곤층이 여느 지역보다 적어 인구의 평균 경제적인 수준이 높

---

74) 동 연구원의 보고서(2007년 4월 친디아 저널)에는 2006~7년도 NRI 모국 송금액이 351억 달러라고 밝히고 있다.

다는 점으로 자기들 스스로는 평균 중산층에 속한다는 자부심이 강한 지역이다. 이런 관계와 맞물려서 교육열이 매우 높아 인도의 우수한 인적자원의 배출지 이기도 하다. 실리콘밸리 엔지니어의 15%가 이곳 출신이라고 하니 이는 실리콘밸리에 있는 인도인 지식근로자의 35~40%가 께랄라 출신이라는 놀라운 사실이다. 그런 까닭에 벵갈루루에서 근무 중인 IT관련 산업 종사자의 절대다수가 께랄라에서 온 인력이라는 점도 그리 놀라운 일이 아니다. 교육열과 지적 수준의 평균치가 인도 전역에서 가장 높다는 점은 이 주의 소득원이 주로 NRI의 해외송금에서 나온다는 점과 상관이 있다. 앞서 만난 토마스 꾸띠의 형제 가운데에서도 미국에 간호사로 간 여동생이 2명이 있다고 한다.

케랄라 경제개발의 힘에는 이 지역 출신의 NRI로부터 들어오는 일상적인 송금과 더불어 크고 작은 투자금액이 배경으로 작용하고 있다. 코치 국제공항에 인접하여 개발되는 복합 산업단지의 개발 주축에도 이 지역 NRI가 있다. 약 2백5십여만 명으로 추산되는 께랄라 출신의 NRI로부터 들어오는 투자는 최근 이 지역에서 부동산 개발붐을 일으키어 많은 아파트먼트 타운쉽과 같은 주거 인프라가 건설되고 있으며 쇼핑몰과 병원 그리고 BPO센터와 같은 사업체들이 속속 들어섬으로 고용이 촉진되고 건설업과 같은 지역산업의 호황은 물론 시장소비경제의 활성화가 거리 곳곳에서 눈에 띌 정도로 분주하다.

NRI와 더불어 코치에 대해 이야기되는 다른 하나의 주요한 단어는 두바이이다. 두바이로부터 들어오는 막대한 자본이 코치 개발의 선봉역할을 하고 있다. 2009년을 완공예정하고 있는 년 3백만 Teu를 처리하는 규모의 코치 컨테이너 터미널 항만개발과 IT

산업단지와 Electronic Hardware Park 등등이 지금 진행 중인 대표적인 두바이 투자사례이다.

진행형 경제인 이곳 코치는 전통적인 관광산업 이외에도 IT산업 그리고 전자제품 및 반도체산업을 중심으로 개발되고 있다. 아름다운 해안과 수백 년을 이어오는 유적 문화거리가 어우러진 코치는 천혜의 관광 자원을 가지고 있다. 수려한 풍광을 가지고 있는 끝을 모를 수로를 따라 펼쳐지는 백워터 관광과 한 여름 폭염을 겸할 수 있는 고원 피서지대 Munar 등의 자연조건은 여전히 관광을 주요산업으로 꼽게 한다. 관광산업이 이름만 앞세우고 실속이 없는 우리와는 달리 인도는 2007년에 490만 명의 관광객이 입국하여 그들이 환전한 돈만 하여도 119억 달러에 이른다는 놀라운 사실로 이 분야 역시 고용창출과 수입에 있어 무시할 수 없는 보고임을 알 수 있다. 께랄라가 인도 전체 주 가운데 가장 많은 수의 정부인가 등급호텔을 보유하고 있다는 사실은 그만큼 관광산업에 대한 비중이 높다는 것이다.

자연조건을 바탕으로 이루어진 관광산업이 전통적으로 내려온 것이라면 주력산업으로 가장 먼저 손에 꼽는 IT산업은 주 정부의 정책적 뒷받침을 얻어 새롭게 성장하는 산업이다.

제1 거점 도시에서 이미 만개할 대로 만개한 IT산업은 인도 내에서도 고임금 상승과 인프라 부족과 인력 부족 등을 이유로 IT산업의 제2,3의 거점지역으로 새로운 근거지를 찾아 확장진출하고 있다. 2,3의 거점이 되는 요건에는 풍부한 인력의 배출이 가능한 지역이면서 해당 지역의 행정적 지원정책이 맞물려 있는 곳이어야 하는 데 그 점에서 코치는 높은 평가를 받고 있어 인도 IT산업의 후발거점지역 중에서도 가장 빠르게 성장하고 있다. 벵갈루루나 뭄바이 그리고 델리와 같은 1대 IT 거점도시의 피크에 오른 임금에 비하여 약 절반 임금수준인 코치의 인력은 께랄라 주 전체 90여 개의 엔지니어링 칼리지에서 년 20,000여 명의 교육한 인력이 배출되어 풍부한 인적 자원을 필요로 하는 IT산업에 뒷받침이 되고 있다.

형성된 IT산업 집적단지는 주 정부와 인도의 IT 대기업의 합작으로 조성되어 이미 가동 중인 IT Info Park가 있으며 두바이 인터넷 센터의 투자로 조성되고 있는 스마트 시티도 있다. 그 외에는 앞서 언급된 NRI와 CIAL[75]이 공동으로 진행하는 코치 국제공항 인근의 복합단지가 IT산업의 요충지로 가세할 것이다.

한국정부기관이 인도에 IT기업을 위한 산업단지를 조성한다면 그럴 리 없겠지만 뻔한 델리와 벵갈루루 그리고 첸나이와 같이 이미 완성된 거점에서 고비용을 지불하고 허덕거릴 것이 아니라 상승 기조를 앞둔 2,3의 거점에서 상대적으로 낮은 비용으로 적응기간을 거치면서 들어와야 할 것이다. 토지개발공사가 인도에서 한국기업을 위한 산업단지 조성가능성을 염두에 두고 직원을 선발하여 전문가과정을 2008년 초 국내연구기관에서 실시하였고 이어 1년 시한의 현지조사를 시행하러 직원 두 명을 인도로 파견하였다. 늦은 감이 있지만 마땅히 조치되어야 할 것이 2008년에 현지조사라도 우선하여 시행된다니 환영할 조치이다. 그러나 그 조사가 델리와 같은 제1거점 대도시 주변에서 맴돌아서는 안 될 것이다. 제1거점을 위주로만 살펴본다면 비용과 효과 그리고 입지 가능성에 있어서 조사결과가 판이하게 다르게 나올 것이 분명하기 때문이다. 항용 한국 정부기관의 해외사업이나 조사가 해당 기관의 입장

---

75) CIAL: Cochin International Airport Limited

에서 접근이 손쉽고 업무처리가 편리한 점을 우선하여 대상지역을 선정하는 경우가 비일비재하나 인도에서의 경우에는 관련기업의 장래를 위한 심사숙고한 진취적인 조치가 있기를 기대한다.

IT산업에 이어 코치의 또 다른 목표는 하드웨어 제조 산업의 육성이다. 이를 목표로 관련 산업단지가 조성 중인데 이를 위해 대만의 반도체 관련 전자제품기업들과의 협의가 2008년 초 현재 진행 중이다. 인도의 반도체 수요에 비하여 관련 산업이 아직 인도 어느 곳에서도 시작되고 있지 않은 시점에서 코치에서 가장 먼저 빛을 볼 수 있을지 모르나 순조롭게 시작된다면 이 부문에서 인도시장 판세는 크게 달라질 전망이다. 하이데라바드 역시 반도체 산업, 그중에서도 팹의 건립에 많은 공을 들이고 있으나 거대한 프로젝트에 비하여 참여의사를 밝히는 기업들의 실질적인 재정적, 기술적 능력에 의구심이 많은 것도 사실이다. 이 반도체 산업단지 사업을 주도하고 있는 께랄라의 정부기구는 앞서의 께랄라주 산업단지개발공사(KSIDC)가 아닌 또 다른 개발공사인 께랄라주 산업인프라개발공사(KINFRA)가 담당하고 있다.

인도 남부로 들어가는 통로로 코치 항만의 중요성은 매우 크다. 유럽과 중동의 입장에서 본다면 더욱 그렇다. 벵갈루루까지 약 500Km이며 그보다 더 남쪽으로 내려가서 형성된 섬유산업이며 남부 기계공업단지로 성장하고 있는 클러스터인 코임바토르와 티루푸르 지구에 접근하는 길로는 당연히 코치이다. 코치를 인도 남부를 접하는 물류 중심기지로 뭄바이의 세컨 허브로 육성하려는 계획은 주목되는 물류산업이다. 또한, 인도 전체 수산물의 25%를 생산하고 있는 관계로 수산물 가공 산업은 시설의 현대화와 규모화를 추진하면서 그 역량이 크게 성장될 것으로 기대된다.

　　현재의 코치 거리를 지나면 아직은 여느 대도시에 비하여 낮은 건물과 좁은 도로로 해외기업으로서의 시장이라고 불리기엔 적절치 않은 외형을 지니고 있으나 이런 모습도 앞으로 불과 2~3년 내외 동안일 것이다. 북부의 데라둔처럼 성장과정의 도시로서 코치는 도시 전체가 공사장이라고 여겨도 과언이 아닐 지경으로 여기저기 높이 솟아오른 건축 골조는 가깝게는 1~2년 이내에 그 위용을 드러낼 것이다. 거리의 입간판은 사방에 지어지고 있는 주거시설과 상업시설 분양광고이다. 현대식 쇼핑몰이 나타날 것이고 깨끗한 주거환경을 갖춘 현대식 아파트 타운이 어렵지 않게 눈에 띌 것이다. 2008년4월 코치에 들어서면서 바라보는, "행복한 세상"을 열어주겠다는 캐치프레이즈를 내달아 놓은 만여 평에 달하는 쇼핑몰 건축 현장은 이를 제품의 마켓 플레이스로 지켜보는 관련 기업들엔 말 그대로 행복한 세상이 이곳 코치이다. 와이어 매시 등 건축 소재부터 조명 등 내부건축에 필요한 관련된 각종 자재상이 즐비한 마켓로드에서 만난 건축철물 도매상을 운영 중인 조셉은 자신의 가게 한 곳에서만 하여도 고급형 도어록이 하루에 무려 2랙(약 5백만 원)의 매출을 올리고 있다고 자랑이 대단하다. 인도 지폐에 대해서 경험 있는 이들은 짐작하겠지만, 천 루피라는 고액지폐는 흔치 않아 결제 수단으로 오백 루피나 백 루피 지폐가 많이 사용된다. 그는 하루마다 이런 지

▲ 코치 행복한 세상
코치에 건설 중인 쇼핑몰: 월드어브 해피니스

폐를 가득 담은 자루를 가지고 퇴근해야 할 판이다.

그는 필자에게 이따금 뭄바이 무역상을 통하여 들어오는 한국 제품을 자신이 직접 구입하고 싶다고 하였다. 대규모 건설현장에 납품을 장악할 수 있다는 그의 말은 그저 허풍만은 아닐 것이다. 가격경쟁력과 제품공급기간을 단축시킬 수 있는 방법이 있다면 관련기업의 진출이 가능할 것이다. 이제껏 인도의 건축자재 시장이 붐을 이루고 있다는 사실에 누구도 이의를 달지는 않았으나 소문과 달리 우리 기업의 성과가 저조한 것은 시장경쟁력이 없다는 사실에 기인할 뿐이지 시장 존재의 의구심에 있지 않다. 단일 제품만으로 개별기업의 직접진출이 어렵다면 이즈음 중소기업청이나 중소기업진흥공단에서 실시하고 있는 중소기업 해외진출 지원프로그램을 제대로 활용한다면 방법은 얼마든지 강구될 수 있다.

이 책에서 누누이 강조된 바 있지만, 인도시장을 하나의 크기로 보고 접근하는 것은 중소기업의 역량에는 전혀 현실성이 없는 것이다. 특정 지역을 발판으로 인도시장을 공략하는 방법이 실천 가능한 것인데 이 거점을 유독 대도시 상권에 집착할 이유도 더더욱 없다. 시장의 후발기업으로서 그리고 규모화를 이룬 해외기업과의 경쟁에서 아직은 역량이 부족한 한국의 중소기업으로서는 제1 소비거점보다는 성장하는 제2 소비거점으로 눈길을 돌려 가능한 모색을 찾는 것이 현실적이다.

마린산업의 기계화와 건설산업의 호황 그리고 서비스 상업시설의 증가에 따른 시장만이 아니라 코치에는 또 하나의 거대한 프로젝트가 숨 쉬고 있다. 그것은 Metro라고 불리는 지상위주의 지하철 건설이다. 차량에 관한한 한국 로템으로서는 델리 지하철의 선점효과에도 불구하고 벵갈루루 메트로에서는 실패하고 이후 각고의 노력으로 델리의 후기 지하철에서 이를 만회하여 이룩해놓은 인도시장에서 이곳은 놓칠 수 없는 또 하나의 시장기회가 될 것이다. 그뿐만이 아니다. 지하철 승강장 내부시설과 운영에 필요한 제반 시설구축에 한국기업의 풍부한 경험이 이젠 인도에서 건설공사 수주와 차량, 전력선 납품 등 대기업 위주의 제품과 서비스만을 팔 것이 아니라 중견 규모의 기업이 감당할 수 있는 내부에 들어가는 시설과 유−무형의 유지관리 소모품 시장에도 관심을 가져야 한다. 코치 메트로 프로젝트에는 델리 메트로공사 DMRC의 컨설팅에 의해서 진행되고 있으니 기존의 델리 지하철공사와의 관계가 소홀하지 않도록 하는 것도 좋은 마케팅 어프로치가 될 것이다. 코치 메트로는 하나의 예에 지나지 않는다. 비록 계획과 발주까지의 긴 여정이 있을지라도 인도의 성장거점도시에서의 메트로 계획은 이제 하나의 트렌드임을 이해한다면 한국기업의 인도 어프로치에 대한 각오가 새로워져야 할 것이다.

다양한 산업의 개발과 함께 성장하는 거점도시엔 B2B소비와 동시에 B2C 소비가 있다. B2B와 B2C 시장에는 상품거래가 있겠지만, 그 외로 당연한 이야기로 역시 서비스시장이 존재한다. 서비스시장에서도 성장가능성이 큰 분야로 인터넷통신서비스시장이 손꼽힐 수 있다. 인터넷서비스 프로바이더(ISP)로서의 입지구축은 이후 성장가능성이 무궁무진한 e−커머스 시장으로 들어갈 발판이 된다는 점에서 역시 중요하다.

인터넷 가입자 4천6백만 명, 2007년12월 통계[76]는 지난 2007년 기준으로 연 40%의 증가한 숫자인데, 인도에서 비록 인터넷

---

76) IAMAI : Internet & Mobile Association of India www.iamai.in

기술환경수준이 아직은 사용자 기대에 흡족할 만큼의 품질이 아니지만, 인터넷 인프라환경이 구비되면서 사용자 인구의 증가함에 따라 e-Commerce 분야의 성장전망은 매우 밝다. 교통 불편과 광역의 거주분포 등 인도의 제반여건에 따라서 온라인 상거래를 발달시킬 이유가 적지 않다. 그런 까닭에 여행부문에서의 온라인화 속도는 매우 빨라 인터넷을 통한 항공권 예매와 열차승차권 구입은 이제 누구에게나 일상적이다. 등급이 낮은 인도의 호텔에서도 WiFi (무선인터넷) 서비스를 기본시설의 하나로 표기하는 것은 흔한 일이 되었다.

중국 지향성을 가진 SK그룹이나 한국통신으로서는 아직 인도에 사업진출을 위한 기반이 다른 대기업에 비하여 마땅히 마련되어 있지 않은 이즈음, 이 분야에서 인도 프로젝트를 시작할 여지가 있다고 판단된다. 대도시의 상징성에 대한 미련을 접어둔다면 성장도시 제2거점에서 출발하는 것이 차라리 실속 있는 진출이 될 것이다. 인터넷 기반으로 파생될 수 있는 시장은 비단 온라인 상거래뿐만 아니라 엔터테인먼트 분야에의 진출과 연관될 수 있다. 온라인 게임과 같은 디지털콘텐츠 시장에서의 동반진입이 가능하다. 최근 나온 통계에 따르면 인도 도시 중산층 아동의 용돈수준이 과거 1998년 대비 6배로 늘었으며 도시평균으로는 델리가 가장 높아 월 약 45,000원이고 코치의 경우는 25,000원 정도이다. 아동 인구 중 절반 이상을 차지하고 있는 남자아이들의 경우 용돈의 많은 부분을 컴퓨터 게임에 관련하여 소비하고 있다고 조사[77]는 밝히고 있다.

인도 게임사업 그중에서도 온라인게임산업의 성장성을 엿볼 수

---

77) The Times of India, 2008.4.19

있는 단서가 될 수 있다. 다만, 인터넷 보급과 품질에 매우 밀접한 관계를 가지고 있는 관계로 시장 확산과 성장속도에는 ISP의 사업계획에 좌우되는 것은 물론이고 이후 수익에 있어서도 ISP의 비중이 매우 크다는 점이 한국기업에 의한 이 부문 사업의 필요성을 높이고 있다. ISP사업을 기반으로, 우후죽순으로 일어나는 지역 호텔과 중장기 비즈니스 출장자를 위한 Serviced 아파트먼트 시설을 대상으로 한 Pay Internet사업 역시 시장성이 밝다. 이른바 대기업과 중소기업의 서비스 산업에서의 해외동반진출은 이런 점에서 의미를 찾을 수 있다. 이런 긍정적인 전망에서 살펴볼 수 있는 코치에도 내재된 마이너스 환경은 무엇보다 주 정부 정책을 좌우할 지배정당의 성격이다. 2007년10월 코치를 방문하였을 때 주말을 이용하여 백워터관광을 나섰다. 하우스보트라고 불리는 침실과 취사시설을 갖춘 소형 유람선을 빌려서 선원들과 함께 24시간 관광코스 탐색을 나섰다. 과연 천혜의 관광자원으로 불려도 손색이 없는 아름다운 수로 풍경이 지나가는 가운데 하루 3끼니 선상에서 만들어주는 식사는 마치 대 선단의 선주가 된 양 관광객의 흥을 한껏 돋우었다. 길 따라 촘촘히 심어진 야자수와 드문드문 무리지은 마을이 자연스런 조화를 이룬 수로위로 오래도록 기억에 남을 일몰광경이 파노라마처럼 펼쳐지면서 하우스보트는 하루 머물 장소에 정박하였다. 다음 날 아침,

▲ 께랄라의 공산당
백워터 수로에서 이른 아침 모금을 나온 공산당 당원들

일찍 잠을 깨어 선상에서 수로에 피어오르는 물안개를 바라보고 있는데 카누모양의 조그만 배 하나가 하우스보트를 향해 다가오고 있었다. 배에는 여섯 사람이 타고 있는데 플라스틱 통을 하나 필자에게 내밀고 헌금을 부탁하였다. 그 배에는 붉은 바탕에 흰색의 낫과 망치가 그려져 있는 공산당 당기가 내걸렸다. 코치시내를 들어서면 간혹 건물에 내걸린 붉은 깃발을 볼 수 있는데 이 모든 것이 다른 주와 다른 공산당 지배의 흔적이 겉으로 드러난 것이다.

　인도에서 웨스트 벵갈과 함께 공산당(CPM)이 지배정당인 특이한 주가 께랄라이다. 그런 까닭에 이 지역에서 제조업을 하는 것을 인도기업조차 기피하였던 것이 사실이다. 강성 노동조합과 파업이 산업화의 발목을 잡은 것이 엄연한 사실인 마당에 이제 공산당 정부가 새로운 개방 정책의 수용과 시장경제에 대한 유화적 제스처가 표방을 앞세우지만 우려가 아주 없는 바는 아니다. 이 지역 관리를 만나 대화를 나누어 보면 개방추진 정책의 증거를 보여주면서 이점을 확실한 약속을 하지만 부분적으로는 모든 흔적이 사라진 것은 아니다. 비록 형태가 과격하거나 폭력적이지는 않고 부드럽다고는 하나 남아 있는 노조의 파업은 드물게나마 시내 교통을 마비시키곤 한다.

　공산당과 노조활동에 우선하여 개개인의 경제적 이득에 우선 관심이 쏠리고 있다는 설명은 어느 정도 맞는 것 같다. 특히 노동집약적 저임 근로자를 중심으로 이루어지는 제조업이 아니라면 일반적인 사업체에서는 노조 구성을 우선한다기보다는 인센티브제도에 더욱 관심이 있다는 것과 공산당위주의 정권이라기보다는 5년마다 있는 선거를 통하여 INC[78]와 함께 정권교체를 주고받는다는 것이

---

78) INC: Indian National Congress, 현재 당수로 소니아 간디가 이끌

웨스트 벵갈의 사정과 다르다. 따라서 단순 임금격차를 위한 노동 집약적 기업에선 여전히 이곳에 대한 진출을 주의하여야 하겠지만 이를 이유로 기타 산업의 경우 진출 자체에 대한 숙고를 외면할 정도의 상황은 결코 아니다.

제2거점도시[79]로 인도 서남부 중심인 코치지역은 앞서 살펴보았듯이 주목받을 수 있는 한국기업의 향후 진출예상지역으로 과거에는 포트 코친이라는 애칭으로 불리었다. 비록 최근에 와서는 연안조업의 어획고 감소로 다소 쇠퇴하기는 하였으나 엄연히 서남 연안의 어업전진기지이며 조선업의 성장이 예상되는 항구도시이다. 케랄라의 주 수도인 트라반드럼보다 외부에 산업거점으로 더 잘 알려진 도시코치는 앞서 살펴보았듯이 인도 서남부 교통로이기도 하다. 그런 이곳에 한국인으로는 초 중고등학교 유학생 이십여 명을 포함하여 고작 30여 명이 체류 중이다. 그러나 향후 항만개발을 위한 민간 공공합작 프로젝트가 순조롭게 진행된다면 인도 남부를 들어가기 위한 관문과 중동과 아프리카 지역을 연결하는 교역중심지로 손색이 없어 물류를 위한 진출이 모색되고 있는 등 이후로 한국인들이 지속적으로 늘어날 것으로 전망된다.

지난 2002년1월부터 이곳에서 한국으로 수산물을 송출함과 동시에 조업어선의 기계화 설비에 관련한 엔지니어링으로 사업 중인 Jang Marine Exim Pvt Ltd[80]와 2007년부터 지역에서 산출되는 고무원료를 사용하여 콘돔과 산업용 핑거글로브를 생산하는

고 있다.

79) 인도 1Tier 도시는 일반적으로는 델리NCT, 뭄바이, 첸나이, 벵갈루루. 콜카타, 하이데라바드, 푸네, 아메다바드 등을 말하고 있다.

80) Jang Marine Exim Pvt Ltd: 대표 장병수이며 코치(Kochi)에 본사가 있다.

Hankook Latex Private Limited가 코치에 진출한 가장 대표적인 한국기업이다.

여타 지역이 대기업의 우선진출이 있은 다음 점차적으로 유관기업들의 진입이 이루어지던 것과는 달리 코치는 처음부터 중소기업의 진출에서 한국인의 터전이 마련된 곳이다. 2002년 인도 수산물을 확보하기 위하여 코치에 가족과 함께 첫 걸음을 내디딘 장마린 장병수 대표 그리고 30여 년 전부터 께랄라의 고무산업과 인연을 맺었던 한국라텍스의 권희철 회장이 대표적인 사례이다. 특히 2005년 코치 고무산업 단지[81])에 입주하여 3여 년에 걸친 고군분투 끝에 전체 공정 중 일부 완공된 공장에서 콘돔과 의료용 튜브 그리고 전자산업용 핑거글로브를 생산하는 등 코치에서 한국기업의 제조업 진출터전을 넓히는 한국라텍스는 현지 자연자원을 활용한 생산기업 진출모델로 많은 참고가 될 것이다.

수산대학을 졸업하고 직접 원양어선 선장으로서 조업경험을 지닌 장마린의 장 대표의 경우에는 코치를 근거지로 께랄라에서 구자라트의 해안에 이르는 인도 서부 해안과 콜카타와 파라딥에 이르는 인도 동부해안 현장을 직접 섭렵하며 필요한 수산물소싱 업무를 한 인도어업의 현장 전문가이다.

인도 어업은 연장 길이 7,000Km에 달하는 연안에서 이제껏 소형어선 위주의 조업을 하여 왔으나 지난 2004년 동부해안을 덮친 쓰나미 이후 어획량이 줄어들었고 또한 바닥을 긁어내는 트롤선 조업으로 어족자원이 고갈되었다. 가까운 바다에서는 수자원 문제

---

81) Rubber Park: 인도 정부와 께랄라 주 정부가 고무를 원료로 한 산업을 육성하기 위해 조성한 합작기업의 공단으로 코치 인근에 조성되었으며 13만 평규모이다. www.rubberparkindia.org 참조.

로 침체에 빠져 있는 가운데 인도정부는 참치를 비롯한 풍부한 어획량이 보장되는 보다 먼 인도 근해로 나가서 조업을 할 수 있는 어선의 현대화에 막대한 재정지원을 세웠다. 장마린의 어선설비 엔지니어링은 이런 인도상황에 초점을 맞춘 시장공략으로 몸으로 체득한 현장 비즈니스의 표본이다. 보다 능률적인 조업을 할 수 있는 기계화 시설과 먼 바다로 나가서 조업을 하는 동안 잡아들인 어류를 좋은 상품으로 유지시킬 수 있는 저장시설은 인도의 근해조업이 당면한 해결과제임과 동시에 시장기회이다.

코치 시내에서 30Km, 승용차로 1시간을 벗어나야 이를 수 있는 케랄라 고무산업 단지에는 100% 한국투자기업 한국라텍스가 유일하게 홀로 있다. 인도 고무생산량의 90%가 나오는 께랄라에서도 고무산업의 가장 중심지인 이 고무산업단지 초입에 한국라텍스가 연건평 4,000평에 이르는 3층 공장건축을 지난 2005년 시작하여 2008년 초 일부 준공상태에서 핑거글로브와 의료용 튜브 등을 생산하고 있으며 콘돔생산은 2008년 중 본격화될 예정이다.

고무산업단지로 들어서기 위하여 시내를 벗어나면서 만나는 고무나무 산림은 이곳에서 해외시장은 물론 장기적으로 인도 내수시장을 겨냥한 한국기업의 진출의도를 짐작하게 하고도 남음이 있다. 최근 국제적으로 원자재 가격이 급격히 상승하는 것은 물론 중국 등의 다량 소비로 인한 자원 고갈로 국가들의 전쟁 아닌 전쟁인 치열한 자원 외교전이 펼쳐지는 등 자국의 제조업을 위한 자원 확보가 절실한 형편에 이러한 진출은 시사되는 바가 적지 않을 것이다. 3여 년의 숱한 난관을 이겨내면서 하나하나 벽돌을 쌓아가듯 철골조의 우뚝 선 공장 전경은 비록 개인기업의 진출이기는 하지만 인도 오릿사 제철소건립 프로젝트의 포스코의 경우와 같은 맥락이 아닐 수 없다. 지난 2005년6월 오릿사 정부와의 양해각서 체결 이후 아직도 본격적인 제철소 건립을 위한 부지조성조차 착공하지 못한 난관에 봉착한 포스코 프로젝트이지만 인도의 막대한 자원을 이용하고 인도 내수시장을 겨냥하려는 노력은 대기업이나 중소기업이나 기본 방향에선 크게 다를 바 없다. 이러한 접근은 인도활용에 대한 훌륭한 모델로 벤치마킹할 수 있다.

제조를 위해서 해외자원을 직접 활용하고 한국만이 아닌 해외로 확대시킨 마케팅을 겸비한 글로벌 기업운영이란 것이 굳이 규모에 의해서만 실현되는 것이 아니라는 실례로 이 기업의 인도진출을 소개할 수 있다. 이런저런 이유로 제조업의 한계에 봉착하였다고 너도나도 脫 제조업의 분위기에 젖어들어 부동산 투기나 유흥 서비스업종으로 눈길을 주는 등 실의에 빠져 있는 한국 중소기업과 척박한 경제토양의 한국에만 갇힌 우물 안의 개구리가 아닌 글로벌 인재로 꿈을 키워 갈 젊은이들에게 주는 메시지가 여기에 있다. 공장규모가 크고 매출이 어떻고 수익을 얼마나 내는지에 대한 관심은 접어두고서 인도자원 활용과 내수시장을 포함한 글로벌 마케팅 공략이라는 제2의 창업을 위한 중소기업의 인도 진출모델을 눈여겨볼 필요가 있다. 한국 젊은이의 창업이 지리적으로 한국에 한정될 필요가 없고 중소기업의 제2창업 또한 그렇다.

한 발 나아간다면, 세계는 지금 석유와 천연가스 등과 같은 에너지 자원과 철광석 등의 산업 자원은 물론 식량자원 확보에서도 치열한 경쟁을 벌이고 있는 마당에 인도에서의 수산업 가공이라는 미개척 분야는 우리 기업에 또 하나의 가능성을 열어 줄 수 있는 훌륭한 모티브가 아닐 수 없다. 기왕에 들여와야 할 식자재라면 우리 손으로 우리의 기호에 맞게 만들어 우리 식탁을 꾸밀 수 있는 것은 물론이고 인근 중동과 유럽시장을 겨냥한 해외진출로의 포부를 열어낼 수 있을 것이다. 그런 점에서 남인도 물류항만으로서의 개발 기치를 높이 든 코치는 유용가치가 작지 않다. 물론 길거리 곳곳에 걸려 있는 붉은 바탕의 흰색의 낫과 망치가 그려진 공산당 깃발이 상징하듯이 주 정부의 정치적 성향이 다소의 걸림돌이 될 수는 있으나 경제정책에 있어 개방화 추세는 대세임을 이곳의 누구도 부정하지 않는다. 주 정부의 성향이 비록 공산당 지배에 의해 좌우된다고는 하나, 일부의 오해와는 달리 기본적 사유재산보장과 경제활동의 자유는 인도연방 법률에 의해 보장되어 있음이 이곳 케랄라나 웨스트 벵갈에도 예외는 아니다.

역사적으로 오랜 기독교의 영향을 받아 공산당 깃발보다 더 많은 교회의 십자가 형상을 볼 수 있는 코치지역에도 다른 도시의 경우처럼 기독교 선교활동의 한국인들이 있고 또 유학하는 학생들을 돌보는 업(業)을 하는 홈스테이 가정이 있다.

앞서 델리 NCT, 뭄바이와 푸네, 첸나이, 벵갈루루, 하이데라바드, 콜카타 그리고 코치를 중심으로 인도 진출 한국기업과 한국인을 살펴보았는데 이 외에는 바라나시와 같은 유명관광지에 장기여행객 신분 등으로 다수의 여행알선업이나 여행객 숙박업소, 식당을 하는 경우 등등은 산업과 연관하여 검토할 내용이 아닌 관계로 지금의 관심에서 제외하였다.

여기에서 유의하여야 할 것은 이러한 각 도시별 한국기업과 한국인 집계는 2007년을 기준으로 이런저런 내용으로 추정하여 살펴본 것에 불과하고 공식화된 집계가 이뤄진 것이 아니기에 절대적 근거가 될 수는 없다는 사실이다. 아직 대사관이나 현지 한인회[82])의 공식집계가 발표된 것이 없기 때문에 필자가 각 지역 한인회나 기업모임 또는 각종 데이터의 정보수집으로 만들어진 개별 자료로 이해하여야 한다.

---

82) 재인도 한인회: 뉴델리와 첸나이에는 각각의 한인회가 구성되어 외교통상부 산하의 재외동포재단에 공식등록된 것으로 알려져 있다. 두 도시의 한인회 웹사이트는 delhikorea.com/ kchennai.org 이며 이외에도 콜카타: kolkatahanin.com와 푸네: punekorea.net 가 있다. 벵갈루루와 뭄바이에는 과거 운영되던 웹사이트가 중단되어 알려진 연락망이 없다. 하이데라바드에는 최근 한인회가 결성되었다.

제**4**부

Again Business 인디아

인도에 한국기업이 없다. 2008년 들어서서 인도호텔 로비에 비즈니스 일본인과 중국인들이 넘치는 데 비즈니스 한국인의 모습은 찾기가 어렵다. 대기업과 대기업연관 벤더들의 진출은 지금도 다소 늘어가고 있지만 정작 인도시장을 직접 상대하는 기업, 특히 중소기업의 진출은 찾아보기 쉽지 않다. 한국기업 수의 99%를 차지하고 총 고용의 88%를 차지하는 중소기업의 입장에서 인도평가를 다시하고 진출과정을 다시 짚어서 글로벌 무대에서 결코 포기할 수 없는 시장, 인도를 얻어야 한다. 어려움에 지쳤거나 지레 위축되어 돌아선 기업을 되돌리게 하여 포기할 수 없는 인도시장을 쥐어주어야 할 것이다. 미국이나 유럽기업만이 성장시장의 이익을 구가하는 것이 아니고 대만도 하고 중국도 하는 인도시장에 한국기업만이 불리할 리는 없다. 단지 인도에 대한 이해가 다르고 다가서는 방법이 다르기 때문이다.

꿈은 이루어지다

"꿈은 이루어지다" 2002월드컵을 열광케 했던 이 아름다운 캐치프레이즈가 지금 인도에 있다. "당신의 꿈은 무엇입니까?"라는 대형 노상 입간판이 코치공항에서 시내로 들어가는 길목에 세워져 있다. "집입니까? 자동차입니까?" "우리가 그 꿈을 실현시켜드립니다."의 광고문구를 써놓은 금융기관의 대출광고 입간판이 뜨거운 인도의 4월의 날씨만큼 거리를 지나는 인도인들에게 작열하고 있다.

알람 민하지라는 직원이 있다. 9년 전, 당시엔 하루 숙박비가 70달러 수준이면 충분하였던 델리 메리어트 5성급호텔 숙소에서 새로 구성하는 인도법인의 직원을 면접하면서 처음 만나게 된 알람은 회계를 전공한 갓 졸업한 비하르출신의 남루한 인도인이었다. 어찌나 행색이 초라하였던지 호텔 로비에서 출입을 제지당하였던 해프닝이 있을 정도였으니 미루어 짐작할 만하다. 비하르라는 주는 인도에서도 소득수준이 낮기로 대표적인 곳이고 5형제 중 장남으로 취업한 이후로도 적은 급여로 동생들 학비를 지원하느라고 형편은 늘 궁색하였다. 그런 그도 이제는 결혼하여서 소형차를 가지고 있고 두 돌을 지난 아이도 생겼다. 수개월 전 심장마비로 사망한 부친을 대신하여 비하르 고향에 있는 모친을 벵갈루루로 모시고 오려는 계획에 자그마한 주택을 찾고 있다. 이미 오를 만큼 올라버린 기존 주택을 염두에 두기보다는 주 정부에서 분양 중인 나대지를 탐내고 있다. 주택건축비에 대해선 대지를 담보로 융자를 받아서 일부는 세를 주고 운영한다면 그가 자기 주택을 소유하게 되는 날도 그리 멀지 않다.

초라하였던 비하르의 생활을 뒤로하고 이제 곧 대도시에서 자기 소유의 집을 갖고 아내와 아이와 모친을 모시고 살아가는 단란한 인생설계를 보통의 인도인의 꿈은 지금도 이렇게 이루어지고 있다. 한국출장을 위해 평생 처음 여권을 만들어 벵갈루루의 여느 전문직 젊은이들처럼 평균 신분을 당당히 지니고 있다. 무슬림으로서의 마이너 신분이나 비하르라는 낙후된 지방출신의 낮은 경제계급의 인도인이지만 21세기를 들어선 지금에서 알람과 같이 소망을 현실로 이루는 젊은이들의 수가 나날이 늘어간다. 2001년 인구조사에서 벵갈루루는 420여만 명에 지나지 않았지만, 지금은 700여만 명을 훌쩍 넘어섰다. 각각의 꿈을 부여안고 찾아온 벵갈루루는 모두에게는 아니겠지만 많은 이들에게 그런 꿈을 현실로 안겨주고 있다. 이것이 오늘의 인도이다. 비단 화이트칼라의 경우에만 있을까?

델리의 한국인 비즈니스게스트 하우스에서 메이드로 일하는 인도인 중년여성이 있다. 구르가온에서 밭을 일구면 연명하던 생활에서 우연하게 메이드로 취업한 그녀의 급여는 월 오천 루피. 그런 그녀가 이제껏 지니고 왔던, 남편도 없이 살아가는 5식구의 호구지책 조차 되지 않았던 구르가온의 밭뙈기는 이제는 금싸라기 땅으로 변하여 그녀의 재산은 10억 원대를 호가하고 있다. 곧 지하철이 준공되면 한층 오른 가격에 매각하고 그 때는 고향인 첸나이로 돌아가 그리운 형제들과 함께 편안한 노후를 지낼 생각에 그녀의 꿈은 마냥 부풀어 있다.

인도 경제성장의 현장에서 어렵지 않게 만날 수 있는 평범한 인도인들의 일상에서 꿈꾸는 미래에 대한 희망은 이제 꿈에서 현실로 진행 중이다. 누가, 아직도 인도에서 1달러 미만의 소득으로 살아가는 극빈층을 이야기한다면 그 역시도 옳은 이야기이지만 적어도 극빈층이 아닌 그 이상의 계층에서 어려웠던 지경의 수많은 인도인이 과거의 빈한한 삶을 하나씩 하나씩 윤택하게 바꾸어가고 있다는 것도 또한 엄연한 사실이다.

1990년대 초 인도출장을 갈 때는 선물에 큰 고민을 하지 않아도 되었다. 그저 한국에서 일상에서 흔하게 구할 수 있는 모든 것이 선물이 되었다. 볼펜이나 일회용 라이터가 그랬다. 필자의 경우에는 당시 상담을 하면서 사용하던 괜찮은 볼펜을 상대방에게 주는 것으로 간단한 선물로 할 수 있었다. 회사 담당자가 상당 중 여러 차례 내 볼펜을 눈여겨보고 있다는 것을 느꼈기 때문이다. 회의 도중 티브레이크 때에 끽연에 사용한 예쁘장하게 디자인된 한국유흥업소 판촉용 일회용라이터는 인도애연가에게는 그야말로 즉석선물이다. 이런 종류의 물건은 이제는 전혀 가당치도 않을뿐더러 자칫 실례가 될 뿐이다. 전자시계나 계산기조차 별로여서 적어도 USB 메모리 카드 정도는 되어야 한다. 그게 부담스러우니 별로 선물을 마련하지도 않아도 요즈음은 아예 바라지도 않는다. 그만큼 여유로워졌다. 볼펜을 쳐다보았던 그들의 작은 소망은 이제 자동차로 그리고 안락한 주택으로 옮겨가고 있다. 경제가 그들의 꿈을 이루어주고 있다. 우리의 인도 비즈니스는 이 과정에서 만들어져야 한다. 아직도 평범한 볼펜을 팔 생각을 한다면 접고 말아야 할 일이다. 그들의 눈높이가 달라졌다. 꿈은 진화하는 것이다.

닐기리스의 차밭이 딸기 재배로 바뀌고

닐기리스의 차 재배 농부를 향한 첫 유혹은 딸기였다. 태어나서 평생을 차 재배에 매달려온 닐기리스의 농부는 이제 차 농사

를 포기하고 미국에서 건너온 딸기종자를 구매하러 시내로 나갈
참이다.

인도의 3대 명품을 꼽는다면 하나는 향신료이고 다른 하나는
IIT졸업생이며 나머지 하나는 차(茶)이다. 명품 인도 차의 3대 산
지가 있으니 그곳은 널리 알려진 다즐링과 아셈 그리고 하나가 닐
기리스이다. 닐기리스의 차는 차가운 고산기운 속에 자라는 녹차
제품으로 귀한 것은 100그램에 산지가격으로도 수십만 원을 호가
하는 것도 있다. 설마 그 품종 재배하는 차밭이 갈아엎어 지고 딸
기 재배로 바뀌지 않았겠지만, 인도 언론은 지금 세태의 변화를
이렇게 전하고 있다. 차밭을 갈아엎고 시장의 수요가 늘고 있는
잘 팔리는 딸기를 재배한다고 보도하고 있다.

차 재배에 있어서 노상 겪어야 하는 고질적인 시장기복과 재배
의 어려움보다는 이제 소비유통의 혁신으로 수요가 급증하고 있는
딸기재배와 같은 특용작물로 전환이 빠르게 이루어지고 있다는 부
연설명이다. 덩달아 미국 캘리포니아 품종의 씨앗 판매상의 매출
은 기하급수적으로 오르고 있다. 이러한 변화의 배경에는 차의 수
출이 점점 어려워지는 수출시장의 여건도 있겠지만 중요한 것은
내수시장에서 차를 마시는 인도인의 생활양식이 달라지고 있다는
점이다. 커피와 기타 과즙음료가 차 문화의 자리를 잠식하고 있다
는 것이다. 이런 변화에서 오는 수요 감소의 탓도 있겠지만, 또
다른 배경에는 Reliance Fresh와 같은 신선한 과일과 채소류 소
매유통업의 발달도 한 몫하고 있는 것이 주목할 현상이다. 인도인
의 식탁이 바뀌고 있다. 먹을거리에 대한 생각도 바뀌고 있어 이
는 곧 시장의 변화를 가져오고 있다. 거리의 구멍가게에 매달아
놓은 바나나 가지에서 바나나 하나를 뚝 떼어 1루피나 2루피에 팔

면 그만인 것이 아니라 그보다 훨씬 값비싼 딸기가 인도인으로부터 선택되고 있다. 그저 달걀이 아니라 단백질 강화 달걀이 판매되고 저 콜레스테롤 신선달걀의 판매는 일반 달걀보다 4~5배 높은 가격으로 소비자에게 선택되고 있다. 식품에서도 프리미엄 마켓이 형성되었다. 식품에서의 프리미엄마켓은 그대로 내구재 소비재에서는 럭셔리 마켓으로 이어가고 있다.

일부 대도시의 특급호텔 아케이드에서만 볼 수 있었던 수입명품들이 경비가 삼엄한 매장 진열대에서 나와 일반 쇼핑몰로 나오고 있다. 노키아의 저가 휴대전화기가 인도이동통신 사용인구증가에 한 몫 기여하였다면 더불어 모토로라의 황금빛 레이저가 인도인의 손에서 번쩍거리고 있다. 소비의 선택이 넓어지고 덩달아 가격의 자유로움이 시장에 넘친다. 맨발로 거리를 활보하는 수많은 가난한 인도인들이 넘치지만, 그들 중에 수입이 있는 이들을 겨냥하여 저가의 BATA 신발이 매출을 늘려가고 있고 동시에 고가의 나이키, 아디다스 그리고 리복 또한 도시에서 속속들이 매장을 늘리고 있다. 인도에는 곧 아이스링크가 호황을 누릴 것이다. 이게 무슨 일?

동절기, 얼음의 나라 캐나다를 다녀온 인도인들이 늘어나면서 자연히 인도에서도 그런 최상류층을 상대로 하는 비즈니스모델이 생길 것이라는 가정을 이야기하는 것이다. 2008년에 해외여행을 나선 인도인 수가 천만 명을 돌파하였고 2011년에는 천오백만 명 이상으로 늘어날 것으로 보면 이들이 해외에서 보고 즐겼던 다양한 비즈니스 모델의 경험이 엔터테인먼트를 중심으로 인도 국내에서 新 사업아이디어로 출현할 것이라는 점을 예견하는 것이다. 곧 수천만 명으로 늘어날 해외여행객과 대도시에만 극상의 소득계층이 2025년에는 23백만 명에 이를 것이라는 인도 내부의 발표는 이러한 시장의 가능성을 예고하는 것이다.

　인도의 도로포장 상태를 아는 이들은 인도의 어린이들에게 스케이트보드나 롤러스케이트를 팔 수 있을 것이라고 생각하지 않을 것이다. 그런데 지금 뭄바이나 델리 대도시의 스포츠용품가게에선 중국으로부터 수입한 제품들이 서서히 판매를 늘려가고 있다는 사실이다. 주거문화가 아파트먼트화(化) 되고 광장이 생기면서 놀이를 즐길 공간이 생긴 것도 이유이지만 해외로부터 경험하고 들어온 이들이 주변에 선보이면서 공유하게 된 놀이문화인 것이다. 아이들 놀이 클럽에 가보면 농구를 즐기는 것을 쉽게 볼 수 있다. 사립학교를 중심으로 체육관이 세워지고 그 시설엔 농구대가 설치된다. 크리켓이 아니고 실용적으로 어울릴 수 있는 농구가 미국의 NBA문화를 띄고 유행하고 있다. 리복과 아디다스 매장에 가면 NBA유니폼이 팔리고 있음을 볼 수 있다. 2007년11월 필자가 만난 스포츠 에러 편집장은 한국스포츠용품산업이 인도에 들어올 타이밍은 바로 지금이라고 하였다. 그 증거로 그는 인도의 스포츠업계가 세계 곳곳에서 벌어지는 스포츠페어를 둘러보고 있다는 사실을 상기시켜주었다. Upper Class와 Upper Middle Class를 축으로 변하는 생활문화코드에 반걸음 앞서는 지혜가 필요하다.

제7의 종교

　2008~9년 인도의 신년도 예산안이 발표되었다. 매년 2월 28일은 관례에 따라 인도정부가 의회에 승인을 얻기 위하여 예산과 운영계획을 발표하는 날이다. 2007~8년 인도의 경제성장률에 대해 정확한 발표가 미루어졌지만 얼추 8.7% 정도로 추정되면서 전년

의 9.6%에 비하여 다소 낮아진 정도는 있으나 전체적인 성장의 흐름에선 별다른 이상은 없다는 분석이다.

4월1일부터 시작되는 예산안의 편성과 운영 기조에서의 방향은, 경제학자들의 분석이 봇물 쏟아지듯이 발표되고 있지만 전체적인 평가는 지속되는 경제성장의 연장선에서 이해될 수 있다. 장기적인 성장이 예측되는 가운데 이러한 분위기를 지속시키기 위한 정치적 안배에 대한 고심의 흔적이 예산안 여기저기에 역력하게 드러나 있다. 의료복지 지원과 교육기회의 질적 향상은 물론 양적인 증가에 재정수익의 적지 않은 부분을 투자하고 있다. 복지의 직접적인 혜택을 11억 인구에게 돌릴 수 있는 방법을 행사하기엔 아직 인도정부에게 그만한 능력이 없다. 어쩌면 21세기가 마치도록 요원할 것이다. 다만, 사회적 소외계층으로 하여금 성장신화의 질주에 동참 할 수 있게끔 손을 내밀고 북돋아주는 역할에 정책 중점을 두고 있다.

그런 정치적인 배려 외에 예산안은 여전히 고도성장을 지속시키는 것에 역점을 두고 있음을 어렵지 않게 알 수 있다. 성장논리는 투자와 고용확대를 통하여 소득계층을 만들어 내는 데에 가장 효과적인 방안이라는 점에 공산당조차도 큰 이견이 없다. 인도의 경제는 인도인에게 내

▲ 새로운 세대의 등장
마이소르에서 만난 인도의 평균적인 서민 부부

세의 희망으로 절망스런 현실을 받아들이게 하기보다는 현실기회의 참여로 현세에서의 행복을 찾아주고 있다. 20세기까진 내세에 의지하였지만 21세기 인도인은 현실을 희구하고 있다.

　벵갈루루의 포장이사 업체에서 트럭 배차업무를 맡고 있는 구피는 이제 신혼 6개월 된 젊은 아내의 나들이 욕구를 풀어주기 위하여 회사에 휴가를 내고 마이소르 마하라잔 궁전 구경에 나섰다. 케랄라의 빈농의 아들로서 자신이 한 달에 10,000루피의 소득을 갖게 되리라는 것을 상상조차 할 수 없었던 그였지만 이젠 결혼도 하였고 대도시에서 그들만의 가정을 꾸미고 살아갈 장래설계에 행복하다 함을 감추지 않는다. 두 명의 그의 손위 누이들도 방갈로르에서 한 사람은 간호원으로 그리고 또 한 사람은 BPO센터의 에이전트로 직장을 다니고 있어 비록 고향을 떠나왔지만 외롭지 않다. 불과 5년 전만 하여도 케랄라의 농촌에서 월 3~4천여 루피에 온 가족이 매달려서 생활하였던 것에 비하면 이제 가족소득이 그 당시보다 10배 이상으로 늘어났다. 소득이 10배로 늘어난 만큼 그들의 생활엔 여유가 그리고 자유로움도 함께 커졌다. 그뿐이랴 결코 일반적이지는 않지만, 또한 아주 드물지도 않은 경우로, 아직 결혼을 하지 않은 누이들도 과거와는 달리 부모나 형제의 눈치를 보지 않아도 직업을 갖고 일을 함으로써 스스로의 생활을 영위할 수 있고 또 여력으로 빈농의 부모를 도와줄 수 있게 됨으로써 이제 것과는 다른 삶을 찾을 수 있게 되었다. 그녀들이 일을 한다는 사실과 생존수단 그 이상의 소득을 얻고 있다는 사실로 가족구성원으로서의 인정은 물론 여성으로서의 개별적인 자유로움까지 거머쥐었다.

　인도 어느 곳을 가더라도 가족이나 개개인이 여가생활을 여유롭게 즐기고 있는 것을 손쉽게 볼 수 있다. 이젠 강가나 사원이 아니더라도 그들은 현실에서 삶의 행복을 만끽하고 있다. 힌두교와 이슬람교, 기독교, 조로아스터교, 시크교 그리고 불교에 이어 바야흐로 "현실추구"는 이제 인도의 제 7의 종교가 되고 있다.

For a better Tomorrow

2010년까지는 아마도 델리공항에서 출입국하는 이들은 공항 곳곳에 붙여진 이런 표어를 볼 수 있을 것이다. 불편해도 참아달라는 뜻으로 붙여놓은 이것처럼 인도의 곳곳은 변화를 위한 과정에서 빚어지는 어려움이 한둘이 아니다. 시설개선을 위한답시고 사라진 서비스 공간이나 출입국수속에 따른 시간지연은 어디 델리공항뿐이겠는가? 이제 2008년5월 말 신공항이 개항되어 그나마 벵갈루루의 국제선공항사정이 나아지겠지만 이전의 모습을 기억한다면 이는 끔찍하다. 몇십 분이고 기다려야 하는 기내화물 처리는 도를 닦는 심정이 되어야 급한 성정을 다스릴 수 있다. 청사 밖으로 나가는 통로에는 Prepaid Taxi 카운터에서 순서를 기다리는 줄과 한꺼번에 몰리어 나가는 입국자들 그리고 호객행위의 현지인까지 뒤섞여 북새통과 그야말로 다를 게 없다.

델리 남쪽을 관통하는 지하철공사는 그렇잖아도 복잡한 교통을 극도의 상황으로 몰고 간다. 일찍 서둘렀음에도 불구하고 도저히 지킬 수 없는 약속시간으로 에어컨 나오는 차 안에 앉아 있어도 뜨거운 햇볕 아래에 속마저 바싹바싹 타들어간다. 도대체 예정보다 몇 시간을 앞당겨서 나와야 한단 말인가? 찾아가는 내가 이럴 지경인데 오겠다는 인도인들이 제시간에 오는 법이 없고 취소하기가 다반사이니 인도를 한두 번 오는 이들은 인도 혐오증에 걸릴 만도 하다. 그러나 기다릴 만하다. 기다려야 할 것이다.

　표어대로라면 2~3년 이내에 좋아질 것이다. 이 약속은 다소의 지연이 있더라도 지켜지고 있는 것이 지금의 인도이다. 과거의 인도라면 이런 약속조차 없어서 더더욱 답답하지 않았던가? 변화를 준비하는 인도에 대해서 성급히 화를 내거나 지치지 말 것이다. 2002년부터 건설공사의 파일을 박은 Bandra-Worli Sealink Project 1구간이 여하튼 2008년 말에는 모습을 드러내지 않겠는가? 그토록 요원하게만 보였던 벵갈루루의 인디라나가르와 에어포트로드가 접하는 교차로의 고가도로 공사도 결국 막바지에 야간작업을 하여서라도 결국은 개통이 되어 그나마 숨통을 트여주지 않았던가?

　인도에서의 변화의 시간이 2000년 이전과 그 이후 그리고 2005년을 기준으로 다시금 이즈음 그 속도는 분명히 달라지고 있다. 과거의 5년이 지금의 1년이면 충분한 변화를 몰고 온다. 잦은 인도출장을 가는 필자로서도 이즈음은 어느새 달라지는 랜드 마크를 쫓아가기에 버거울 지경이다. 인도의 비즈니스 환경이 우리가 만족하기에 부족함이 지금도 많겠지만, 인도는 인도인의 스케줄로 변하고 있다. 그들 역시 보다 나은 내일을 원하고 그 내일은 지금 준비 중이다. 단 한 번의 개항예정일시를 어기고서 드디어 벵갈루루의 개항소식이 언론보도를 탔다. 2008년5월24일 개항하였다. 신공항을 오고가는 교통편 안내에 분주하다. 2008년3월 예정에서 2008년5월로 단, 한 차례 연결되었을 뿐이다. 이 얼마나 준수하지 않은가? 인도임에도 불구하고.

필자가 1991년 인도 델리공항에 처음 발을 디뎠을 때 새벽 거리를 뚫고 코넛 플레이스의 호텔로 들어오는 도로에서 본 것은 도시가 아니라 컴컴한 가로등 아래에서 희미한 모습을 드러낸 영화세트장 이었다. 그 당시의 모습을 도시라고 하기엔 너무도 초라하고 어설픈 모습이여 차라리 영화를 찍기 위한 가설무대라 하여야 위안이 될 지경이었다. 필자는 한 편의 드라마를 찍기 위해 날아온 한국배우였다. 날이 밝아 아침식사를 위해 찾은 호텔 식당엔 독일인과 일본인 출장자가 각각 테이블을 차지하고 앉았다가 눈인사를 나누고 몇 마디 이야기를 보태게 되었는데 일본인 출장자는 나와 같이 도착한 그날 그 아침부터 돌아가는 가장 빠른 비행기를 찾고 있는 중이라고 토로하였다. 독일인 출장자는 빙그레 웃고 있었고 필자는 이도 저도 못한 채로 황망하였다. 돌아간 일본인은 이후 한국의 LG와 삼성이 인도 가전시장을 장악하는 사이에 그저 밖에서 지켜보았고 이제 더 큰 대가를 치르면서 다시 발을 들여놓지 않는가? 사카키바라 에이스케가 2005년 저술 "전 세계 비즈니스 시장의 마지막 블루오션 인도를 읽는다."에서 벤치마킹 대상으로 한국기업을 들고 나선 것도 이런 이유에서이다.

독일인의 인도마케팅은 진득하다. 인도 남부 면섬유의 터전인 티루푸르에서나 서북부 구자라트의 아메다바드에서 석권하고 있는 섬유플랜트 기계의 중심인 독일산이 있다. 두 곳을 가본 이들은 이해할 수 있겠지만 변변한 호텔조차 없었던 티루푸르이였고 맥주 한 모금 마실 수 없는 아메다바드의 열악한 비즈니스 환경인데도 불구하고 이곳을 터전으로 세일즈의 기반을 내린 것은 일본기계도 아니고 한국산도 아닌 월등히 값비싼 독일제품이다. 이 지역에서의 섬유기계 세일즈의 국가별 격차는 사실 가격차이가 아니었다. 인도의 내일을 기다리는 상인의 혜안과 끈기의 차이였다.

절정 임금상승! 압박하는 물가상승!

꿈이 현실로 이어지는 인도에서 한국기업의 시장공략이 시행된다고 하여도 이제 인도의 오늘은 어제의 인도와 사뭇 다르다는 것에 긴장을 늦출 수 없다. 그저 상식으로 알고 가는 인도라 하기엔 피부로 전해지는 인도환경의 변화는 단순하지 않다. 인도 진출을 꾀하는 기업의 입장에선 막상 현지조사에서 나오는 여러 조건들이 익히 들어왔던 내용과는 사뭇 달라서 과연 인도에서 나온 정보인지 아닌 지를 의심할 정도이다. 얼마 전 국내 대기업에서 뭄바이 지사를 설치하기 위해 운영경비를 산출하게 하였더니 1인 필요주재경비만 하여도 주택과 사무실 그리고 기타 최소 운영비를 고려하여도 년 15만 달러를 상회한다는 보고를 받고 회사에서는 산출경위에 대해 의심하기까지 하였다고 한다. 대도시 도심에서의 부족한 사무공간은 천정부지의 임대료 상승을 가져왔다. 주택임대는 그야말로 기절하기 일보 직전이다. 도시에서 외국인 주택공간으로 적절한 지역에서는 월 2~3백만 원은 저렴한 축이고 좀 규모가 된다는 한국기업의 주재원 가족의 주택임대료는 월 4~5백만 원을 넘어서고 있는 실정은 한국 본사에서 쉽게 이해할 수 없는 지경이다. 일용할 물도 사먹어야 하고 식사도 위생을 감안한다면 골라야 하고 대중교통을 이용할 수 없는 환경에서 차량을 유지하여야 하니 모든 것이 비용의 누적이다. 일상의 비용도 하늘 높은 줄 모르고 치솟는 것이 이즈음의 인도물가사정이다. 2008년 들어서서 7% 이상의 물가상승은 연방정부의 사활을 건 고육지책에도 불구하고 좀처럼 수그러들지 않고 있어 생필품 가격상승에 반발하는 시위가 도심에서 발생하기도 하였다.

한국기업의 입장에선 물가의 압박감뿐만 아니라 환율의 변화에 따른 손실도 적지 않다. 원화 대비 달러가 오르는 반면에 달러 대비 루피는 우리의 경우와 정비례하지 않아 인도에서의 루피 결제에 큰 부담을 느끼게 마련이다. 2005년까지만 하여도 인도를 출장 2급 지역으로 규정하여 대부분의 기업이 지불하는 표준 출장비인 일일 150달러를 루피로 환전하지 않아도 특급호텔 하루 숙박비를 결제하고 업무를 위해 하루 승용차 대여료를 지불하고 점심과 저녁 식사비를 감당하여도 넉넉히 남음이 있었는데 가치가 떨어진 달러를 받지않는 현지업소의 정책변화 때문에 2008년엔 150달러를 환전하여 가벼워진 루피를 받아들고 특급호텔은 고사하고 3~4등급의 숙박시설에서 하루를 보내고 승용차대여를 에어컨 없는 택시로 낮추고 저렴한 패스트푸드점에서 식사를 해결하여도 간당간당하다. 인도에서의 한국인의 삶의 질이 떨어지고 있다는 이야기가 달리 나오는 것이 아니다.

2008년1월 하이데라바드 공항에서 만난 프라산트 나라얀은 IBM인디아에서 보안서버를 관리하는 경력 4년차인데 그의 월급은 달러기준으로 1,200달러이다. 동행하던 HP India에서 Testing 업무를 맡은 경력 2년의 찬드라굽타는 900달러를 받고 있다. 미국이나 일본 등의 경우와는 달리, 값싼 인건비의 인도라는 이야기는 적어도 오늘의 한국기업 입장에선 아니다. 원래가 높은 인건비의 엔지니어의 경우만 해당하는 것이 아니다. 2~3,000루피이면 크게 족하다고 하였던 오피스보이의 급여가 5~6,000루피로 치솟는 물가. 이유는 그가 영어를 조금이나마 할 줄 안다는 것이다. 그런 인력을 구하기가 소기업으로서는 가뭄에 콩 나듯 하니 급여는 오를 수밖에 없다.

첸나이 현대자동차의 경우 생산직 평균급여는 제 수당을 합하여

월 25,000루피, 625,000원에 이른다고 한다. 이런 데 어떻게 인건비가 싸고 물가가 싼 인도라 할 수 있겠는가? 아직은 제품의 원가수준에서 이 정도의 인건비를 견딜 만하다고 하더라도 몇 년이고 지속될 수도 있는 이런 환경에서 가까운 장래까지를 염두에 두지 않을 수 없다. 그래서 사람이 넘치는 인도에서 공장시설의 완전자동화를 염두에 두는 것은 이제 사치가 아니다.

인도의 긍정적 변화에도 불구하고 이렇듯이 모든 것이 좋기만 한 것은 아니다. 인도 여건의 좋고 나쁨이 시시각각 변하고 있음을 간파하고 진출을 앞둔 기업은 자신의 경우에 적합한 모델을 마련하여야 한다. 미리 재단된 지극히 자의적인 내용으로 계획을 잡을 것이 아니라 변화된 인도의 실정에 맞추어 설계되어야 한다. 진출이 꼭 델리와 뭄바이 등 대도시에만 국한될 것도 아니다. 더더구나 오피스가 꼭 중심가에 있어야 되는 것도 아니고 주변에 한국기업들이 모여 있어야 될 것도 아니다. 제2그룹이나 3그룹 도시도 이제는 충분한 시장을 갖고 있는 거점으로 성장하고 있어 중소기업의 진출 모델로 오히려 적합할 수도 있다는 열린 자세로 검토해야 한다. 일테면 스포츠용품의 중심유통은 눈에 보이는 소매점이나 중간유통이 운집한 델리나 뭄바이도 아닌 전통적으로 제조와 수입의 중심에 있는 펀잡의 자란다르 라는 사실이다. 생각하기 쉬운 델리를 포기하고 애초부터 시장으로 가까이 다가선 펀잡의 루디아나에 깃발을 세운 한국의 섬유기계 수출기업도 있다.

필요하다면 직접 진출에 앞서 유관한 업종으로 공동오피스를 개설하여 공동인력을 사용하는 방안도 모색할 수 있다. 이 점에서 델리에 개설된 중소기업진흥공단의 인큐베이터를 년 단위로 이용하면 아주 효과적이었다. 진출 효과가 있으면 2년까지 연장이 가능하였는데 이 센터의 운영이 2008년4월 해외지원기구 통폐합 결정에 따라 중소기업진흥공단에서 코트라로 이관하는 방침이 발표되었으니 존속 여부 및 운영내용에 변동이 있을 것이다. 2006년 10월 설치된 센터는 델리를 통한 중소기업의 인도거점 확보에 많은 도움을 주어서 이러한 성공모델이 타지역으로 확대될 것에 관심이 적지 않았는데 이러한 외부환경의 변화로 중소기업의 인도거점 확보가 다시 어려워질 것에 근심이 크다. 경쟁국은 달려가는데 우린 메었던 신발끈조차 다시 풀고 있다.

파일럿 프로젝트가 절실하다

참 고민도 많이 했다. 다섯 챔버의 스텐터 설비이면 20FT 컨테이너로 하여도 5대 물량인데 이를 전시하자고 끌고 올 수도 없는 지경인데 설비를 보고 결정하겠다는 잠재고객들의 요청을 무시할 수도 없는 형편에 고민이 컸다. 인도 남부 티르푸르 지역은 언급되었다시피 면공업의 중심지로 섬유가공기계 제품의 중점 마켓이기도 하다. 이 중심시장에서 만난 지역 오피니언 리더격인 고객이 인도 내에서 설비를 볼 수 있는 곳이 없다면 설비가 설치된 가까운 나라는 어디인가를 묻는데 그에게 한국까지 오라고 하는 데에는 어려움이 적지 않았다. 사실 그들은 한국에 설치된 설비보다는 외국에 설치된 사례를 보고자 함이 주목적이었다. 한국의 환경에 맞게 된 것보다는 자국에 설치된 것을 그것도 아니면 기타 외국에 세워진 경우를 보고 판단하겠다는 것인데 이를 제시할 레퍼런스 사이트가 없다는 것이 한국중소기업의 해외마케팅 시도에서 부딪치는 첫 장애이다.

이런 형편을 아는 영악한 인도고객은 수정하기를 그러면 대금결제를 발주 50%, 설치 후 6개월 유전스 50%로 할 것으로 제안하였다. 제안에 덧붙이기를, 자기네 공장에 설치된 설비는 이후 우리의 인도 마케팅에서 누구에게도 보여 줄 수 있는 레퍼런스 사이트로 개방해주겠다는 선심 아닌 선심도 베풀겠다고 한다. 설비 마케팅에서 동일시장에 자사 제품의 레퍼런스 사이트가 있다는 것은 영업을 확대하기에 대단히 유용한 제품홍보 전략이다. 볼 수 있고 평가를 들을 수 있다는 것은 아무리 화려한 동영상의 제품 카탈로그나 수려한 구두설명보다 백배 천배 효과적이라는 것은 마케팅 초보라도 짐작할 수 있다. 그런데 첫 고객확보가 너무 어렵다. 누구도 수억 원을 호가하는 설비의 첫 손님이 되기를 망설인다. 당연한 일일 것이다. 아직 현지법인도 없고 A/S조직도 마련되지 않은 첫 진출의 해외기업 제품에 자신이 테스트베드가 되기를 원하지 않는다. 그에 대한 안전장치로 대금의 절반 이상을 후불로 하겠다는 제안을 무작정 음흉한 꼼수라고 무시하기엔 첫 마케팅의 어려움이 있다. 이 상담은 결국 서로가 진솔하게 접근하여 흉금을 털어내어 우여곡절 끝에 다른 방법으로 합의하여 첫 레퍼런스를 구축함에 성공하였고 이후 이 사이트를 공개전시관으로 활용함으로써 당초 목적한 후속 마케팅을 무난히 이어갔다.

인도의 대금결제에 대한 한국기업의 우려가 크다. 더구나 중소기업의 경우에는 더욱 크다. 이에 한국수출입은행이 인도수출입은행과 수출입 관련 수출신용장 확인업무를 합의하고 이를 시행하고 있다. 사전에 약정된 인도의 17개 시중은행에서 개설된 L/C를 수취한 후 이를 수출입은행 보험에 가입하면 이에 대한 결제를 한국수출입은행이 보증한다는 내용인데 이는 인도 신용장에 대한 불안을 해소 시키는 데에 도움이 크나 이 외에도 현행 대기업위주의

대형 프로젝트파이낸싱을 적극적으로 소규모 중소기업까지 확대시
켜야 할 것이다.

　개별거래에 대한 책임은 당연히 기업이 부담하여야 하는 것이지
만 진취적으로 고려한다면 중소기업의 레퍼런스 사이트구축에 따
른 리스크를 부담해 줄 수 있는 수출지원에 대해 검토를 할 필요
가 있다. 인도기업과 상담을 하다 보면 인도기업이 한국의 중소기
업 기계제품에 갖는 불신도 충분히 이해가 된다. 델리 인근 하리
야나 주의 파리다바드 공단에 가면 가동되지 않고 방치된 한국기
계제품을 적잖이 볼 수가 있다. 영세한 한국 중소기업이 적당히
팔고난 후 사후관리를 해주지 않는 바람에 고철이 돼가는 기계들
이다. 이로 인하여 일대에는 한국기계에 대한 불신이 상당히 퍼져
있다. 잦은 A/S 출장비로 인해 배보다 배꼽이 커지게 된 기업들
이 나 몰라라 하고 돌아보지 않는 경우이다. 이런 형편이니 인도
고객의 후불지급제안을 불쾌하다고 마냥 외면하기엔 현실적인 어
려움이 있다. 공격적인 마케팅을 위한 최초 프로젝트에 대한 수출
파이낸싱 프로그램이 필요하다.

　중소기업의 인도 마케팅 레퍼런스 구축에는 두 가지 방안이 있
다. 그 중 첫째는 조건부 부분 외상판매와 같은 첫 판매리스크에
대한 수출지원기관의 대지급보증이다. 이런 대지급보증에는 일정
한 수수료를 받아도 될 것이다. 수수료 수익은 있을 수도 있는 손
실발생에 대한 보험의 성격이 될 것이다. 다음 두 번째는 기계전
시관을 주요 마켓지역에 설치해주는 지원이다. 첸나이 코트라 무
역관에서 섬유기계 카탈로그 전시관을 티루프르에 있는 유관협회
에 위탁 운영한 적이 있지만 설치 이후 상담을 위해 그곳을 찾은
필자의 눈에는 그저 먼지가 쌓인 전시대만이 덩그러니 놓여 있는

것을 볼 수 있었다. 지금은 그나마도 유지되는지 궁금하다. 섬유 기계 요충지로 인식된다면 단지 카탈로그를 전시할 정도가 아니고 제품전시를 구축하는 것이 열배 백배 옳다. 티루프르 지역에선 일 년에도 몇 차례의 관련 전시회가 있다. 사전상담이 진행된 기업에 대해 자격을 심사하여 실물전시를 할 수 있도록 운반과 설치에 지원하고 이에 소요된 비용은 先 지원한 후 마케팅 이후 판매대금에서 분할로 회수하는 것도 방법이 될 수 있다. 업무의 리스크를 고민하기에 앞서 지원 효과에 대해 긍정적으로 생각해볼 일이다. 시장이 형성된 인도에서 레퍼런스 사이트를 구축하기 위한 파일럿 프로젝트 지원이 중소기업진출에 매우 절실하기 때문이다.

파일럿 프로젝트엔 레퍼런스 사이트구축만이 아니다. 사전 마케팅에도 적용된다. 이미 사후약방문이지만, 벵갈루루의 복합교통시스템 사업이 현안일 때 관련 제품군을 가진 경쟁력 있는 한국기업들의 컨소시엄이 결성되면 컨소시엄을 대표하여 하나의 채널이 이를 시행하는 BMTC에 상주하면서 필요한 기술적 내용에 대해 컨설팅을 지원하고 이에 관련 제품을 소개하는 것이다. 이러한 사전 마케팅으로서의 컨설팅 접근은 실제로 입찰구매가 이슈되기 전까지의 사전준비기간에 한국제품관련으로 교통사업내용의 표준 스펙으로 책정시키는 중요한 의미가 된다. IT시장은 대부분 컨설팅 마켓으로 승부가 결정되는 것이지 단일 품목 하나하나의 필드세일즈로 획득되지 않는다는 것은 관련업계 모두가 인지하고 있는 사실이다. 이점은 최근 인도에서 화제로 부상한 유통산업의 IT마켓에서도 마찬가지이다. 일련의 제품군을 아우르는 컨소시엄이 아닌 POS용 디스플레이 단독으로 시장 진입하기란 매우 난망하다. 솔루션 단독도 마찬가지이다. 보안제품 역시 마찬가지이다. 유통 IT 시장에서 맹활약 중인 대기업 HCL과 HP의 패키지 솔루션에 대항하여 나 홀로 승부하기란 계란으로 바위 치기이다.

Pre-Marketing에는 품목군에 대한 접근도 있겠지만, 단일 서클(지역)에 대한 개념에도 적용된다. 한국 브로드밴드 컨소시엄사업에서 델리나 뭄바이 A서클 사업권에서 기웃거릴 것이 아니라 성장거점인 B서클권역에서 효율적으로 시작할 수 있다. 예를 든다면 남한면적의 40%에 해당하며 인구 3,400만 명의 케랄라에서 벌어지고 있는 정보화 인프라 사업에 IT컨설팅 인력을 보내어 지원함으로써 이후 전개되는 시장에 우선적 참여를 포괄적으로 겨냥할 수 있다.

Delhi 2010 Commonwealth Games

2014년 하계아시안게임 유치가 인천에 패배하여 실패로 돌아갔을 때 인도에선 차라리 잘되었다 그럴만한 형편이 아니다 라고 자위와 함께 코앞에 닥친 Delhi 2010 Commonwealth Games에 대한 우려의 목소리도 함께 나왔다. 그것이 2007년 4월의 일이다. 한국은 인천의 아시안게임유치를 기뻐하고 있을 때 경쟁 관계의 델리는 유치실패의 낙담보다는 다가오는 영연방 경기대회 준비 때문에 고민에 빠졌다. 세계경제의 축으로 경쟁 관계인 중국이 2008년 올림픽에 전력을 다하는 것과 같이 인도 역시 2010년의 영연방경기대회를 성공적으로 해내어 이제껏 세계에 보여준 경제성장의 진면목을 증명해 보이겠다는 야심을 가지고 있다.

한국외국어대학교 남아시아연구소의 책임연구원 김찬완 박사의 제안이 이 점에서 매우 주목할 만하다. 인도정부는 2010년10월

3~14일 영연방경기대회를 개최하기 위해 선수촌 및 경기장을 델리와 노이다 중간을 가로지르는 야무나 강변에 건설하기로 결정하였다고 한다. 이를 위해서 야무나 강을 개발하여야 하는데 한국의 서울은 올림픽을 위해 한강을 개발하였고 아울러 그간 올림픽 및 월드컵 등 세계규모의 경기대회를 성공적으로 해낸 경험이 풍부하기에 이러한 점에서 인도 델리와 협력할 수 있다는 것이 김찬완 박사의 제안내용이다.

야무나 강을 오고가는 도로 및 다리 건설 그리고 경기장은 물론 숙박시설 건립에 대한 민간기업 수준에서의 경제협력은 물론 경기운영과 교통대책 등에 대한 노하우의 전수 등에서의 정부 레벨의 협력이 구체화된다는 것은 양국이 2008년 현재 논의 중에 있는 포괄적 경제지위에 관한 협정(CEPA)에 대한 조치를 앞당기는 것은 물론 긴밀한 외교상의 우호를 증진시킬 좋은 기회라는 것이다. 당연한 이야기이겠지만 인도시장에서의 한국기업과 상품의 이미지 제고에도 큰 힘이 될 것이다. 경기장과 숙박시설에 들어갈 많은 한국제품은 인도소비자의 주목을 받을 것이 분명하지 않겠는가? 하나하나의 프로젝트에 소요될 자금은 기업의 투자진출로 해결될 수도 있을 것이다. 최근 인도의 인프라는 앞서 살펴보았지만 많은 해외자본이 민간기업과 공공의 협력프로젝트(PPP)나 BOT방식으로 이루어지고 있으니 숙박시설의 경우 한국건설기업의 투자개발로도 최근 인도의 주택부동산경기를 감안한다면 크게 어려울 것이 없다. 손해날 것 없는 우호적 협력이고 개발수익사업에의 참여라고 판단되며 이에는 인도인으로부터 주목받고 있는 포스코의 인도사회 기여도 제고로 활용될 수 있다. 필자의 의견으로는 최근 미래에셋의 인도부동산 개발투자펀드의 운용을 이런 분야로 돌려보는 것도 실익과 명분에서 일거양득이 될 수 있다는 것이다.

　실무적으로 위와 같은 무거운 프로젝트를 실천하기에 이미 시기적으로 충분치 않지만, 최근 현지 언론보도에 나오는 딜레마에 빠진 버스전용차선(BRT: Bus Rapid Transit)등 델리정부의 고민어린 여러 시행착오를 보면 건설 등의 외형적 협력뿐만 아니라 도시 인프라의 소프트웨어에 대한 우리의 선 경험이 우호적으로 제공되는 데에는 아직 늦지 않았다.

　이러한 협력제안에 있어서 혹 실현된다 하더라도 한국의 관련 행정기관이나 단체의 과시성 행사로 무작정 던져질 것이 아니라 제안하는 내용이나 절차에 있어서 반듯이 인도인과 인도에 대해 깊은 이해를 갖고 있으며 인도 내부인사와 긴밀한 관계를 갖고 있는 진정한 인도전문가 그룹과 상의하여 진행해야 할 것이다. 과시를 위한 준비 없는 섣부른 제안은 인도인의 자존심에 큰 상처를 주어 아니함만 못하는 결과를 초래할 것이 매우 염려스럽다.

　Delhi 2010 Commonwealth Games에 대한 김찬완 박사의 제안은 그 자체에 시효는 그리 길지 않다. 아마도 2008년 중에 가시화되어야 일부 소프트웨어적 협력에서라도 가능할 것이다. 그러나 제안이 갖고 있는 의미에는 시효가 없다. 이 제안의 의미는 한국의 여러 지방자치단체가 인도의 주요 거점도시 주 정부나 시도하려는 제휴협력에 대해서도 시의적절한 시사점을 안겨주고 있다. 지자체장의 해외순방길 행사로 마련된 제휴조인식을 위하여 구체안 없이 뜬구름 잡는 내용으로 상대를 어리둥절하게 하는 추태를 종식하고 각각의 지자체가 가진 공동관심사를 살릴 실제적인 교류안을 마련해야 한다는 점이 강조된다. 주 정부와의 공동의 관심사란 예를 든다면, 벵갈루루가 속한 카르나타 주 정부에 대한 제휴에는 교통문제해결이 있을 것이고 뭄바이와의 제휴라면 도심재개발 안이 포함될 것이다. 코치, 마이소르와는 문화유적 도시로서 관광산업의 전략과 홍보교류처럼 상호유익의 실용제휴가 되어야 지자체 단체장들이 외유에 예산 낭비한다는 비난을 면할 수 있다.

누렁이 황소처럼 당당히 걸어라

델리에는 한국말을 능청스럽게 해대는 프리랜서 인도인 가이드들이 있다. 이들 대부분은 한국인의 성정과 약점을 꽤 뚫고 있다. 줄 서야 될 사람과 눈 아래 둘 사람을 누구보다도 잘 알고 처신하니 들려오는 것은 칭찬이고 쌓이는 것은 두둑한 팁이고 거래처에서 주는 커미션이다. 미리 주의하라고 충고하거나 달리 이끌어 주어도 델리가 초행이고 인도가 낯선 한국인 비즈니스 그룹에게는 눈앞의 재간둥이고 입안의 혀이니 도리어 충고하는 이의 시새움이고 험담이라 여기고 빈축거릴 뿐이다. 정작 귀국하여서 이리저리 맞추어보고서야 바가지이고 속임이었다는 것을 그나마 알게 된다. 사실 델리의 가이드만큼 한국인에 대해 연령대별로 남녀 성별로 그리고 직업별로 성정과 능력을 잘 파악하고 있는 이도 없어 같은 한국인이라고 하여도 그렇게 할 수 없다. 인도인 가이드가 자랑하였다. 가이드 몇 년에 집도 있고 현대 악센트 자가용도 갖게 되었으니 이 모든 것이 한국인 덕분이라고 감사 아닌 감사를 한다.

한국인이 많은 곳에는 한국인을 한국인보다 더 잘 아는 인도인들이 있다. 비즈니스 가이드에서부터 CA(공인회계사), 변호사, 인력 컨설턴트, 부동산 중개인 등 여러 직종이고 인도생활에 하나같이 다 필요한 자리이다. 누구라고 하나 아는 이 없는 낯선 땅에서 일을 하나라도 하자니 다 남의 손을 거쳐야 하고 어리둥절할 뿐이다. 그러니 한국인을 잘 알고 더구나 말도 통한다면 가이드가 아니라 스승으로라도 모시고픈 심정이다. 더구나 주변의 추천까지 받아들이니 어찌 반갑고 믿음직하지 않겠는가? 그러나 인도에서 수입은 괜찮고 불평 없는 아니 불평조차 못하는 고객이 한국인이라는 불명예를 받고 있다. 영어를 잘 못하니 매사를 조목조목 따지지 못하는 이도 한국인이고 자기 이외에는 달리 선택할 방법이 없다는 것도 알고 있다. 이른바 돈벌이 되는 고객이다.

6개월 이상 체류하게 될 경우 반듯이 거쳐야하는 FRRO 등록을 대행하는 비용이 수년 전 만하여도 500루피였지만 이젠 3~4,000루피를 주어야 한단다. 흥정도 어렵다고 한다. 왜냐면 한국인들은 자신을 통해서 꼭 대행을 할 것이라고 믿기 때문이다. 다른 브로커에게는 새로이 상황설명을 할 도리가 없기엔 한국인관계 경험이 많은 자기에게 올 것이라고 믿고 있다. 실제가 그렇기도 하다.

델리에 도착하면 한국인 팻말을 들고 게다가 더듬거리지만 '안녕하세요'라고 한국말을 하는 인도인을 따라 한국인 게스트하우스에 가고 그 다음 날부터 한국어 가이드를 따라 한국인 상대의 범주 안에 있는 부동산중개인, 변호사, CA 그리고 컨설턴트만을 만나 법인설립을 의논하고 직원을 뽑는다. 이러다 보니 한국회사의 사건·사고를 관계 인도인들이 한국인 당사자들보다 먼저 알고 있다. 이렇게 해서야 인도 진출이 온전할 수 없다. 인도에서의 비즈니스 개척은 스스로 나서서 경험하며 보편적인 인도사회로 들어서야 한다. 집을 구하는 문제도 한국사회 언저리에서 맴돌지 말고 인도인 사회에서 직접 구하는 것이 경험에 의하면 집세도 훨씬 싸고 좋은 집을 구할 수 있다. 앞장세운 인도인 한두 명에게만 의지하여 전적으로 맡길 것이 아니라 과정을 이해하여 지휘할 수 있을 때까지는 직접 참여하여 해결하여야 한다. 수시로 열리는 관계 컨퍼런스와 전시회에도 부지런히 참석하고 당사자들을 만나서 교감을 나누어 인도의 비즈니스 현장에 직접 참여하여야 할 것이다. 인도의 파트너는 중개인을 통하기보다는 당신을 직접 만나기를 기대한다. 부족한 영어는 채우면 될 것이나 부족한 신뢰는 어느 유능한 중개인도 채워줄 수 없다. 하물며 지한파(知韓派)도 아닌 이한파(利韓派) 인도인을 앞세움으로 어렵게 길을 돌아가는 상황을 만들지 말고 무소처럼 당당히 인도에 나서야 할 것이다. 첸나이에 있는 내로라하는 어느 한국기업에선 회사를 세운 지 수년이 지난 지금까지도 건물 외관에 회사간판 하나 옳게 내달지 못하고 있다. 이유는 인도인 중간관리자가 "알아보니 규정에 안 된다더라."는 말에 이제껏 미루고 있단다. 적지 않은 월세를 꼬박꼬박 챙기는 건물주와 적지 않은 월급을 꼬박꼬박 받는 직원의 맹랑한 일 처리를 한국인 관리자 Cabin에서 지켜보는 것으로는 간판은 이후로도 쉬이 내걸리지 않을 것이다.

인도에서 이런 경험한 이들이 적지 않을 것이다. 차를 타고 가다가 운전기사가 행인에게 길을 물으면 몇 분이고 제재하지 않으면 언제 끝날지 모르게, 흡사 둘이 전부터 알고 지내는 사이처럼 쉼도 없이 이야기를 주고받는다. 아니 길하나 물어보는데 그렇게 많은 대화를 하여야 한다니 놀랍지 않을 수 없다. 가야 할 길이 그리 복잡하고 어려운 길이란 말인가? 그렇게 이들의 대화가 길게 이어가는 것은 놀랍게도 인도인 서로가 서로의 이야기를 이해하지 못하는 데에서 기인한다. 어디 길거리에서의 해프닝만이 아니다. 상상할 수 있는가? 인도에서 인도인들이 서로 외국어를 하고 있다는 사실을 이해할 수 있겠는가? 차라리 여러분이 미리 객관적 정보를 담은 지도를 익히고 손에 들고 랜드마크를 파악하여 짚어가는 것이 인도 현지 운전기사에게 전적으로 의존하는 것보다 훨씬 빠르다는 것을 생각해 볼 일이다.

인도 전문가 실전 태세

노무현 정부 시절 중소기업육성정책에 따라 중소기업진흥공단이 야심 차게 추진하던 해외수출인큐베이터 사업의 일환으로 2006년 10월 세워진 뉴델리수출인큐베이터는 이제 코트라로 그 업무가 이관되도록 정리되었다. 2008년4월 정보통신부를 흡수 통합한 지식경제부는 정보통신부와 중소기업진흥공단의 해외조직을 KOTRA로 이관하는 조치를 발표하였다. 이러한 조치는 2005년 공공부문 감사에서 대내외 사업 환경변화로 과거 역할의 한계를 이유로 꼽은 퇴출 공기업 1순위에 올랐던 코트라가 이제는 여타 중소기업의 지원체제를 흡수하는 형국이 되었으니 참으로 격세지감의 일이 아닐 수 없다. 코트라 활동의 한계성에 대한 지적이 불과 몇 년 전인데 이제는 고유의 중소기업지원을 맡던 소관업무마저 과거 업무 관행에 대해 비판을 받아오던 코트라로 넘기게 된 이런 판단의 급작스런 변화는 인위적인 판단에 따라 좌지우지되는 한국의 해외정책의 난맥을 여실히 보여주는 것이다. 난맥의 결과 어느 날 갑자기 사라지고 또 세워지는 한국의 해외시스템은 이미 상대국에서 신뢰를 얻어가기엔 총체적인 위기에 직면하게 되었다. 지난해 세워졌다고 인사차 방문하였던 책임자가 내일은 이임한다고 인사를 오는 이러한 얄팍한 조직의 한국기관과 어느 누가 신의를 갖고 두터운 관계를 맺고 싶겠는가? 오면 인사받고 가면 또 인사받는 그저 그렇게 명함 한 장 보관하는 인맥관리가 전부이지 중요한 정보를 나누고 의견을 교환할 수 있는 진정한 해외인맥관리가 형성되지 않고 있는 이유가 여기에 있다.

　인도에서의 한국의 공공기관의 신뢰도는 거의 바닥에 내려가 있다. 그렇게 허둥지둥 서두르던 MOU 체결 이후 단 한 차례 추가방문은 고사하고 후속업무연락조차도 없는 곳이 한국 공공기관이고 협회이다. 전임자의 이름을 익히기도 전에 사람이 바뀌는 것이 또한 한국의 공공기관이다. 인도 소프트웨어 서비스기업 협회인 나스컴의 산지타 굽타는 NASSCOM의 창립 이후 고인이 된 드왕 메타 전임대표 비서관으로 출발하여 지금은 협회 대외행사를 맡고 있는 집행이사진으로 승진한 조직의 핵심브레인이다. 그녀야말로 한국의 어느 누구보다도 한국 IT관련 기관의 인물변천사를 꽤 뚫을 수 있는 산 증인이다. 이따금 업무관계로 만나는 필자에게 그동안 한국 IT관계인 중에서 오직 변하지 않은 것은 와이킴 뿐[83]이라고 한다.

　인도의 문화와 인도기업은 물론 인도시장의 특성과 지리적 환경 등등은 인도인들조차 미처 전부를 파악하지 못할 정도로 방대하고 다양하다. 우선 인도의 시장면적 자체가 넓고 거점 또한 널리 분포되어 있지 않은가? 아마도 코트라나 기타 공기관의 대외 업무를 담당하는 이들마저 임기 중에 다녀 본 시장거점도시가 몇 군데나 될지도 궁금하다. 이는 공공기관에만 해당되는 경우가 아니다. 일반민간 기업에서도 마찬가지이다. 민간 기업조차도 3년이나 4년 정도의 주재기간을 설정하고 이를 일률적으로 적용시키는 사례가 대부분인데 이런 점은 경우에 따라서 사업의 일관성이나 추진력을 감안하여 탄력적으로 본인의 의사를 존중하는 한도에서 연장근무를 결정하여야 함이 옳다. 델리에 있는 한국수출입은행의 책임자

---

83) Y.Kim: 필자의 영문 닉네임이다.

가 지난 2007년 부임 임기만료로 교체되었다. 이제 인도의 금융 시스템에 대해서 협력관계에 대해서 깊게 진단할 수 있는 시기가 되었는데 3년 교체라는 규정에 매에 새로운 후임이 들어오고 전임자는 서울 본사에서 인도와는 전혀 상관없는 부서로 전직되었다. 본인들의 이익과 불이익에 대한 판단과는 전혀 상관없는 이야기로 이러한 조치들은 해외전문 인력양성에 힘을 쏟고 있는 지금의 정책과도 대치된다. 올해도 수억 원의 비용을 들여서 인도로 여러 기업이나 기관이 인도전문가 연수를 실시하고 있는 데 실제 현장에선 전문가로서 터전을 어렵게 마련한 인력을 인도와 전혀 상관없는 보직으로 원위치시키는 조치를 아무런 심각한 고민 없이 일률적으로 행하고 있다.

새로운 후임이 결정되면 오기 전 수개월 전부터 인도이주에 고민을 하고 업무를 전폐하다시피하고 준비모드에 들어간다. 주거할 집을 알아봐야 하고 아이들의 학교입학도 쉽지 않고 차량도 마련하여야 하고 운전기사니 메이드니 개별적으로 고용할 인원에 대해서도 이곳저곳에 부탁하여야 한다. 이런저런 핑계로 이러한 준비를 위해서 최소 두세 차례는 인도출장을 다녀오는 것이 대부분의 경우이다.

이렇게 어렵게나마 현지에 부임하게 되면 그것으로 바로 업무에 들어갈 수 있는 경우는 드물다. 집 임대문제는 어떻게 해결되었다고 하여도 아이들 입학은 여전히 해결되지 않았고 집안에 인터넷 설치에도 직접 나서야 하는 가장의 역할을 하느라 직원으로서 업무는 일단은 휴업이다. 인도 생활에서 생존에 필요한 가장 기본에 속한 것이니 회사로서도 조직으로서도 뭐라 탓할 수 없는 경우이고 또 전임자도 그랬던 관례가 있다. 가스통 인가가 나와야 불법

유통 가스통에 비싼 값을 치르지 않을 것이고 가족들 끼니도 해결할 노릇이니 모든 것이 대단한 소모전이 아닐 수 없다. 인터넷이 하루 이틀 걸리는 일이면 좀 늦은 들 어떠랴마는 내쳐두면 하 세월이라 전화를 붙잡고 살아야 그나마 숨통이 트인다. 이주 초기 아이들이 생활적응이 안 되면 몇 차례 병원 신세를 하여야 하는데 이마저도 가장의 몫이다. 낯선 환경에서 이 모든 것을 아내에게 짐 지우기란 현실적으로 어려움이 크다. 언어소통도 적지 않은 고충이기는 하나 매사 인도인들의 업무추진환경이 그렇다. 이런 각고의 과정을 거쳐 수개월이 지나야 집안에 자리를 펴고 손님과 차 한 잔이라도 나눌 공간과 여유가 만들어지는 것이 대부분의 현실이다.

이런 마당에 잦은 인사이동을 한다는 것은 시장전문 노하우의 단절은 물론 현실적인 일상에서 발생하는 비효율과 비용발생 역시 무시 못할 점이다. 대기업의 조직이야 한두 명의 교체는 조직력으로 무난하게 지난다고 하지만 한두 명의 작은 규모로 움직이는 곳이나 조직의 장이 교체될 때는 공백이 매우 크고 그 여파는 오래 간다. 이러다 보니 십수 년 지난 공공기관이라고 하여도 현지관계 구축에 따른 업무발전은 두드러지지 않고 여전히 다람쥐 쳇바퀴 돌 듯하다.

이런 점에서 이젠 축적된 인도전문가 그룹을 활용할 즈음이 되었다. 90년대 이후 지금까지 인도 진출기업들이 적잖은 해당 분야의 실무전문가를 배출하였다. 이들 중에는 해당분야에 정통한 실무경력을 지니고 또한 현지 네트워크를 구축하여 지금까지 이어오는 이들이 적지 않다. 책임자로 발령받았지만 발령받은 그 순간부터 인도네시아와 인도를 구분하는 기초학습부터 해야 하는 모순을 생각해본다면 이러한 인적자원의 활용은 사전 워밍업에 따른 비용과 시간의 손실을 떨쳐내는 등 모두에게 유익이다. 이는 민간기업의 진출에서도 고려할 점이며 더욱이 독자적으로 현지체제를 구축하기엔 인적자원이나 비용에서 힘에 부치는 중소기업으로서는 시너지 효과를 낼 수 있는 계열의 두 서넛 기업들이 공동으로 이들 전문가를 활용하여 지사를 운영한다면 보다 효과적이다. 물론 전문가로서의 능력검증은 당연히 취하여야 할 과정이다.

민간기업도 그렇지만 수출지원을 위해 인도에 세워진 공공기관에서는 보다 적극적으로 활용해야 할 점이다. 더구나 최근에는 90여 개 주요 공공기관장을 민간전문가로 공모하여 선임한다고 하는 형국인데 이런 움직임은 지역전문성을 겸비하여야 할 해외센터운영 책임자선정에도 적용되어야 할 것이다. 코트라로 이관되기 이전의 정보통신부의 해외IT센터도 진통 끝에 공모를 통하여 센터책임자를 선발하였었다. 이런 긍정적인 시스템이 코트라로 이관된 이후 내부의 수평이동으로 변질되면 안 될 것이다. 더구나 해외시장개척이라는 점에서 해당 국가에 대한 지역전문성이 없는 책임자가 선정되어서는 앞서 지적과 같은 개인적인 일 처리에서조차 많은 비용과 시간이 허비되는 것은 물론 진출목적에 따른 해당국의 내용을 파악하고 네트워크를 재구축하는 데에 있어서 반복적인 절차로 시간이 낭비되는 일이 있어서는 안 될 것이다. 특히나 인도와 같이 특이성이 많은 국가에서는 외부로부터의 전문가 응모는 물론 코트라 내부에서도 이미 인도에 대한 경험을 가진 전임자나 현 근무자를 대상으로 통합경합을 실시하여 명실상부한 전문인 배치를 시도해볼 필요가 있다. 해당무역관에서 실무담당관으로 몇 년을 지낸 경력자가 합당한 자격이라면 승진을 전제로 열린 경합을 통해 해당무역관 책임자로 발령된다면 지역전문성 유지라는 측면에서 역시 바람직하다. 직급에 얽매여 단순보직변경으로 경력자도 없는 고작 1인 근무 무역관에서 해외무역관 책임자를 발령하는 것은 글로벌 경쟁시대에서 뒤떨어진 처사이다.

Again India

블루오션의 사전적 의미는 많은 경쟁자들로 붐비는 레드오션과 대치되는 것으로 경쟁자들이 없는 새로운 시장을 의미한다고 정의할 수 있다. 이를 바탕으로 세운 블루오션전략이란 발상의 전환으로 새로운 시장을 창출한다는 전략이다. 치열한 경쟁시장 속에서 시장의 주도권을 장악하려고 아우성치는 것이 아니라 독특한 제품과 서비스를 제시하여 새로이 구분된 시장을 만들어 이를 향유하는 마케팅 전략을 지칭한다는데, 선풍적인 인기를 끈 "인도를 읽는다."의 사카키바라 에이스케도 그렇고 몇몇 경제연구소 그리고 언론의 인도특집 역시 인도블루오션이란 헤드라인을 뽑아들어 인도시장을 이야기하고 있다. 그러나 적어도 한국의 중소기업으로서는 인도는 블루오션이라는 개념으로 접근할 시장이 아니다. 2008년 인도에서 블루오션의 전략이 대기업의 필살기가 될 수 있겠지만, 한국의 중소기업으로 어불성설이다. 인도는 레드오션으로 바라봐야 하고 역설적이지만 치열한 시장경쟁이 있어야 한국의 중소기업으로서는 진출이 가능하고 또 생존이 가능하다. 그 이유는 인도시장과 소비자의 특성에 기인한다.

제아무리 뛰어난 발상의 전환으로 만들어진 제품과 서비스라 하여도 시장경제와 소비문화에 이제껏 익숙하지 않았던 인도의 개인이나 기업을 상대로 이를 전파하여 상업적 구매에 이르게 하기까지는 시간과 비용이 많이 소요되는 시장의 특성을 지니고 있다. 필자가 인도 진출을 문의하는 기업에 먼저 질문하는 한 가지가 있는데 그것은 이미 다른 시장에서 성공한 제품이나 서비스인가를 확인하는 것이다. 인도시장은 새로운 발상을 적용시키기엔 문화적 토양이나 소비행태의 선진화가 이루어지지 않은 곳이며 더구나 테스트베드가 되기엔 인적, 물적, 제도적 인프라가 턱 없이 부족하다. 2000년 이후 인도를 기회의 땅이고 떠오르는 시장이라고 하여 많은 기업들이 바다를 건너 인도로 갔지만, 막상 2008년에 이르러 뚜껑을 열었을 때 가시적인 성과가 지어진 것은 대기업과 대기업에 관련된 벤더의 성과 이외는 거의 전무하다. 그 탓인지 2007년 이후 중소기업에서의 인도 소문은 흉흉하기까지 하고 찾는 발걸음도 뜸해진 것이 사실이다.

인도 최초로 온라인게임시장의 선점이라는 기치를 들고 나선 Sify는 한국의 온라인전략게임 A3를 들고 인도에서 첫 프로모션을 펼친 2005년, 갖은 홍보를 통하여 모은 100명이 접속하였으나 막상 뚜껑을 열고 보니 그 중 온라인 게임이란 것 자체를 태어나서 처음 접한 이들이 무려 93명이었다. 그 후 엄청난 투자를 통하여 이제는 동시접속자 수 6~700명의 인원을 모으고 있지만, 이는 인도물가수준을 고려한다고 하여도 손익분기점인 3-4,000명에는 아직도 부족하다. 온라인게임의 인도시장 가능성에 대해선 대체로 긍정적이나 지금 당장 들어가기엔 개별 기업의 입장을 심각하게 고려하여야 한다. 마케팅 지속능력에 대한 검토를 의미한다.

마케팅 사전기간을 감내할 만큼의 인력과 투자비용이 해당 기업의 입장에서 가능한가에 대한 스스로의 답변이 필요하다. 이 분야에서 한국게임의 인도 전략은 블루오션전략이라는 개념으로 접근하여 시장에 대한 직접서비스에 가담할 것이 아니다. 그보다는 한국이나 동남아 등지에서 이미 상용화되어 수익모델을 이룬 게임을 시장진출에 앞선 프로모션용으로 인도의 게임 퍼블리셔에게 제공하여 인도의 차세대 소비자들의 게임문화를 한국형으로 유도하고 게임소비자대응(CRM)을 하거나 로컬 카스토마이징 전환에 필요한 인적자원을 확보한 인도 베이스구축을 선행하는 간접진출 전략이 필요하다. 인도에서 블루오션 전략을 펼치기엔 역부족인 한국의 게임 산업에 대한 게임 관련 협회나 지식경제부의 해외진출 지원은 이러한 전략이해에서 단계적 액션플랜이 마련되어야지 로드쇼와 같은 일회성 퍼포먼스로 역할을 다하였다고 생각해서는 안 된다.

블루오션 전략으로 인도시장 성과를 세우기에 역부족인 한국의 중소기업으로서는 역설적으로 경쟁이 치열한 레드오션에 인도시장이 있다. 어게인 인디아의 관점은 여기에 있다. 시장을 만들어 준 다국적기업의 경쟁마당 레드오션에서 경쟁우위 요소를 찾아내어 진출하는 것이 효과적이다. 인도의 비즈니스파트너도 이러한 한국기업을 찾고 있다. 역으로 본다면 인도의 비즈니스 파트너로서도 자국의 대기업이나 해외기업들이 구축해낸 시장에서 생존의 터전을 만들어 가기에 필요한 외부의 힘이 필요한데 여기에 중소기업의 마케팅기회가 있다.

인도 보안시장은 다국적 기업과 인도 대기업에 의해서 이미 구축된 시장이다. 아직도 시중엔 인도의 보안시장을 열린 시장의 기회로 설명하고 있지만 이미 6~7년 전부터 거론된 사실이다. 수년이 지난 지금에 와서도 관계기관의 시장설명회에서 보안시장을 무주공산의 시장기회로 이야기함은 무책임한 일이 아닐 수 없다. 전략은 블루오션에서 긍정적 자세인 역발상의 레드오션전략으로 수정되어야 한다. 경쟁이 치열하다는 "존재하는 인도시장"에서 몫을 찾아내는 전략으로 접근할 때가 중소기업에 어게인 인디아이다. 지금도 델리의 인도기업은 한국의 보안장비와 솔루션을 무기로 나날이 늘어나는 중견시장을 공략하고자 한국기업의 지원을 바라고 있다. 이 또한 비즈니스 모델이 어떤 형태로 이어질지는 이해당사자들의 선택이겠지만 고려해 볼 수 있는 성장된 시장에의 참여전략이 아닐 수 없다. 한국의 중소기업들이 수년 전엔 제품의 우수한 구현과 솔루션으로 숱한 상담에서 호응을 받았음에도 불구하고 정립되지 않은 보안시장으로 인하여 시장가격과의 미스 매칭이 있었고 또한 설치서비스와 사후관리 시스템의 부재로 신규시장형성에 좌절하였지만 이젠 다국적기업으로 하여금 이미 Organized 된 현 시장에선 이를 돌파할 전략이 나름 가능하다. 레드오션에서의 역발상이다.

역발상의 레드오션 전략이 적용되는 사례는 실제적으로 소문 없이 우리기업에게도 일어나고 있다. 감열지 등 특수가공지시장을 공략하는 국내 모 제지회사의 플랜트 오더 수주 성과는 일본과 유럽의 선발주자들이 인도의 특수지 초기시장 형성에 각고의 노력을 다한 것을 지켜보면서 이제 시장의 수요가 다양한 용도로 대중화된 것을 지켜보고 시작한 결과 얻어진 것이다. 시장에서 유럽과 일본 기업을 멀리하고 자기 목

▲ 티루푸르 섬유공장
독일산 자동화 섬유가공설비를 갖추고 있다

소리를 내고자 하는 인도 로컬제지기업을 대상으로 특수지 생산을 위한 플랜트수출을 따내게 되었고 또한 이 설비를 통하여 인도 이외 시장으로 수출할 물량의 위탁생산으로 실익을 찾아낸 것이다. 섬유기계 수출에서도 비슷하다. 초기 인도의 섬유산업현대화에서 한국의 중소기업의 상품은 초기 설비투자에 나선 인도기업으로부터 크게 환영받지를 못하였다. 값이 비싸나 지명도가 높고 현지화 투자가 엄청나게 진행된 유럽산들과의 경쟁에서 레퍼런스 부족과 현지화 시스템의 차이를 드러내면서 단순가격비교에서 얻어낸 인도기업의 주목을 최종구매결정으로 이끌어내지 못하였다. 현지화 전략은 이해를 하면서도 중소기업의 한계로는 시장의 성숙기까지 이를 감내하기엔 현실적인 한계가 있었다. 그러나 지난 몇 년 동안의 인도 섬유기계 수요가 인도 대기업을 중심으로 한 브랜드 중시의 수요였다면 이제는 중견기업을 중심으로 한 실용중심의 수요가 있다. 이또한 현지 각처에 영업망을 구축한 유럽회사와 값싼 낮은 품질의 중국기업과 극심한 경쟁을 펼쳐야 가능한 레드오션이지만 틈새를 짚을 전략은 없지 않다.

중소기업입장에서 본 2000년 초의 인도시장 과대평가와 난관봉착 그리고 지금에 이르러서 진출결과의 부진에 따른 인도시장 비관여론은 역발상의 레드오션 전략으로 다시 시작할 수 있다. 결코, 포기할 수 없는 우리 기업의 글로벌무대 인도에서 LG 삼성 현대 이후의 Again India이다.

참고

아래에 있는 참고자료는 이 책을 저술함에 이전에도 연구용도로 활용하였으며 때로 자료의 확인이나 내용에 대한 제3자의 견해를 비교하는 것에 사용되었다. 이는 담겨진 내용을 전적으로 이 책에 나열하였다는 것을 의미하지는 않는다. 책의 내용은 전적으로 경험과 보도된 내용 그리고 신문, 잡지 또는 기획 출판물과 전시 발표자료 등을 접하면서 체득된 이해를 바탕으로 둔 필자 자신의 개인의견임을 밝힌다.

필자는 이 책에서 의도적으로 표와 수치를 배제하였다. 현장 실무진 이외에도 인도에 관심을 둔 일반인의 편의를 위하여 인도 비즈니스의 이해를 돕기 위해서 꼭 필요한 경우가 아니면 수치를 멀리하고 주제별로 실례와 정황을 들면서 서술하였다. 이에 좀 더 통계와 객관적 자료가 필요한 독자를 위하여 아래와 같은 참고자료와 자료를 구할 수 있는 국내외 정보원을 소개한다.

또한, 책에서 등장하는 해당 기업과 인물의 실명은 이미 한국과 인도 내에서의 언론보도나 각종 보고서에 나타난 경우와 필자와의 면담이 있었던 경우에 한하고 이를 제외하고는 기업과 본인의 사정이 있을 수 있는 관계로 실명표기하지 않았다. 또한, 인도 관련 한국기업의 활동에서 특정 기업과 개인의 활동이 현저함에도 불구하고 이 책에서 표현되지 않으므로 의도하지 않게 불편을 끼친 것이 있다면 이는 전적으로 필자의 과문함에 기인한 것으로 깊은 이해를 구하고 다음 기회에 소개할 수 있도록 자료제공의 도움을 기대한다.

책을 쓰는 동안은 물론 평소에도 인도에 대한 이해를 명확히 하는데 고견으로 많은 도움을 준 델리대학교 김도영 교수님, 부산외국어대학교 러시아 인도통상학부 이광수 교수님, 네루대학교 오화석 교수님, 롯데경제연구소 조충제 박사님께 깊이 감사를 드린다. 아울러 필자의 인터뷰 요청에 흔쾌히 응하여 주셨던 인고의 사업을 펼치는 인도 현지 한국기업인 여러분, 그 분들의 한 말씀 한 말씀이 무엇보다도 값진 자료였음을 밝히면서 이 자리를 빌려 다시금 감사드린다.

Cyber SERI 인도포럼

www.seri.org/forum/india/
돌아보면 주변엔 인도관련 인터넷 카페나 개인 블로그 등이 넘치도록 많고 그 가운데에는 귀담아들을 정보들이 적지 않다.
여행에 관한 정보를 제외하고서라도 일반적인 생활여건이나 해당 지역의 학교와 같은 정황은 사이버 커뮤니티를 통하여서 손쉽게 접할 수 있는 것이 인터넷 문화이기도 하다. 그런 가운데 인도 비즈니스와 관련하여 지리적으로는 인도와 한국을 망라하고 직업적으로는 다양한 분야와 계층의 구성원이 모여 정보를 교환하고 의견을 나누는 사이버 커뮤니티가 있는데 그것이 Cyber SERI 인도포럼이다. 인도에 대한 실질정보가 부족한 현 실정에서 다양한 관심사의 정보가 실시간으로 공유되는 장으로 마련된 인도포럼 커뮤니티는 비영리조직으로 2008년 약 1,700여 명의 회원이 활동 중에 있다. 회원의 범위는 인도전공 대학교수와 기관의 책임연구원 그리고 대기업 임직원에서 개인서비스업 대표와 같은 비즈니스 직접관련 회원은 물론 관련학과의 대학생에 이르기까지 고르게 형성되어 있다. 회원을 통하여 다양하게 수집된 정보가 커뮤니티 사이트에 올려지고 또한 직접 경험한 분야에서의 현재내용을 중심으로 한 세미나가 격월로 오프라인에서 개최되어 그 횟수가 2008년5월로 24회차를 기록하였다. 인도 현지금융제도와 진출 한국계 은행을 상대로 한 진출기업의 금융이용, 뭄바이 지사개설 임무를 완수하고 귀국한 지점장의 경험과 해당 산업의 전망, 학위공부 과정에서 부딪친 현지문화 경험, 컨설팅 기업대표로서 경험한 산업단지개발과 공장부지 매매 현황, 한국–인도의 자유무역협정 협상단에 참여한 경제연구소의 선임연구원으로부터 듣는 협상진행현황과 타결 전망 등 세미나의 주제는 실질적이고 현재 시점에 부합된 것으로 매우 다양하다.

부산 외국어대학교 러시아·인도 통상학부의 이광수 교수, 네루대학교 오화석 교수, 최호상 신한은행 FSB 이코노미스트를 비롯한 10명의 자문위원과 인도 물류전문가인 삼진해운 김원호 대표, 삼성물산 주재원을 경험하고 인도와 무역관계를 지속하고 있는 신석현 대표, 중국과 인도와의 프로젝트 컨설팅을 담당하는 이경용 한국검정주식회사 이사, 세명에너지 전형진 대표 및 필자로 구성된 5인의 운영위원이 진행하는 인도포럼은 인도 비즈니스 인맥의 사이버 커뮤니티로 비즈니스 환경에 대한 정보공유가 이루어짐으로써 올바른 이해를 나누고 궁극적으로 보다 많은 한국기업이 인도 진출

▲ 인도포럼
인도포럼 KIEP 수출입은행 · 매일신문 공동주최 2007년 10월.

에서 성과를 거둘 수 있도록 돕는다는 취지로 활동하고 있다. 이 책을 저술하는 동안에도 각 지역의 현황자료 수집에 물심양면으로 도와준 이들도 모두 이 커뮤니티의 회원들이다. 이 책을 집필할 수 있었던 바탕에는 필자의 오랜 인도경험이 있겠지만 인도포럼 회원들의 정보공유 마인드가 더 큰 부분을 차지하고 있음을 밝힌다.

참여한 회원은 직업별로도 대기업에서 자영업까지, 제조업이나 통신사업에서 비즈니스 가이드까지, 대학교수부터 일반 연구원생까지, 기업경영주에서 이제 갓 입사한 사원까지 매우 다양하다. 지역별로도 한국과 델리, 뭄바이, 첸나이, 벵갈루루, 콜카타, 하이데라바드, 코치 등 여러 지역에 거주함으로 각각의 시선에서 각양의 모양으로 다양하게 수집되는 정보와 인도 이해를 하나의 場에서 접할 수 있는 유익한 인도전문 비즈니스 커뮤니티가 Cyber SERI 인도포럼이다. 회원가입에는 성별이나 연령 그리고 직업의 제한이 없이, 여행과 유학을 제외한 모든 인도비즈니스 분야의 실명제 커뮤니티 활동이다.

인도 영문 자료

1. India Development Report 2008: edited by R. Radhakrishna
/ 291pages
Indira Gandhi Institute of Development Research(IGIDR
in Mumbai)
인도 경제정책과 주요 산업부문에서 각 분야의 전문가의 집필을
모아 출간된 최신자료이다.

2. Economic Survey 2007~08:
Government of India Ministry of Finance, Economic Division
각종 경제관련 통계자료를 일목요연하게 찾아 볼 수 있다.

3. Business Standard India 2008: BS Books in Delhi
2008년2월 출간된 인도의 경제, 기업과 시장, 사회에 대해 분
야별 전문가 18인이 집필한 자료집.

4. India Retail report 2007: Images Multimedia Pvt Ltd
출간, 소매 유통산업에 대한 최초의 종합 보고서

5. BPO Industry Report: Snigdha Sengupta 외 2인 공동
저술, 인도 BPO산업에 대한 종합보고서

6. Animation and Gaming Industry 2007: NASSCOM 발간
인도의 IT산업 일반과 게임 산업과 애니메이션 산업에 대한 연
례심층보고서

7. Business of Fashion 2007: Images Multimedia Pvt 발

간, 인도 패션산업의 동향과 주 사업자에 대한 자료집

8. Electronics 2007: IBEF

9. The Indian Automotive Industry 2007 Buyer's Guide: Automotive Component Manufacturers Association of India

10. India Infrastructure Report 2006/2007

한국에서 나온 인도자료

1. 친디아 저널 : 포스코 경영연구소 www.posri.re.kr에서 매달 발간하고 있으며 중국과 인도를 경제적 측면에서 나름 깊이를 가지고 다루고 있는 국내 유일의 정기간행물이며 2006년9월 창간되었다. 많은 예산이 투입되어 매월 다양한 이슈를 다루며 다양한 방면에서 인도와 중국을 접하고 있는 많은 한국인과 관계 현지인들에 의해 다양한 의견이 개진되는 글로 매우 유익한 내용을 담고 있어 해외정보를 번역하는 것에 가까울 정도인 국내 경제관련 연구소의 천편일률적인 일부 산업보고서의 화려한 통계수치의 나열된 내용과는 비교가 된다. 인도와 중국을 비즈니스로 손쉽게 이해하고자 하는 이들에게 많은 도움이 될 간행물이다. 덧붙인다면, 기획기사의 경우 특정주제에 대해서 할 수 있다면 현재 서너 페이지로 붙여지는 요약 의견대신에 많은 지면을 할애하여 예시의 하나하나에 필자가 구체적인 내용을 피력하고 분석할 수 있도록 발행기관이 더 시간과 비용을 투자하기를 바라는 점이다.

비매품이며 사전 구독신청하면 매월 받아 볼 수도 있다.
chindia@posri.re.kr

2. 수은해외경제 : 한국수출입은행 국별 조사실에서 발간하는 세계 각 지역의 경제정보를 연재하는 월간발행지로 비매품이다. 인도에 대한 관련 자료나 보고서가 최소 2~3개월마다 한 번씩은 게제 되어 있다. 이 외에도 국별 조사실에서는 부정기적으로 인도 관련 보고서를 발간하고 있다. 해외경제연구소 국별 조사실은 기업에 비금융서비스 지원관련 정보를 제공하고 국별 신용도를 평가하는 업무를 수행하고 있다. 우리기업의 수출, 투자, 자원개발 지원을 위해 진출대상국의 투자환경 및 제도정책을 조사한 정보를 제공하고 있다.

3. 대외경제정책연구원 : KIEP

연구원 내에 있는 세계지역연구센터 소속에 동서남아팀이 인도 관련 연구를 전담하고 있다. 팀 소속으로 이순철 경제학박사(부연구위원)가 단독 또는 다른 연구원들과 연대하여 많은 인도관련 보고서를 발표하고 있다. "인도진출 한국기업의 경영실태와 현지화 전략연구 2006". "인도의 부상과 우리의 대응방안 2007", "인도 산업발전 전망과 한-인도 산업협력 확대방안(주요 제조업을 중심으로)2007" 등의 공저가 있다.

4. BRICs Information Center(BRICs Info) www.bricsinfo.org 는 국내의 각 기관에서 내놓는 BRICs 관련 정보를 효과적으로 이용할 수 있게 한 자리에 모은 일종의 포탈역할을 하고 있다. 대외정책연구원의 관리를 받아 민간 기업에게 위탁 운영되고 있는 웹이며 여기에는 지역별로 해당전문가로 분류된 많은 이들의 인적정

보를 올리고 있는데 분야별 경험자로 참고할 수 있다.

5. 김도영 교수의 인도인 : 델리대학교 교수로 재임 중인 김도영 교수의 저서인 "내가 만난 인도인"과 "인도인과 인도문화"는 인도와 연관하여 비즈니스 활동을 하려는 이들에게 인도인과 인도문화에 대한 이해를 체계적으로 접근하는 데에 많은 도움을 준다.

6. 해외진출중소기업 지원정책과 개선방안 2007 : 국회예산정책처 정부기관의 다양한 중소기업지원제도에 대한 내용과 평가서

7. 주한 인도 대사관 www.indembassy.or.kr : 양국의 기본자료 안내와 문의가 가능하다. 2008년 현재 주한국 인도대사인 N. 파르타사라티의 열성적인 친 한국적인 활동으로 과거에 비해 홈페이지 내용과 대사관의 대응이 적극적이다. 참고로 대사는 한국부임 중 한국관련 책(비단 황후)을 한국어로 출간하였다. 대사는 인도에서 소설을 출간한 경험이 있는 소설가이기도 하다.

8. Gate4India : www.gate4india.com 필자가 운영하는 (주)비티엔의 인도관련 자료제공 사이트이며 최신자료를 올리는 데 많은 노력을 경주하고 있다. 국내에서 운영되는 사이트 중 최초의 인도비즈니스정보 제공 웹사이트이며 담고 있는 정보의 양도 적지 않다. 웹에는 인도경제정보뿐만 아니라 인도의 IT. BT,기타 엔지니어링 인력에 대한 신상정보가 주간단위로 올라온다.

9. 필자의 인도산업보고서:
* IT시장기회로 본 인도유통산업: 2007년12월 (한국IT기업연합회)
* 해외유망 IT시장 진출가이드, 인도: 2007년4월 (정보통신국제협력진흥원)

* 인도 IT산업에 던져진 과제와 미래전망: 2007년1월 (전자부품 연구원 전자정보센터)
* 인도 PCB산업보고서: 2006년8월 (전자부품연구원 전자정보센터)
* 인도의 휴대전화기 제조동향: 2006년8월(전자부품연구원 전자 정보센터)
* 인도의 IT인력정책과 한국과의 협력관계: 2006년2월(전자부품 연구원 전자정보센터)
* 인도 ITES-BPO산업의 성장과 시사점: 2005년8월(전자정보센터)
* 인도 디지털 콘텐츠산업/ 게임 산업동향 : 한국 소프트웨어 진 흥원
* 인도 IT산업과 협력기회: 2007.10 (IT산업전망 컨퍼런스)
* 인도 이동통신 산업과 시장: 2004년 (비티엔 연구자료)
* 인도 모바일 시장 현황과 전망: 2004.7 (2004 휴대폰 컨퍼런스)

인도산업 이해에 도움이 될 웹사이트

* www.dipp.nic.in : India Ministry of Commerce & Industry 웹사이트, 경제관련 대외정책과 FDI 등 통상관계 현황정보 수록
* www.ibef.org : India Brand Equity Foundation 인도관련 투자자료 및 동향 수록
* 인도상장법인 회계보고서 검색: www.valuenotes.com, www.moneycontrol.com
* www.sezindia.nic.in : 인도 경제특구 웹사이트
* www.iic.nic.in : 인도투자 종합안내. 정부기관
* http://www.dipp.nic.in/korea/index_korea.htm : 인도 상 공부내 한국투자 전담창구 웹

* www.99acres.com : 인도 부동산 거래정보
* http://www.usibc.com/usibc/default : USA India Business Council
* www.buyusa.gov/india/en/ : U.S. Commercial Service (India)
* www.imagesfashion.com : 인도 패션산업의 동향 포털/ 웹 매거진
* www.indiaretailing.com : 인도 소매유통산업 포털/ 웹 매거진
* www.indianembassy.org : 미국주재 인도대사관 웹 사이트
* www.dateyvs.com : 인도 세법과 기타 관련 법규정보
* http://www.buyusa.gov/india/em/ : The U.S. Commercial Services India

저자소개

♣ 김응기

한국외국어대학교 졸업, 1991년 인도비즈니스 컨설팅기업 '(주)비티엔'을 설립하여 대표이사로 있다. 2000년 인도현지법인 'BTN eSystems Pvt Ltd', 'K&I Communications Pvt Ltd'를 설립하였다. 중소기업청 인도지역 수출전문가, 중소기업진흥공단 수출자문위원, 정보통신국제협력진흥원 ITXport로 활동하고 있다.

인도 디지털콘텐츠시장 진출전략(소프트웨어진흥원), 인도IT인력 육성정책과 한국 IT산업과의 관계, ITES-BPO 산업의 성장과 시사점(전자부품연구원), 인도마케팅조사보고서(한국IT중소벤처기업연합회), 인도 이동통신시장 현황조사(한국정보산업연합회) 등의 용역을 수행하였으며, 인도시장 정보와 마케팅전략(ICA IT389 글로벌화전략 컨퍼런스)을 발표하였다.

인도경제관련 온라인커뮤니티 "Cyber SERI 인도포럼"의 운영자로 활동하고 있으며, 인도에서 직접 체험하고 느낀 사실을 통해 냉철하고 정확하게 인도에 대해 이야기할 수 있는 인도비즈니스 전문가이다.

※ 인도비즈니스 안내 : www.gate4india.com

인도는 지금

발행	초판 1쇄 2008년 7월 10일
저자	김웅기
발행인	강석원
발행처	한국재정경제연구소
등록번호	제2-584호(1988.6.1)
주소	서울특별시 강남구 대치동 889-5
전화	(02) 562-4355
팩스	(02) 552-2210
이메일	book@kofe.or.kr
웹사이트	www.kofe.or.kr
ISBN	978-89-85808-99-6 (13320)
값	15,000원